Im Dickicht des Lebens

Dieter **Wellershoff**

Im Dickicht des Lebens

Ausgewählte Erzählungen

Kiepenheuer
& Witsch

MIX
Papier aus verantwortungsvollen Quellen
FSC® C083411
www.fsc.org

Verlag Kiepenheuer & Witsch, FSC®-N001512

1. Auflage 2015

Umschlaggestaltung: Rudolf Linn, Köln
Umschlagmotiv: © Peter Peitsch/peitschphoto.com
Gesetzt aus der Stempel Garamond
Satz: abavo GmbH, Buchloe
Druck und Bindung: CPI books GmbH, Leck
ISBN 978-3-462-04809-4

»Mittendrin sein und zugleich am Rande – jeder macht diese Erfahrung, wenn er durch die belebten Straßen einer Stadt geht. Jeder ist in seinem eigenen Roman und liest im Vorbeigehen die flüchtig aufleuchtenden Zeichen der fremden Schrift.«

INHALT

»DIE ERKENNTNIS EINER VERBORGENEN MÖGLICHKEIT« – ZU DIETER WELLERSHOFFS AUSGEWÄHLTEN ERZÄHLUNGEN | VON PETER HENNING

Im vielgestaltigen und auf den ersten Blick von den großen Romanen sowie den literaturtheoretischen Schriften und Essays dominierten Gesamtwerk des Kölner Schriftstellers Dieter Wellershoff kommt der Erzählung schon lange eine besondere Bedeutung zu.

Ich selbst bin dem Erzähler Dieter Wellershoff zuerst in Form seiner kürzeren Texte begegnet, in Gestalt der Erzählsammlung *Der Körper und die Träume* Ende der Achtzigerjahre. Und ich, der ich mich zuvor jahrelang insbesondere mit der amerikanischen Short Story und ihren herausragenden Vertretern beschäftigt hatte, war spontan angetan von der ungewöhnlichen Dichte und psychologischen Genauigkeit der wellershoffschen Texte. Hier trat mir ein Schriftsteller entgegen, der es ebenso meisterhaft wie die von mir geschätzten Andre Dubus, Tobias Wolff oder Bernard Malamud verstand, auf wenigen Seiten ganze Lebensläufe bildhaft zu umreißen. Ich begegnete in den Erzählungen mit bewundernswert genau gesetzten Worten hellstrahlend aus der Schwärze der Anonymität herausgerissenen Wesen mit all dem Krisenhaften, das ihren Alltag dominiert, ihre Vorstellungen begrenzt oder unterläuft – und sie selbst nicht selten in ihren

Zielsetzungen stört. Existenzen, die ich, nachdem ich ihnen einmal begegnet war, nie mehr vergaß.

Später bin ich Wellershoffs genuiner Fähigkeit, mit Worten Fenster in die Seelen seiner Figuren einzusetzen, um uns sichtbar zu machen, was in ihnen vorgeht, natürlich auch in seinen Romanen begegnet; zwar wuchtigen, jedoch höchst subtil angelegten Existenzromanen, die für mich zum Schönsten und Ernsthaftesten dessen zählen, was die deutsche Literatur nach 1945 bis heute hervorzubringen vermochte. Doch Romane sind das eine – Erzählungen dagegen, als Gattung und prägendes Ausdrucksmittel nur allzu oft und gern unterschätzt, etwas anderes.

Meine eigene kleine Schule des Lesens begann Mitte der Achtzigerjahre mit der staunenden Lektüre der Erzählungen von Camus und Sartre, den Bänden *Das Exil und das Reich* und *Die Mauer*. Später folgten Ingeborg Bachmanns Erzählungen, Borcherts *Traurige Geranien*, die Storys von John Cheever und Carver, *Frühling in Fialta* von Nabokov und vor allem die Erzählungen von Julio Cortázar nach.

Ich war immer ein Leser von Erzählungen, von Short Storys, diesen literarischen Kondensaten ganzer Existenzen. In den nun ausgewählt vorliegenden besten Erzählungen von Dieter Wellershoff finde ich alles, was ich von wirklicher Literatur erwarte, allem voran die Verdichtung gelebten Lebens auf manchmal nicht mehr als einer Handvoll Seiten in einer Vision dessen, was hätte sein können oder was wäre, wenn ... Denn wovon, bitte schön, handelt Literatur, wenn nicht von den verpassten oder ungenutzten Möglichkeiten unserer Existenz? Das vor allem führen uns die vorliegenden Texte einprägsam vor Augen.

Dieter Wellershoff war dem Reiz des literarisch Zugespitzten, des Schnappschusses, der plötzlichen Geschichte, schon früh erlegen – als Leser wie als ihr Verfasser. Ausgehend von dem bereits 1973 erschienenen Band *Doppelt belichtetes Seestück*, welcher neben der kunstvoll in sich verspiegelten Titelgeschichte eines Mannes zwischen zwei Frauen noch drei weitere Erzählungen enthält, kultivierte der 1925 in Neuss Geborene über die Jahre und Jahrzehnte hinweg einen ganz eigenen und bis heute unverwechselbar gebliebenen Ton. Dabei verstand Wellershoff seine Erzählungen stets als Konzentrate oder Keimzellen, welche die Möglichkeit in sich tragen, *mehr* sein zu können, nämlich unter Umständen größere Romane. Und ähnlich wie etwa die Geschichten des 1982 verstorbenen und für seine Storys mit dem Pulitzer-Preis ausgezeichneten Amerikaners John Cheever zeigt sich auch in ihnen, ganz in der Tradition der klassischen amerikanischen Short Story, stets nur die Spitze des Eisbergs oder der Schatten des Ungeheuers. Dabei steht bis heute die Problematik der Identität des Einzelnen im Zentrum seines Erzählens – festgemacht an Grundfragen menschlichen Seins, die da lauten: Wer bin ich? Wer könnte ich sein? Und wo ist mein Platz in der Welt?

Immer sind Wellershoffs Figuren auf der Suche nach Sinn und nach neuen Möglichkeiten, stets bestrebt, nicht dem Fadenschein oder den kursierenden Klischees von einem angeblich so oder so zu führenden *richtigen* Leben aufzusitzen. Das eint ihn etwa mit den Sinnsuchern eines John Updike oder den im Alltag

Gefangenen eines Raymond Carver. Und wenn sie dann am Ende ihrer Metamorphose angelangt sind, an welcher Wellershoff uns regelmäßig ausschnitthaft teilhaben lässt, kann durchaus ein grundlegendes Dementi des bisher Gedachten oder Gefühlten stehen.

Exemplarisch führt dies die Novelle *Zikadengeschrei* vor, in deren Verlauf das *unerhörte Ereignis* in der Erkenntnis besteht, dass – entgegen gängiger ästhetischer Deutungen – eine offensichtlich körperlich entstellte Frau sehr wohl zu einer erotischen Verlockung werden kann, mehr noch: zur Erkenntnis einer verborgenen oder bislang nicht denkbar gewesenen Möglichkeit.

Es sind an die *Kleinen Romane* Anton Tschechovs erinnernde Arbeiten, die sich in diesem Buch gesammelt finden; Texte, die uns in Form flüchtig in sich öffnende und sogleich wieder schließende *Lebensfenster* geworfener Blicke zumeist prekäre Lebenszusammenhänge offenbaren; Szenarien, die auf ein dahinter stehendes größeres Leben mit all seinen Problemen verweisen. Und wie in seinen großen Romanen *Die Schönheit des Schimpansen* (1977), *Der Sieger nimmt alles* (1983), *Der Liebeswunsch* (2000) oder zuletzt *Der Himmel ist kein Ort* (2009) widmet sich der Existenzialist Wellershoff auch in seinen Erzählungen durchweg prekären Lebensläufen in einer vom Zufall bestimmten Welt.

Er rückt Personen ins Bild, die nach Glück und Zugehörigkeit suchen und dabei nicht selten auf der lange Zeit erfolgreich verdrängten Schattenseite ihrer Existenz stranden. Und sie alle erleben ihr menschliches Geworfen-Sein in bester existenzialistischer Tradition als krisenhaften Zustand, aus dem sie am Ende nur die Erkenntnis – so bitter sie auch für den Einzelnen sein mag – führt, dass ein anderes Leben nicht zu haben ist.

So entwirft Wellershoff in der großen und in ihrer zupackenden, gleichsam philosophisch-realistischen Haltung an den 1982 verstorbenen amerikanischen Existenzialisten und Fatalisten der Moderne Richard Yates erinnernden Erzählung *Das normale Leben* das tiefenscharfe Porträt eines in die Jahre gekommenen Mannes, der glaubt, das Rad der Geschichte noch einmal zurückdrehen zu können – und darüber geradezu schockartig auf die eigene altersbedingte Begrenztheit stößt.

Wiederholt hat man beim Lesen der Geschichte das Gefühl, einem unerschrocken bis an die Schmerzgrenze und manchmal auch darüber hinausgehenden Menschenforscher über die Schulter zu blicken, der seine Sätze wie Sonden in die Seele seiner Figur hinablässt, um fühlbar zu machen, was sie umtreibt, was sie verzweifeln lässt und wovon sie gegen alle Logik noch immer träumt.

Entrollt wird die Geschichte eines Namenlosen jenseits der fünfzig, dem der behandelnde Arzt nach einem überstandenen Herzanfall bei der Abschiedsvisite den Rat mit auf den Weg gibt: »Kehren Sie in Ihr normales Leben zurück«. Wo aber sollte für den Genesenen dieses sogenannte *normale Leben* jetzt zu finden sein? In den bestehenden oder bereits hinter ihm liegenden Beziehungen? In der Wiederaufnahme alter Gewohnheiten? Oder in dem Versuch, das Alte *neu* zu sehen und zu bewerten?

Wellershoffs Protagonist sucht sein Heil in der Idee, eine erloschene Liebe zu einem zweiten Leben zu erwecken. Und als es ihm tatsächlich gelingt, diese nur scheinbar allem offen gegenüberstehende Nina in sein Apartment in Ahrenshoop zu locken, glaubt er, der einst im Werben um die junge Frau erfolglos blieb, das Versäumte nachholen zu können.

So erweist sich Wellershoffs große Erzählung über den Versuch der Wiederherstellung, der Reparatur, als meisterhafte Darstellung der Nichtverfügbarkeit von Zukunft – und als Geschichte eines Widerrufs, in welcher die aufkeimende Utopie des scheinbar Normalen bereits im Moment ihrer Beschwörung aufgekündigt ist.

Dieter Wellershoffs Erzählungen lesen heißt, in einer Art Buch des Lebens zu lesen. Denn es begegnen einem darin all jene Themen, die immer schon der Gegenstand wirklich bedeutender Literatur waren: Liebe und Tod, Schuld und Sühne, die Schrecken des Alters und die Sehnsucht nach der Rückkehr in jenes für immer verlorene Paradies, das wir Jugend nennen. In ihnen spiegelt sich die Verwirrung des modernen Menschen, offenbart sich sein Hunger nach Glaube als Orientierungshilfe und nach Glück und was es heißt, auch ohne ein solches über die Runden kommen zu müssen. Aber Wellershoff lesen heißt auch die Möglichkeit einer verborgenen Erkenntnis entdecken. Mag sie sich später auch als noch so folgenschwer erweisen.

Und wenn sich in dem Stück *»Wann kommt Walter?«* die Episode einer verzweifelt Wartenden entspinnt, deren stete Sehnsucht nach dem gleichnamigen Abwesenden sich unversehens als blindes Klammern an den einen immer gleichen, formelhaft vorgetragenen und darum längst inhaltsleer gewordenen Wunsch offenbart, so erweist sich ihr Schöpfer auch hier als illusionsloser Realist. Als einer, der Konflikte nicht nur nicht scheut, sondern sie geradezu anstrebt und gezielt einsetzt als Mittel seiner schonungslos betriebenen Menschenerklärung.

Beispielhaft wird in *»Wann kommt Walter?«* eine bloß noch floskelhaft vorgetragene Sprache in ihrer ganzen Machtlosigkeit vorgeführt. Dabei wird die ersehnte Heimkehr des Fortgegangenen zwar als imaginäre Möglichkeit behauptet und durch die immer neu artikulierte Frage »Wann kommt Walter?« aufrechterhalten; tatsächlich aber hat sich das Ganze längst in der abgenutzten Wunschäußerung erschöpft.

Dieter Wellershoffs Erzählungen entrollen Geschichten von Menschen, die sich im Dickicht des Lebens verirrt haben. Es sind vom Weg Abgekommene, denen wir gebannt dabei zusehen, wie sie sich mühsam in die oft unfreiwillig verlassene Spur zurückkämpfen; im Abseits gestrandete Sinnsucher, denen das Schicksal die Scheuklappen herunterreißt, sodass sie sich plötzlich wiederfinden auf der *anderen* Seite der Welt: erschrocken, irritiert oder schmerzhaft geläutert. Menschen, die aus ihrem Alltag in eine Falle tappen, sich auf etwas Unmögliches einlassen – und doch gegen jede Logik auf dessen Erfüllung hoffen.

Immer schildern seine Texte die Begrenztheit des Augenblicks – und weisen doch regelmäßig darüber hinaus. Sie evozieren Konflikte und spitzen sie dramatisch zu, handeln von ungenutzten Optionen und jenen lauernden Gefahren, die das *normale Leben* tagtäglich für uns bereithält. Sie machen Begebenheiten erfahrbar, die sich tief unter der Oberfläche des Sichtbaren ereignen. Und stets eröffnet sich den ins Bild gerückten Existenzen die Hauptsache in der Nebensache, also in jenem allzu gern unterschätzten Gefahrenraum, welchen der Philosoph Ernst Bloch einmal visionär als das alles entscheidende *Nebenbei* bezeichnete und zur philosophischen Kategorie erhob: jener besondere Ort, an welchem die wegweisenden Entscheidungen fallen. Dort nämlich kommen sie einer lange verdeckten oder unbewusst übersehenen oder ignorierten Wirklichkeit in empfindlicher Weise nah.

Gleichwohl lauert mancher Protagonist auf die sogenannte *zweite Chance* – manchmal mit Aussicht auf Erfüllung, zumeist aber vergebens. Denn Vergebung im erlösenden Sinn hält der erklärte Atheist Wellershoff für seine Geschöpfe nicht bereit. Vielmehr setzt er sie regelmäßig jenem unversöhnlichen, *absurden* Klima aus, in welchem schon Albert Camus' Protagonisten die ganze Wucht ihres irdischen Geworfen-Seins zu spüren bekamen.

Erzählen heißt für Dieter Wellershoff, die Oberfläche der Dinge zu durchbrechen, um zu ihrer tiefer liegenden Wahrheit vorzudringen, heißt, mit Worten Schneisen zu schlagen in dieses unglaubliche Dickicht des Lebens. So bannt er in seinen Erzählungen wiederkehrend jenen alles entscheidenden Moment, in welchem die Wahrheit aus dem Dickicht hervortritt, nämlich kalt und herausfordernd – verdichtet in Augenblicken, die seine Figuren für immer verändern, weil sie sie entweder zu einer Entscheidung zwingen oder aber ihnen auf schmerzhafte, mithin brutale Weise das Dilemma ihres Daseins vor Augen führen, das viel zu lange im Nichthandeln, im Nichtentscheiden lag.

So lastet über vielen der hier versammelten Geschichten und ihren Protagonisten die quälende Frage: Was wäre, wenn ich mich noch einmal entscheiden könnte? Wenn ich mich anders entschieden hätte, damals? Und wenn es für mich eine zweite Chance gäbe?

Neben seinen Romanen, Gedichten, Erinnerungsbüchern und literaturtheoretischen Schriften hat Dieter Wellershoff im Laufe seiner langen ertragreichen Karriere drei Bände mit Erzählungen publiziert: *Doppelt belichtetes Seestück* 1974, die Sammlung *Der Körper und die Träume* im Jahr 1986 und zuletzt, 2009, den Band *Das normale Leben*. Ihnen sind die Texte der vorliegenden Sammlung entnommen, und eines ist ihnen allen gemeinsam: Sie alle erzählen Geschichten von Menschen in Entscheidungskrisen, die an Gabelungen ihres sich plötzlich spaltenden Lebensweges stehen. Es sind tiefgreifende Gedankenspiele über das Mögliche und Unmögliche, über den Sinn oder Unsinn des Lebens und die sich daraus ergebenden Folgen für den Einzelnen, über geistige Bewegung und Stillstand, Nähe und Distanz, Wunsch und Nichterfüllung – inszeniert mit den Mitteln der *Kleinen Form*: auf allerengstem Raum oder über die Wegstrecke eines Kurzromans hinweg.

Dieter Wellershoff ist ein geborener Geschichtenerzähler, ein Philosoph im Gewand des Dichters, ein Denker hinter der Maske des Prosaisten, dessen Erzählkunst sich insgesamt vielleicht am anschaulichsten in seinen hier vorliegenden *Geschichten aus dem beschädigten Leben* offenbart.

Sie bescheren ihren Lesern Abenteuer von elektrisierender Wucht und Intensität, bringen Licht ins Dunkel unserer Existenz, ordnen unser Chaos. Wer sie bereits kennt, wurde klüger durch sie, reicher. Wer sie noch nicht gelesen hat, darf sich freuen, denn er hat wahrhaft Bedeutendes vor sich: Erzählungen aus dem Dickicht des Lebens – geschrieben von einem, der es erfolgreich für sich gemeistert hat!

DAS WEISSE HANDTUCH | (2003)

Ich weiß nicht mehr, ob es mir gleich einfiel, als ich vor mir am Nachbartisch den breiten Rücken des Mannes sah, oder erst, als ich sein Gemurmel hörte, eine dumpfe, monotone Stimme, wie man sie von Pessimisten oder chronischen Nörglern kennt – jedenfalls dachte ich: Es ist der Rücken eines Gekränkten. Von vorne hatte ich den Mann nicht gesehen, als ich das Gartenrestaurant betrat, in dem fast alle Tische besetzt waren, denn ich hatte im Hintergrund einen freien Tisch erspäht und war, ohne mich weiter umzusehen, darauf zugegangen. Es war ein Platz nach meinem Geschmack. Man saß nicht im Blickfeld der Leute und war am weitesten von der Straße und dem Autoverkehr entfernt, der allerdings nicht dicht war und niemanden zu stören schien. Die Leute genossen den klaren Sonnentag; und anscheinend waren mehr Gäste gekommen, als man erwartet hatte, denn auf der Karte waren schon zwei Gerichte gestrichen. Ich entschied mich für Räucherlachs mit Reibekuchen und den Kleinen Sommersalat, was ich schon einmal hier gegessen hatte. Der Ober, der mich kannte, nahm meine Bestellung mit einem freundlichen Lächeln entgegen. Und als er ging und den Blick auf den Nachbartisch freigab, sah ich, noch ohne besonderes Interesse, das dort sitzende Paar.

Der grauhaarige Mann, auf dessen Schultern fast halslos ein schwerer rundlicher Schädel saß, hatte seine Jacke so nachlässig über die Stuhllehne gehängt, daß sie gleich herunterzurutschen drohte. Dieses kleine Moment von Unordnung hinter seinem Rücken verstärkte den Eindruck seiner Unbeweglichkeit. Es war ein Mann wie ein Klotz. Er saß vorgebeugt, mit aufgestützten Unterarmen, am Tisch, wie eingeschlossen in seinen einfachen Umriß und deutlich abgegrenzt von der Frau rechts neben ihm, die ihn besorgt von der Seite anblickte, während er mit einer eintönigen, maulfaulen Stimme vor sich hin sprach. Ich konnte nicht verstehen, was er sagte, nicht einmal einzelne Wörter. Dem Tonfall nach schien es eine Beschwerde oder eine Klage zu sein. Sie quoll wie eine endlose, an niemanden gerichtete Litanei aus ihm hervor und brach auf einmal so unvermittelt ab, als wäre ein künstlicher Sprechmechanismus zum Stillstand gekommen.

Die Frau neben ihm nickte. Und als müßte auch sie eine Lähmung überwinden, wartete sie noch einen Augenblick, bevor sie, behutsam und vorsichtig, wie man ein schwieriges, unwegsames Gelände betritt, auf ihn einzureden begann: »Ich verstehe dich ja. Es ist genauso, wie du sagst. Er kann unwahrscheinlich arrogant sein. Und außerdem auch noch aalglatt in seiner falschen Höflichkeit. Ich verstehe, daß dich das nervt. Das würde mir ja auch so gehen. Trotzdem, du solltest dir überlegen, ob du nicht einen Weg finden kannst, um mit ihm klarzukommen.«

»Was? Wie? Ich?« stieß der Mann hervor.

Er hatte ihr ruckartig sein Gesicht zugedreht, als könnte er nicht glauben, was sie da gerade gesagt hatte. Es war ein plötzlicher Ausfallschritt aus der Defensive heraus. Doch sie fing das ab mit einer freundlich gemilderten, aber unnachgiebigen Sachlichkeit.

»Ja, du«, sagte sie, »du mußt jetzt einen Schritt auf ihn zugehen. Das ist das einzig wirklich Souveräne, was du tun kannst.«

Sie konnte nicht weiterreden, denn der Sprechmechanismus des Mannes sprang wieder an, anfangs mit Tönen eines heftigen Protestes, doch bald einmündend in seine monotone Weitschweifigkeit. Auch jetzt verstand ich nichts, weil er mir nach wie vor den Rücken zuwandte und wieder in seine maulfaule, verwaschene Redeweise verfallen war. Es hörte sich an, als hoffte er ohnehin nicht auf Zustimmung. Vermutlich war sein Blick auf seine Hände gerichtet, schwere, grobfingrige Hände, wie ich mir vorstellte, die unbeschäftigt und nutzlos vor ihm auf dem Tisch lagen, als Belege dafür, daß er nichts auszurichten vermochte gegen die Widrigkeiten seines Lebens, über die er sich so anhaltend beklagte.

Im Gesicht der Frau hatte sich die Besorgnis in einen Ausdruck von Gequältheit und Erschöpfung verwandelt. Irgend etwas band sie an diesen Mann, der so wenig zu ihr zu passen schien. Vielleicht war sie eine alte Freundin oder eine befreundete Kollegin und empfand eine gewisse Verantwortung für ihn, der offensichtlich dabei war, sich in ein soziales Abseits zu manövrieren. Vermutlich aber war sie mit ihm verheiratet. Ich schloß das aus ihrer disziplinierten, aber sichtlich überforderten Geduld und aus der von vielen Wiederholungen zerschlissenen Routine, mit der sie sich um ihn bemühte.

Sie war nicht gerade eine hübsche Frau, aber sie hatte einen auffallend großen und weichen Mund, den sie dunkelrot geschminkt hatte. Das paßte nicht zu ihrer unauffälligen Erscheinung, war aber vielleicht ein Zeichen ihrer Selbstbehauptung. Für mich jedenfalls waren die Worte, die aus diesen rot geschminkten Lippen kamen, in unsichtbare Anführungszeichen gesetzt. Sie waren ja auch das einzige, was ich verstand in diesem ungleichen Dialog. Aus den kurzen Bemerkungen der Frau konnte ich ungefähr erschließen, wovon zwischen den beiden die Rede war. Das war ein Reiz, der sich abzunutzen begann, auch wegen meiner wachsenden Abneigung gegen den monotonen Klageton der Männerstimme.

Aber jetzt kam der Ober und brachte mir das Mineralwasser, und ich nahm einen langen, gierigen Schluck. Es war ein Augenblick erfrischender, befreiender Neutralität. Als ich das Glas vor mich hinstellte, war ich entschlossen, mich mit etwas anderem zu beschäftigen, bis mein Essen kam. Ich wußte allerdings nicht recht, mit was, weil ich nichts zu lesen dabeihatte, und musterte, vergeblich nach Ablenkung suchend, die mir längst bekannte Häuserfront der anderen Straßenseite, als ich die Frau sagen hörte: »Ich will ja bloß verhindern, daß du vor aller Augen den kürzeren ziehst.«

Sofort schaute ich wieder hin und sah, daß der Mann sich bewegte, als wollte er etwas abschütteln. Die Bewegung ging von seinem Kopf aus und lief als ein kurzes, krampfhaftes Zucken durch seinen ganzen Körper. Dabei rutschte seine Jacke von der Stuhllehne, und die Frau ergriff sie, bevor sie auf den Boden fiel, und hängte sie wieder auf. Noch wie in Fortsetzung dieser kurzen Bewegung sagte sie: »Du könntest das doch überhaupt nicht ertragen. Du doch schon gar nicht. Und ich möchte dieses Theater nicht erleben. Ich möchte es dir und mir ersparen.«

Sie hatte das so eindringlich gesagt, daß ich annahm, nicht nur ich hätte es gehört. Aber an allen Tischen ringsum schienen die Menschen mit sich beschäftigt zu sein. Das beruhigte mich, denn aus irgendeinem Grund wollte ich nicht, daß die beiden in den Mittelpunkt der Aufmerksamkeit gerieten. Weshalb ich das so empfand, war mir nicht klar. Vielleicht wollte ich nur, daß die Vorstellung ungestört weiterging. Aber meine Neugier oder mein Interesse waren verbunden mit dem seltsamen Gefühl, daß das Paar in meine Obhut gegeben sei, solange ich der einzige Zeuge seines Dramas blieb.

Im Augenblick schwiegen beide. Der Kontakt zwischen ihnen schien abgerissen. Die Frau wischte einmal achtlos mit der linken Hand über ihren Rock, als wedele sie da eine Fluse oder einen Krümel weg. Dann nippte sie an ihrer Tasse und erstarrte wieder. Vielleicht wollte sie ihm Gelegenheit geben, etwas zur Verständigung beizutragen. Doch von ihm kam nichts. Vielleicht empfand er die Pause weniger deutlich als sie, falls es nicht einfach nur Verbohrtheit war. Schließlich raffte sie sich auf und fragte, als appelliere sie an den verbliebenen Rest seiner Vernunft: »Warum willst du dich unbedingt in diese peinliche Lage bringen?«

»Was für eine Lage?« fuhr er sie an.

Sie ließ sich einige Sekunden Zeit, bevor sie antwortete. Dann sagte sie langsam, als müßte sie es seinem schwerfälligen Geist nachdrücklich einprägen: »Er ist dir rhetorisch haushoch überlegen. Außerdem hat er das neueste Know-how, das dir fehlt und das du auch nicht mehr erwerben kannst. Das ist deine Lage.«

»Na gut!« stieß er hervor. »Ich scheiße darauf!«

»Ich habe mir schon gedacht, daß du so reagieren würdest«, sagte sie. »Dann mußt du eben tun, was du tun mußt.«

Wieder brach der Kontakt ab, indem sich beide gleichzeitig voneinander abwandten. Jeder schaute in eine Richtung, wo der andere, der unvermeidliche Partner ihres heillosen Konflikts nicht zu sehen war.

Mit Erstaunen hatte ich während des kurzen Streitgesprächs bemerkt, daß der Mann eine Stirnglatze hatte. Ein weiches, volles Gesicht mit einer Stirnglatze. So hatte ich ihn mir nicht vorgestellt, solange ich nur auf seinen breiten Rücken geblickt hatte. Ich hatte ihn mir vielmehr überhaupt nicht vorgestellt. Jetzt hatte er plötzlich ein Gesicht, das ich nicht mit seinem Verhalten in Einklang bringen konnte, obwohl das ein absurdes, nicht zu begründendes Gefühl war. Trotzdem war er mir nähergekommen in all seiner Fremdheit, und wie auf einer hin und her schwankenden inneren Waage verschoben sich die moralischen Gewichte. Die Frau hatte plötzlich eine Kälte gezeigt, die mich schockiert hatte, obwohl ich zu verstehen glaubte, daß ihre Aggressivität die Folge einer vermutlich langen, allmählich unzumutbaren Erfahrung von Vergeblichkeit war. Ja, sie hatte ihn gedemütigt und seinen Rivalen »haushoch«, wie sie formuliert hatte, über ihn gestellt. Wahrscheinlich wußte er, daß sie recht hatte. Aber ihr auch noch recht zu geben, indem er sich anpaßte an die Demütigungen, die sie ihm als die unumgänglichen Konsequenzen seiner Unterlegenheit darstellte, das überforderte seine Kraft. Wahrscheinlich fühlte er sich von ihr verraten. Sie war übergelaufen, hatte sich auf die Seite seines Feindes gestellt und redete ihm ein, daß er, der Verlierer, sich als Verlierer zu verhalten habe. Gut, dann sollte sie sehen, wohin das führte. Dann ging jetzt eben alles kaputt.

Wieder saßen sie stumm beieinander, mit voneinander abgewandten Gesichtern, der Mann erneut zusammengesackt in seiner unbeweglichen Schwere. Plötzlich sah ich, wie er die Schultern hob und sich zurücklehnte, um zwei tiefe Atemzüge zu machen, bevor er sich wieder vorbeugte. Und im selben Augenblick erinnerte ich mich an einen Film, in dem ich einen Boxer gesehen hatte, der erschöpft, mit einem zerschlagenen, von Schwellungen und Blutergüssen entstellten Gesicht in seiner Ringecke saß und ebendiese beiden tiefen Atemzüge machte. Er wartete auf die vorletzte Runde eines langen Kampfes, und es sah nicht so aus, als ob er sie überstehen würde, obwohl man seinen Schädel mit Wasser übergoß, Wasser in seinen weit geöffneten Mund spritzte, die klaffende Rißwunde unter seiner Augenbraue mit einem Kältestab und blutstillender Salbe notdürftig zu schließen versuchte, während der Trainer, dicht über ihn gebeugt, ihm Anweisungen für die nächste Runde gab, die er wohl kaum noch verstand. Er war in der vorigen Runde schon einmal schwer angeschlagen am Boden gewesen und benommen wieder auf die Beine gekommen. Nur der Gong hatte ihn gerettet. Jetzt mußte er in die nächste Runde. Bevor er aufgestanden war, hatte er noch zweimal tief durchgeatmet. Aber er hatte keine Chance. Er lief in den Schlaghagel seines überlegenen Gegners, taumelte rückwärts in die Seile, wurde erneut schwer getroffen, und als die Beine unter ihm nachgaben, warf der Trainer das weiße Handtuch in den Ring, das den aussichtslosen Kampf beendete.

Das war mir wieder vor Augen gekommen, als ich die zwei tiefen Atemzüge des Mannes sah, der wußte, aber nicht zugeben wollte, daß er der Verlierer war, dem nichts anderes übrigblieb, als sich in seine Niederlage zu fügen.

Sie sagt es schon wieder. Doch nun wählt sie einen versöhnlichen Ton.

»Versuch doch mit ihm zusammenzuarbeiten. Was ist daran so schlimm?«

Vielleicht weiß er das nicht mehr. Er versteht die Ratschläge, die Kommandos nicht mehr. Er sitzt zusammengesunken in der Ringecke und ist nicht mehr in der Situation.

»Es ist alles nur Gewöhnungssache«, fügt sie hinzu. »Du wirst sehen: Er wird sich dann auch ändern. Alles spielt sich allmählich ein. Du hast das immer noch in der Hand.«

Auch sie kämpft um ihr Leben, denn es hängt mit seinem Leben zusammen. Aber ist das ihr Leben? Ist es seins? Sie sehen jetzt beide erschöpft aus, vereint in trostloser Friedfertigkeit. Sie einigen sich, daß sie gehen wollen. Aber er muß vorher noch zur Toilette. Und sie zahlt schon einmal. Der Mann läßt sich Zeit. Wahrscheinlich kennt sie das. Sie sitzt reglos neben dem leeren Stuhl, über dessen Lehne seine Jacke hängt, und scheint in Gedanken anderswo zu sein, an einem Fluchtort, wohin ihr niemand folgen kann. Vielleicht ist es nur ein Augenblick von Leere und Stille. Dann, wie von innen angestoßen, öffnet sie ihre Handtasche, kramt einen kleinen runden Spiegel und einen Schminkstift hervor und zieht ihre Lippen nach, ein Signal, daß es gleich weitergeht. Wie herbeizitiert kommt der Mann zurück, geht dicht an mir vorbei. Ich sehe seine vorgeschobene mürrische Unterlippe. Wortlos greift er nach seiner Jacke und zieht sie an, während sie sich ihre Handtasche über die Schulter hängt. So gehen sie, warten an der Ampel, überqueren die Straße, wo ich sie aus meinem Blick verliere.

Der Ober bringt mir mein Essen: Räucherlachs, Reibekuchen, Kleiner Sommersalat. »Und bitte noch ein Mineralwasser«, sage ich. »Gerne«, sagt der Ober und eilt schon wieder davon. Ich wickele das Besteck aus, das eingewickelt in eine weiße Papierserviette neben dem Teller liegt, und wende mich dem Essen zu. So einfach kann das Leben sein.

DAS VERMÄCHTNIS | (1991)

Ich kenne Guido Schrader seit mehr als sechs Jahren, aber vielleicht muß ich jetzt sagen: Ich kannte ihn. Denn seit Monaten habe ich ihn nicht mehr gesehen. So nehme ich an, daß er gestorben ist. Alles andere wäre auch ein Wunder. Eine Todesanzeige habe ich zwar nicht bekommen, aber da er seit Jahren allein lebte, sind wahrscheinlich keine Anzeigen verschickt worden. Auch in der Zeitung habe ich nichts gesehen.

Zu seinem fünfundsiebzigsten Geburtstag, einige Tage bevor ich ihn kennenlernte, war im Kulturteil unserer Zeitung eine kleine Würdigung erschienen, ein Einspalter ohne Bild, mit Daten, die sein Leben umrissen. Mir war der Artikel entgangen, da mir der Name Guido Schrader nichts sagte. Er gab mir später eine Kopie.

Als junger Mann hatte er Pianist werden wollen, aber der große Durchbruch war ihm nicht geglückt, und so hatte er gewissermaßen eine verschobene Karriere gemacht, als geschätzter und weithin bekannter Klavierbegleiter berühmter Sängerinnen. Vielleicht war ihm dabei ein Zug seines Wesens nützlich gewesen, den ich noch an dem alten Mann entdeckte – er war ein Freund der Frauen. Mag sein, daß es sich auch umgekehrt verhielt und sein Beruf diese Eigenschaften kultiviert hatte. Er war berühmt gewesen für sein einfühlsames Spiel, das, wie der Autor des Artikels geschrieben hatte, »für lyrische und dramatische Stimmen gleichermaßen ein lebendiger Resonanzboden war«. In den letzten zehn Jahren war er allerdings nicht mehr öffentlich aufgetreten, zuletzt noch mit seiner zweiten Frau, einer ehemaligen Opernsängerin, die sich nach ihrem Abschied von der Bühne noch einige Male in Konzertsälen mit Liederabenden versucht hatte. Aber das war wohl trotz Guido Schraders »einfühlsamer Begleitung« kein Erfolg gewesen.

War er eigentlich ein glücklicher Mensch? Ich hatte manchmal diesen Eindruck, aber vielleicht war es nur sein leicht manisches Temperament, das mich täuschte, seine Bereitschaft, zu lachen und einen seiner altherrenhaften Scherze zu machen, wenn ich ihn auf der Straße oder im Park bei seinen Spaziergängen traf und ihn ein Stück begleitete oder einige Minuten bei ihm stehenblieb. Er war eine auffallende Erscheinung: schlank, gepflegt und modisch gekleidet. Die Sorte Jacketts, die er trug, kannte ich nur aus den Schaufenstern der teuersten Herrenausstatter. Er hatte eine Vorliebe für helle Farben: die leichten cremefarbenen Hosen, das weiße Hemd, den zartgelben Kaschmirpullover. Meistens trug er dazu eine Fliege, wohl um seinem Aussehen einen Zug ins Künstlerische zu geben. Immer fiel mein Blick auf das Einstecktuch in der Außentasche seiner Jacke, und ich stellte mir vor, wie er es vor dem Spiegel mit ein, zwei Griffen zurechtschob, um den Falten jene unnachahmliche Zufälligkeit zu geben: wie ich dachte, mit derselben Intuition seiner Fingerspitzen, die auch seinem Anschlag auf dem Flügel den persönlichen Ausdruck gegeben hatte.

Doch all das betonte in meinen Augen die knöcherne Starrheit seines alten, mageren Körpers, wenn er allein seiner Wege ging. Er neigte jetzt dazu, im Gehen die Hände auf dem Rücken zu falten, und manchmal stand er in dieser Haltung auf einem Parkweg und schaute einige Minuten über die Rasenfläche, ohne daß ich erkennen konnte, was ihn dort interessierte. Vielleicht träumte er, blickte in seine Vergangenheit, in die verschwundenen Gesichter eines applaudierenden Publikums. Die berühmte Sängerin stand an der Rampe in einem straßfunkelnden Abendkleid, verneigte sich mehrmals mit huldvoller Langsamkeit und wies dann mit nacktem üppigem Arm auf ihn, ihren Begleiter: »am Flügel Professor Guido Schrader«, wie es im Programmheft hieß. Und auch er verbeugte sich, aber nur einmal, um den gebührenden Abstand zu wahren. Denn nun eilte der Direktor des Konzerthauses mit einem Blumenstrauß auf die Sängerin zu, und der Applaus und die Hochrufe brandeten noch lauter auf. Schließlich kam sie und ließ sich von ihm hinausführen. »Danke, Guido«, sagte sie, »es war wundervoll«, und er erlaubte sich, ihre Hand zu küssen. »Für mich«, sagte er, »waren die großen Künstlerinnen immer auch schöne Frauen, und wenn ich spielte, wollte ich ihnen sagen, daß ich sie liebte, verstehen Sie?« Doch vielleicht waren seine Erinnerungen nur so prunkvoll, wenn er davon erzählte, und verloren sich in wortlosem Gemurmel, wenn er allein war.

Meistens sah ich ihn zuerst, wenn wir uns begegneten, was mir einige Male die Gelegenheit gab, ihm auszuweichen. Wenn ich aber auf ihn zuging, erlebte ich jedesmal den Augenblick, in dem er aus seiner Abwesenheit erwachte und sich mit einem Ruck von innen her in Form brachte, wie er es früher wohl gemacht hatte, wenn er auf die beleuchtete Bühne trat. »Halloh«, sagte er, indem er das o singend dehnte, daß es etwas Festliches bekam. Es war, als risse es ihn aus seiner trüben Versunkenheit, wenn er mich zufällig traf.

Wir standen dann eine Weile da und plauderten, und zum Abschied sagte er in Anspielung auf die berühmte Formel, mit der Cato alle seine Reden im römischen Senat beschlossen hatte: »Im übrigen bin ich der Meinung, daß Sie mich bald besuchen müssen.« Er lachte jedesmal und fügte in treuherzigem Ton hinzu: »Wirklich, mein Lieber, kommen Sie doch mal. Ich habe immer einen guten Champagner da.« Dann klopfte er mir auf den Arm, hob die Hand zum Gruß und zog seine Augenbrauen hoch, was ein verschwörerisches Zeichen von unbestimmter und umfassender Bedeutung zu sein schien. Und so, zunächst ein wenig beschwingter, dann bald wieder lahm und mit kurzen, steifen Schritten – ging er davon.

Als er mich zum ersten Mal einlud, hatte er einen bestimmten Anlaß. Er wollte die Hauskonzerte und literarischen Abende wieder aufleben lassen, die er, zusammen mit seiner Frau, einmal im Monat für die gemeinsamen Schüler und Freunde in seiner Wohnung veranstaltet hatte. Nach ihrem Tod hatte der Kreis sich aufzulösen begonnen. Er versuchte das aufzuhalten, indem er nach neuen Gästen Ausschau hielt. Eines Tages trat er in einem Café unseres Viertels an meinen Tisch und fragte, ob er sich zu mir setzen dürfe. Er hatte mich durch die großen Fensterscheiben des ehemaligen Ladenlokals erspäht und war hereingekommen, eine fremdartige Erscheinung in dieser Umgebung, und er sagte auch gleich, er sei noch nie hier gewesen, obwohl er um die Ecke wohne, kaum hundert Meter weit und seit über dreißig Jahren. Mich habe er schon einige Zeit »observiert«, lächelte er. Aber er habe nicht schreiben, nicht anrufen wollen. Er war eben ein Gesellschaftsmensch, der sich auf den persönlichen Auftritt verließ. Und sogleich, als überprüfe er meine kulturellen Voraussetzungen, fragte er mich nach meinem »Verhältnis zur Musik«.

Ich bin nie hingegangen zu diesen Abenden. Einmal habe ich es versucht. Aber er war nicht da, als ich anrief, und so habe ich es aufgegeben. Nach zwei oder drei Monaten traf ich ihn wieder, und er erzählte mir, daß er in Kur gewesen sei. Nach einer Pause fügte er hinzu: »Es war ein kleiner Herzinfarkt.« Die Musikabende habe er aufgegeben. »Mangels Muße und Möge«, so nannte er es. Und wie immer lachte er und riß die Augenbrauen hoch, was diesmal wohl bedeutete: »Schon gemerkt? So ist das Leben!« Danach klopfte er auf meinen Oberarm. »Besuchen Sie mich doch mal. Ich habe immer einen guten Champagner da.« Und stakste davon.

Wenn wir uns nach diesen kurzen Unterhaltungen trennten und in entgegengesetzter Richtung weitergingen, hatte ich manchmal den Impuls, umzukehren und unbemerkt in sein Gesicht zu blicken, weil ich vermutete, etwas sehen zu können, was er sorgfältig verbarg: einen Schatten, der dichter wurde und von ihm Besitz ergriff. Er ging inzwischen auf die Achtzig zu, wohnte aber immer noch allein in seiner großen Wohnung, nur versorgt durch eine Zugehfrau, die dreimal in der Woche für zwei Stunden kam. Traf ich ihn erst nach Monaten wieder, dann war er in einer

Kur gewesen, und weil ich wußte, daß er gerne darüber sprach, fragte ich, wie sein Erfolg bei den Damen gewesen sei. »Oh«, sagte er, »ich kann mich nicht beklagen«, und riß die Augenbrauen hoch. Doch als sei er mir auch die Wahrheit schuldig, sagte er in einem anderen, vertraulichen Ton: »Man wird bescheiden. Es ist ja nur, damit ich eine Ansprache habe.« Und als müsse er mir noch ein Geständnis machen, flüsterte er fast: »Ich gehe sogar zu den Kurkonzerten.«

Ich fragte ihn, wie er zu Hause seine Abende verbringe. Ob er noch Klavier spiele? »Nein«, sagte er, »das ist vorbei. Ich setze mich abends vor die Glotze, dann schlaf ich dabei ein, und wenn ich aufwache, geh ich ins Bett. Oft kann ich dann nicht mehr schlafen. Dann ziehe ich mich wieder an und gehe in der Wohnung herum. Am besten schlafe ich gegen Morgen ein. Meine Zugehfrau hat einen Schlüssel. Manchmal werde ich wach, weil sie durch den Türspalt in mein Zimmer linst. Wissen Sie, weshalb?« Er zwinkerte mir zu. »Sie prüft nach, ob ich gestorben bin.«

Immer häufiger sprach er über seine Gesundheitsprobleme, in einem Tonfall, der die Lächerlichkeit betonte, die für ihn darin lag, mehr und mehr in einen gebrechlichen Körper verwandelt zu werden. Er war, wie er mir eines Tages erzählte, bei einem Enddarmspezialisten gewesen. »Stellen Sie sich vor, das gibt es«, sagte er. Und er sang mir das Wort mit seiner wackeligen Altmännerstimme vor, wie die Schlußphrase einer Opernarie: »Enddarm-spezialist!« Als ich weiterging, blieb mir seine hilflose Verwunderung im Ohr.

Danach sah ich ihn lange nicht, und als ich ihn wiedertraf, war er abgemagert und hatte tiefe Schatten unter den Augen. Er war wieder zur Rehabilitation in einer Klinik gewesen, wegen eines zweiten Herzinfarkts, der ihn in den Morgenstunden erwischt hatte. Die Zugehfrau hatte ihn gefunden: einen ohnmächtigen alten Mann, dem es fast schon gelungen war, sich davonzumachen. Nun hatte man ihn wieder auf die Beine gestellt, aber die schienen ihn kaum noch zu tragen. Er bewegte sich mit dem schiebenden und stockenden Gang einer mechanischen Puppe. Ich versuchte ihn zu überzeugen, daß er in ein Krankenhaus müsse. Er wehrte das ab mit der unwidersprechbaren Autorität seiner Atemnot. »Nein, nein, nein. Ich fahre nach Bad Nauheim oder Bad Oeynhausen. Da kennen mich die Ärzte. Morgen höre ich, wo ich einen Platz bekomme.«

Knapp zwei Wochen später schlurfte er mir wieder entgegen. Er trug eine kleine Apothekentüte mit Medikamenten in der Hand und hatte eine weiße Schirmmütze auf dem Kopf. Aus dem zu weit gewordenen Hemdkragen schaute sein faltiger Hals hervor, stoppelig von weißen Barthaaren, die er beim Rasieren übersehen hatte. So wäre er, ohne mich zu bemerken, an mir vorbeigegangen, hätte ich ihm nicht einen guten Tag gewünscht. Er blieb stehen wie angehalten und richtete seine trüben, wäßrigen Augen auf mich. Ein Ausdruck von Angst stand darin, der auch nicht verschwand, als er mich verzögert, aus einem Nebel der Schwäche heraus, erkannte. Die Augenbrauen zuckten ein wenig. Und mit matter Stimme sagte er: »Hallo, mein Lieber.« Ich fragte ihn, was er hier mache und warum er nicht zur Kur gefahren sei. »Bin nicht reisefähig«, stieß er hervor, »hab die halbe Lunge voll Wasser.«

Ich sah einen Sterbenden vor mir, einen Menschen, der die Grenze überschritten hatte, von der aus es keine Rückkehr gibt. Anscheinend verstand er meinen Blick, denn er sagte: »Ja, ich mach's nicht mehr lang. Aber ich warte es zu Hause ab.« Morgens und abends kam sein alter Hausarzt, und die Zugehfrau, seine Lebensretterin, versorgte ihn. Er schwankte auf einmal, und ich ergriff seinen stockdürren Arm und begleitete ihn nach Hause. In einer Stunde würde der Arzt kommen und ihm ein kreislaufstützendes Mittel spritzen. Neben mir hörte ich seinen kurzen Atem, in den sich ein schwaches Pfeifen mischte, ein regelmäßiges, piepsendes Geräusch, als entwiche ein Teil seiner Atemluft auf falschem Wege durch ein ganz enges Rohr. Als wir bei seiner Haustür ankamen, mußte ich für ihn aufschließen. Er schien nicht richtig zu sehen und stocherte vergeblich nach dem Schlüsselloch. Glücklicherweise gab es einen Aufzug. So gelangten wir ohne Schwierigkeiten in den zweiten Stock. Die Wohnung war weiträumig und trotz der hohen Fenster ziemlich dunkel, denn die Gardinen waren überall zugezogen. Im Musikzimmer, in das ich einen Blick warf, sah ich vollgestopfte verglaste Notenschränke, hochlehnige Sessel mit verblichenen Brokatbezügen und den zugeklappten schwarzen Flügel.

Wir gingen durch den langen Flur in sein Schlafzimmer, das er sich mit zwei Sesseln, einem kleinen Tisch und dem Fernseher zum Wohnen eingerichtet hatte. Auf die Türen des Wandschrankes hatte er mit Klebestreifen alte Konzertplakate gehängt. Ich half ihm, sich in seinen Sessel zu setzen und die Beine auf einen Hocker zu legen, und dabei hielt er mich fest und flüsterte mit seiner schwachen Stimme: »Die Pulle liegt im Kühlschrank.«

Ich fand dort eine Flasche Louis Roederer, Brut Cristal, eine Marke, von der ich noch nie gehört hatte. Ich verstehe nichts von Champagner, vergoß einen Teil beim Eingießen, weil ich die Flasche nicht ruhig getragen hatte, und Guido Schrader, der Einundachtzigjährige, sagte zu mir, der Mitte Sechzig war: »Nicht so stürmisch, junger Mann.«

Ich wußte nicht, was ich sagen sollte, als wir uns zutranken, und so war er es, der »Auf Ihr Wohl« sagte. Vielleicht war das richtig so. Wir tranken jeder zwei Glas. Ich konnte sehen, wie er ein wenig aufblühte. Und er sagte, was ich hätte sagen sollen, daß es ein feiner Tropfen sei. Was er dann wollte, verstand ich nicht recht, denn er war wieder kurzatmig und fuchtelte mit dem Arm in der Luft herum, bis ich hörte: »Da der Schrank! Die Schiebetür! Machen Sie mal auf.« Ich schob zwei Türen und damit zwei Plakate auseinander, von denen das eine einen längst vergangenen Schubertabend ankündigte und das andere ein gemischtes Programm von Hugo Wolf bis Schönberg, wenn ich mich recht erinnere. Und wie die Türen auseinanderfuhren, enthüllten sie wie ein Bühnenbild Guido Schraders Garderobe.

Einen Augenblick lang war ich wie vor den Kopf geschlagen. Was ich da sah, Ärmel für Ärmel aneinandergereiht, nach Schnitten gruppiert und nach Farben und Dessins geordnet, hätte das Angebot eines exklusiven Herrenausstatters sein können. Und fast alle diese Sakkos und Blazer und die dazugehörigen Hosen wirkten so glatt und faltenlos, als seien sie neu.

»Wie viele sind es?« fragte ich.

»Na«, sagte er, »ein paar mehr als vierzig, glaube ich. Die Abendgarderobe nicht mitgerechnet. Aber das sind ja nur noch Reliquien.«

Er wollte lachen, mußte aber husten. Sein Gesicht rötete sich, und ich hörte wieder das Pfeifen und Röcheln seiner Atemnot. Ich goß ihm ein wenig von dem Champagner ein, und er trank ihn mit einem Ruck wie einen Schluck Medizin, blickte kurz in das leere Glas, bevor er es mir zurückgab. Dann ließ er sich erschöpft gegen die Lehne des Sessels sinken und schloß die Augen. Eine Zeitlang hörte ich nur seine röchelnden Atemzüge und sah, wie das krampfige Luftholen seine Brust erschütterte. Dann öffnete er wieder die Augen und schaute mich an mit einem stumpfen Blick, als ob er sich mühsam auf etwas besinnen müsse. »Ich will nicht, daß sie zerschnitten werden«, sagte er.

»Was?« fragte ich, da ich nicht wußte, ob ich ihn richtig verstanden hatte.

»Ich habe gehört, man zerschneidet sie.«

»Bestimmt nicht«, sagte ich, »nicht solche teuren, fast neuwertigen Sachen. Die werden verschenkt oder verkauft.«

»Ich habe gehört, sie kommen in den Reißwolf.«

»Nein, nein«, sagte ich. »Keine Angst.«

»Ich habe keine Erben«, sagte er, »weit und breit nicht.«

Wieder fielen ihm die Augen zu, und der welke, dünnlippige Mund klaffte auf. Aus seiner Brust kamen seltsame Laute: harr, harr, wie ein Hobel, der über ein grobfaseriges Brett geführt wurde und sich in das Holz fraß. Plötzlich schüttelte er den Kopf und war wieder wach.

»Habe ich geschlafen?« fragte er.

»Ja, einen Augenblick.«

»Ich habe was vergessen«, sagte er. »Ich möchte, daß Sie die Sachen übernehmen. Sie bestimmen, was damit passiert. Ich will nur nicht, daß sie zerschnitten werden.«

»Das geschieht sowieso nicht«, antwortete ich.

Er sah mich mißtrauisch an, eine ganze Weile, in der er wohl nachdachte. Schließlich sagte er: »Oder nehmen Sie ganz einfach alles, was Ihnen gefällt. Wir haben doch dieselbe Größe. Wir haben uns doch immer direkt in die Augen gesehen.«

»Ja, gut«, sagte ich, »danke.«

Und um ihn nicht zu enttäuschen, griff ich die erste beste Jacke, eine hellbraune mit einem dunkelbraunen Gittermuster, und probierte sie vor seinen Augen an. Sie paßte, und ich glaube, sie stand mir auch.

»Perfekt«, sagte er, »sehen Sie, das gefällt mir.«

Er versuchte mir noch andere Jacken mit den dazugehörigen Hosen und auch komplette Anzüge aufzudrängen, nannte jedesmal die Namen der italienischen Modedesigner, die innen auf den eingenähten Etiketten standen. Manche Jacken oder Anzüge nahm ich auf dem Bügel heraus, bewunderte sie und hängte sie wie beiläufig wieder in den Schrank zurück. Ich wollte ihn nicht aufregen, so fiel mir nichts anderes ein als dieses Schattengefecht, in dem er der Verkäufer und ich der wählerische, unentschlossene Kunde war.

Schließlich klingelte der Arzt. Ich ging sofort zur Wohnungstür, um ihn hereinzulassen. Er war auch ein vom Alter gezeichneter Mann, schwerhörig und schlagflüssig, der wohl schon seit längerer Zeit nicht mehr praktizierte und nur noch aus alter Verbundenheit zweimal am Tag nach dem Kranken sah. Vielleicht hatte er früher bei den Hauskonzerten mitgespielt. Er maß Puls und Blutdruck und zog die Spritze auf: Gelegenheit für mich, die braune Jacke zu greifen und mich zurückzuziehen.

Ich weiß nicht, was an diesem Tag noch passiert ist. Oder in der Nacht. Als ich am nächsten Tag anrief, meldete sich niemand. Und ich habe Guido Schrader auch nicht mehr gesehen. Die Jacke hängt immer noch in meinem Schrank, obwohl ich sie nie trage, nie tragen werde, ohne daß ich sagen kann, warum. Einmal, es war besonders schönes Wetter, habe ich sie angezogen, um im Park spazierenzugehen. Schon im Treppenhaus bin ich umgekehrt und habe sie wieder in den Schrank gehängt. Sie ist mein bestes Kleidungsstück. Aber ich glaube, daß sie einem Toten gehört. Vielleicht genügt es ja, daß ich sie behalte.

IM VORBEIGEHEN | (2005)

Er sah sie in der Ferne im nachmittäglichen Menschengedränge der Einkaufsstraße auftauchen – noch eine Erscheinung unter vielen, die sich nur bedeutungslos von den übrigen Passanten unterschied –, bis er sie einen Augenblick später erkannte und sie nicht mehr nur an diesem beliebigen Ort und in dieser zufälligen Stunde eines beliebigen Tages, sondern zugleich aus der Vergangenheit auf ihn zukam. Ja, sie war es! Sie war noch in der Welt. Seit Jahren hatte er sie nicht mehr gesehen und darüber vergessen, als wäre sie dort, wo sie sich getrennt hatten, zurückgeblieben, eingesargt in der Vergangenheit, unbeweglich wie ein zartes Insekt in einem zu Bernstein erstarrten Tropfen Harz. Sie erschien ihm kleiner, als er sie in Erinnerung hatte, vermutlich weil sie im Unterschied zu damals, als sie bemüht gewesen war, den Größenunterschied zwischen ihnen auszugleichen, flache Schuhe trug. Doch vielleicht war sie auch geschrumpft. Ihre Haltung schien sich geändert zu haben, wie die eines Menschen, der sich vor Kälte in sich selbst zusammenzieht. Zweifellos war sie gealtert. Darauf mußte er gefaßt sein. Was auch immer er sehen würde – es war nicht mehr seine Schuld.

Jetzt hatte sie ihn wohl auch erkannt, denn augenblicklich stockte sie, als wollte sie ausweichen oder umkehren. Es war nicht mehr als ein kurzer Ruck. Wenn überhaupt ein Impuls, ihm auszuweichen, sie durchzuckt hatte, war sie sofort darüber hinweggegangen. Er wußte im voraus, was sie jetzt tun würde, sah es an der Entschlossenheit ihrer Bewegungen. Stumm, ohne ein Zeichen des Erkennens, würde sie an ihm vorbeigehen, als gäbe es ihn nicht, oder vielmehr, als gäbe es ihn schon, aber nicht mehr für sie, nicht mehr als ein Teil ihrer Lebensgeschichte oder ihrer Welt.

Aber mußte er sie nicht ansprechen? Mußte er nicht wenigstens den Versuch machen, diesen absurden Starrsinn, der sie beide während ihrer Trennung befallen hatte, zu durchbrechen? Mußte er es, wollte er es, konnte er es, wollte er es nicht? Waren sie eigentlich immer noch in dasselbe Spiel verstrickt, ohne Aussicht, es zu beenden? Er war nicht vorbereitet auf diese Situation, hatte nicht damit gerechnet, noch einmal mit ihr zusammenzutreffen, nach allem, was sie hinter sich hatten, alle ihre Trennungsversuche, die immer wieder in Umarmungen endeten, um so leidenschaftlicher, je erbitterter sie sich gegenseitig beschimpft und verletzt hatten. Es waren lauter Anläufe gewesen, alles zu zerstören und jeden neuen Anfang zu vereiteln, die jedesmal wie unter einem Zwang auf ihre eigene Vereitelung hinausliefen, bis beim letzten Mal sie es gewesen war, die sich zurückgezogen hatte. Sie, die ihn in immerwährendem Zwiespalt an sich gezogen und wieder fortgestoßen hatte, hatte am Ende Schluß gemacht.

Obwohl man auch das anders sehen konnte, weil er, in plötzlicher Erkenntnis der unerwartet sich anbietenden Rettung, nichts mehr gesagt hatte, was sie aus der Ausweglosigkeit befreien konnte. Er wußte nicht mehr genau, wie es abgelaufen war, daß sie aus ihrer Verstrickung herausfanden, ahnte nur, daß sich alles wieder umkehrte, weil er vergessen hatte, was sie einander angetan hatten, oder weil auch das ihm viel besser erschien als nichts. Nichts war nur nichts. Und sein Gegensatz war alles. Alles, was sie füreinander gewesen waren, konnte nicht nichts geworden sein, nachdem es für sie alles gewesen war. In all ihren Widersprüchen hatten sie immer wieder dieses Alles entdeckt. Das Ein-und-alles. Das Umfassende, Unfaßliche.

Er ging auf sie zu, stetig, ohne Zögern, genauso wie sie ihm entgegenkam und dabei aus der Menge herauszuwachsen schien und immer unverkennbarer, immer ausschließlicher sie selbst wurde. Er empfand sie wie eine Frage, die mit ihrem Näherkommen erneut an ihn gestellt wurde, eine alte, nur vorübergehend vergessene, übertönte Frage. War das Vergangene das Künftige? War es jetzt das Jetzt?

Sein Denken tappte in eine Leere. Es war dieselbe Leere, in die sie sich immer hineingestürzt hatten, wenn sie am Ende ihrer Logik waren, mitten im wortlosen Strudel ihrer Widersprüche. Aber die Widersprüche hatten sich inzwischen verflüchtigt, die Widerstände waren aufgelöst. Kurz nach ihrer Trennung hatten auch er und seine Frau sich einvernehmlich scheiden lassen, als wäre ihnen mit dem Rückzug der Widersacherin der Grund zusammenzubleiben abhanden gekommen.

War das ein Grund, sie anzusprechen und es ihr zu sagen? Vielleicht wußte sie es längst, hatte es irgendwann gehört. Oder sie wußte nichts, weil sie nichts mehr von ihm wissen wollte. Alles verlor seine Umrisse, seine scheinbare Vernunft. Eine mächtige Lücke tat sich auf, in der sie aneinander vorbeigingen. Ihr Gesicht war wie gefroren und geradeaus gerichtet, ihr Profil, das er besonders gemocht hatte – immer noch unverändert. Aber sie war gealtert und unverkennbar geschrumpft. Am meisten verwirrte ihn, daß sie frisch vom Friseur kam. Mit kupferrot gefärbten, kunstvoll drapierten Haaren, wie für ein Treffen zurechtgemacht. Er hatte das Gefühl, eine Parodie der Frau, die er geliebt und wie keine andere begehrt hatte, würde mitten im Gewühl der anderen Menschen auf Rollen an ihm vorbeigezogen: eine Verhöhnung seiner Erinnerung durch Unwirklichkeit. Trotzdem klopfte sein Herz, als wollte es ihn antreiben, die Fremdheit zu überwinden und dafür den lange entbehrten Lohn zu empfangen. Vielleicht mußte er nur ihren Namen sagen. Nur ihren Namen! Wie früher, in den Momenten, als alles einfach war. Aber er hätte ihn leise aussprechen müssen in dem winzigen Bruchteil der Zeit, als sie dicht neben ihm war, nicht weiter als eine Armlänge entfernt. Vielleicht wäre sie stehengeblieben und hätte sich ihm zugewandt, mit diesem stummen, brennenden Blick, der ihm immer gesagt hatte, er solle jetzt alles beiseite lassen, was nicht zu ihnen gehörte: die Menschen, die Gewohnheiten, die Gedanken, alles, was ihm wichtig erschienen war, aber nicht zu ihrer Wahrheit gehörte, sollte er fallenlassen. Vielleicht hatte sie auf irgendein Zeichen von ihm gewartet, eine Geste, ein Wort, das sie aus ihrem Bann befreite. Er hatte es nicht in sich gefunden. Nun war es nur noch ein leeres Spruchband, das hinter ihr herwehte und mit ihr verschwand.

Er ging weiter, wie sie weitergegangen war. Er entging ihr, sie entging ihm. Sie waren sich entgangen.

Damit mußte er sich abfinden. Es ging sich so leicht, so selbstverständlich, als hätte er kein Gewicht. Ja, er war gewichtlos geworden. Gewichtlos, körperlos, unangreifbar. Die Gefahr oder die Chance oder was immer es gewesen sein mochte, war vorbei.

BLEIBE | (1985)

Nun sprach er nur noch dieses einzige Wort. Obwohl man eigentlich nicht sagen konnte, daß er es sprach. Es trat aus ihm hervor wie eine Luftblase, die aus dem Schlammgrund eines Teiches aufsteigt und an der Oberfläche fast lautlos platzt. Nichts regte sich in seinem Gesicht, dessen rechte Seite schlaff herunterhing, so daß sich der Mund zu einer Karikatur mutloser, gequälter Weinerlichkeit verzerrte. Die Augen waren blicklos trüb, mit geweiteten Pupillen. Der Körper, umhüllt von dem alten, schäbig gewordenen Bademantel, saß seltsam statuenhaft in dem Stuhl am Fenster, so als hätte ihn jemand in dieser lapidaren Grundstellung hingesetzt: die Unterarme und Hände auf den Lehnen, die nackten Füße in den Lederpantoffeln in einigem Abstand parallel nebeneinanderstehend und den Rumpf aufgerichtet und von der Rückenlehne aufrecht gehalten, als wäre er dort angebunden. Die ganze Gestalt schien leblos zu sein und wirkte wie eine Nachahmung des lebendigen Originals in einem minderwertigen Material, und das deutlichste Lebenszeichen, das sie auffing, war der schlechte Mundgeruch, den sie roch, als sie flüchtig die starre Wange küßte.

War es denn möglich, daß sie ihn richtig verstanden hatte, dieses einzige, überraschende Wort »bleibe«, das mühsam aus ihm hervorgekommen war, als sie gehen wollte, sogar noch ein zweites Mal, als sie dann wirklich ging? Er hatte gesehen, daß ihr die Tränen kamen, doch wohl nicht verstanden, daß sie auf einmal glücklich mitten im Unglück war. Nein, das brauchte er nicht zu wissen. Aber durfte sie nicht ganz heimlich auch das Geschenk in diesem Unglück erkennen? Er, der sie immer wieder verlassen hatte, er, dieser Flüchtling vor ihrer beständigen Liebe, hatte sie gebeten, ihn nicht allein zu lassen.

Sie ging weiter durch die langen Gänge, wartete beim Fahrstuhl, fuhr hinunter. »Bleibe«, hatte er gesagt. »Ich werde jeden Tag kommen«, hatte sie geantwortet, »jeden Tag, verstehst du? Ich lasse dich nicht allein!« Aber war sie denn verrückt, daß sie überhaupt ging, bloß weil sie Unterricht in der Schule hatte? Konnten nicht alle warten, wenn nur er nicht alleine war? Wie konnte sie glauben, alles verstanden zu haben, was er mit diesem einen Wort zu sagen versuchte? Hatte er Angst, daß sie ihn verlassen würde, jetzt, da er krank war? Fürchtete er, die Dinge kehrten sich jetzt um? Dann mußte sie sofort noch einmal zu ihm, um ihm diese Angst zu nehmen. Sie wollte ihn umarmen und fühlen lassen, was sie wußte, daß diese Krankheit für sie beide eine neue Chance war. Ja, sie wollte heute so lange bei ihm bleiben, bis er einschlief, und wenn er den Erfolg dieses einen Wortes erlebte, würden sich bald auch andere Wörter wiederfinden, lauter Wörter, die zu diesem einen paßten.

Sie ging zurück, entschlossen, aber nicht hastig. Sie wollte leise eintreten und ganz ruhig sein. Vor der Tür kam ihr eine Krankenschwester entgegen. »Der Doktor ist bei ihm. Aber gehen Sie einfach rein.« Von der Tür aus sah sie den Stationsarzt am Bett ihres Mannes sitzen. Er machte eine Sprechübung mit ihm.

»Apfel«, sagte der Arzt. »Bleibe«, sagte ihr Mann. »Baum«, sagte der Arzt. »Bleibe«, sagte ihr Mann. »Nein, Baum. Sagen Sie Baum.«

»Bleibe«, hörte sie wieder. »Dann sagen Sie mal Leib«, sagte der Arzt. Er sprach das Wort deutlich und langsam, zog es übertrieben in die Länge. »Bleibe«, tönte es zurück.

»Fast hundertprozentiger Sprachausfall«, sagte der Arzt, als er mit ihr auf den Gang trat. »Aber ich hoffe, das Sprachvermögen wird allmählich zurückkommen.« »Und warum ist dieses eine Wort zurückgeblieben? Was bedeutet das?« »Das ist Zufall. Ich möchte annehmen, es bedeutet nichts. Oder es bedeutet jetzt alle Worte, auch sein Gegenteil. Wir haben keine Verbindung zu ihm, auch wenn wir ihn sehen.«

Sie nickte. Als sie wieder in das Zimmer ging und sich an sein Bett setzte, versuchte sie zu lächeln. »Ich bleibe«, sagte sie.

DIE FÄHRE NACH ENGLAND | (1986)

Die Fähre ragt aus dem Wasser wie ein mehrstöckiges Haus. Tief unten rumpeln die letzten Lastzüge über die stählerne Rampe und verschwinden im Rumpf des Schiffes, während er und Saskia an der Reling des Oberdecks stehen und der feuchte Novemberwind ihnen um die Köpfe weht. Es ist nicht kalt. Er nahm an, es würde ihnen nicht kalt sein. Sie lehnen aneinander, sie in seinem Arm, und schauen zu, wie die Fähre beladen wird, oder blicken beide hinüber zu der Häuserfront von Ostende, der letzten Häuserreihe des Kontinents, eine schräge, nach Westen verschwindende Wand aus Fensterfronten und Balkonen, zu der auch das schmalbrüstige Hotel gehört, in dem sie die letzte Nacht verbracht haben, fast ohne zu schlafen, dem neuen Leben entgegenfiebernd, Saskia auch wach gehalten von ihren Ängsten. Denn vielleicht wird ihr Mann den Verstand verloren haben und sie suchen, wird von Hotel zu Hotel gehen und fragen, ob hier eine Frau von Anfang Vierzig mit rotblonden Haaren und ein großer, schlanker, jüngerer Mann mit lockigen dunkelbraunen Haaren abgestiegen seien. Er wird den Portiers Geld geben und Fotos seiner Frau zeigen, um … aber das war Unsinn, und sie wissen auch, dass es Unsinn ist. Trotzdem, so stellte er sich vor, denn er kannte Saskias wilde, ausufernde Phantasien, hat sie die Nacht bebend und lauschend in seinen Armen gelegen, nervös auffahrend, wenn die Treppe knarrte und der Nachtwind gegen die

Jalousien drückte und das Meer bei Flut gegen die Kaimauer warf. Aber vielleicht wird es auch still sein, eine Stille, die sie flüstern läßt, die Stille der langsam sich dahinschleppenden Zeit, dieser lähmenden Ewigkeit des Wartens, daß der Morgen beginnt mit seinem bleichen Licht, der Morgen ihrer Abreise nach England, mit einem eiligen Frühstück einiger verschlafener Gäste, bedient von einer verschlafenen Kellnerin in einem ungeheizten Frühstücksraum. Hinter den von der salzigen Seeluft erblindeten Scheiben ist die leere Strandpromenade zu sehen. Vielleicht liegt die Fähre schon an ihrem Anlegeplatz. Sie ist über Nacht von England herübergekommen, und eine Putzkolonne reinigt sie jetzt für die nächste Überfahrt. Sie frühstücken. Saskia zeigt zum zweitenmal auf ihre kleine kugelige Umhängeuhr, und er wird noch einmal mit ruhiger Stimme sagen: »Wir haben noch Zeit.« Sie ist blaß. Sie lächelt. »Bitte, laß uns gehen«, sagt sie. Das sind die letzten Minuten, die sie auf dem Kontinent verbringen, und dann stehen sie auf dem Oberdeck der Fähre, sehen, wie die Rampe hochgeklappt wird und die Schiffsschraube das ölige Wasser des Hafenbeckens aufwühlt. Das Wahrscheinliche und das Unwahrscheinliche rücken immer dichter zusammen und werden eins. Sie fahren. Das Schiff löst sich vom Kai. Man kann auch denken, daß das Land von ihnen abrückt. Die Höhe der Häuser schrumpft, und die Küstenlinie verbreitert sich, ist bald nur noch eine dünne Naht zwischen den grauen am Schiffsrumpf vorbeiziehenden Wassermassen und dem diesigen Grau des Himmels.

Aufpassen! Nicht träumen!

Die Kette der roten Bremslichter leuchtete vor ihm auf. Er mußte den Wagen jäh abstoppen und schrammte über die Markierungsnägel, die seine Fahrspur begrenzen. Rechts schob sich ein riesiger Tanklastzug an seinem Fenster vorbei, und dicht gedrängt kamen die Scheinwerfer des Gegenverkehrs auf ihn zu, jeder Wagen eine leichte Druckwelle, eine überstandene Gefahr. Nur jetzt nicht verunglücken, jetzt, da sein Leben so kostbar geworden war. In einigen dieser Wagen saßen bestimmt Unglückliche oder Verrückte, denen der Tod eine Verlockung bedeutete. Vielleicht würden sie Jagd auf ihn machen, wenn sie wüßten, wie ihn das Glück bevorzugte und beschenkte.

Nur nicht verunglücken! Nicht träumen, nicht jetzt! Dauernd brachte der Verkehrsfunk neue Meldungen über Unfälle und Staus auf fast allen Autobahnen. Die Herbstferien hatten begonnen, und wie bestellt hatte eine Schönwetterperiode eingesetzt. Anscheinend waren daraufhin am Nachmittag Millionen Menschen gleichzeitig aufgebrochen, um sich für die Enttäuschungen des verregneten Sommers zu entschädigen.

Damit hatte er nicht gerechnet. Aber er hätte ohnehin nicht früher fahren können. Bis zwei war er im Funkhaus gewesen, hatte eilige Post beantwortet und telefoniert und war wegen seiner Berufung auf den Londoner Korrespondentenposten noch einmal zum Intendanten bestellt worden. In der anschließenden Redaktionskonferenz hatte er mit den Kollegen darauf angestoßen. Dann war er in die Kantine gegangen, um rasch etwas zu essen, und war sofort danach nach Hause gefahren, um seine Koffer zu packen.

Saskia hatte nicht zurückgerufen, als er das Telefon zweimal klingeln ließ. Das hatte ihn vor der Versuchung bewahrt, ihr die große Neuigkeit voreilig mitzuteilen. Morgen oder übermorgen, wenn sie zusammen in Sahlenburg in dem Apartment am Meer waren, wollte er es ihr sagen. Sie hatte oft davon gesprochen, mit ihm wegzugehen. Seit zwei Jahren waren diese Phantasien ein wiederkehrendes Motiv ihrer Gespräche. Immer, wenn sie sich unerträglich eingeengt fühlten durch Saskias Ehe und die Rücksichten, die sie nehmen mußten, hatten sie die Wirklichkeit, die sie nach allen Seiten begrenzte, mit Wörtern wie »wenn«, »dann«, »bald« und »endlich« an ihren Rändern aufgelöst. In der Stadt, in der ihr Mann wohnte, könne sie nicht mit ihm zusammenleben, hatte Saskia gesagt, aber in jedem anderen Winkel der Welt könnten sie miteinander glücklich sein. Doch es war nicht irgendein Winkel. Es war London, ihre gemeinsame Wunschstadt. Er hatte das Berufungsschreiben in der Tasche. In einem Monat würde er als Korrespondent des Senders nach London gehen.

In einem Monat! Als habe sich diese Zeit in räumlichen Abstand übersetzt, sah er die Fähre weit entfernt als ein kleines weißes Schiff auf der leeren Meeresfläche. Sie fuhr stetig geradeaus, auf die englische Küste zu, ohne daß man in dieser grauen Weite erkennen konnte, ob sie vorankam. Ja, es würde ein grauer Novembertag sein. Saskia und er sitzen im Salon, und neben ihnen im Fensterausschnitt zieht die Wasserfläche mit den weißen Wellenkämmen vorüber. Sie fahren in ihr neues Leben. Wahrscheinlich wird es für sie beide zwischendurch unwirklich werden, und sie müssen etwas tun, um es glaubhaft zu machen. Er kann vielleicht an die Bar gehen und etwas zu trinken verlangen, Tee oder Kaffee oder irgend etwas anderes, und man wird es ihm tatsächlich geben, ohne Umstände und Bezweifelungen. Auf einem kleinen Tablett wird er die beiden Gläser oder Tassen zu dem Tisch hinübertragen, an dem Saskia sitzt und aus dem Fenster auf das Meer blickt, und in diesem Augenblick wird er wieder wissen, daß alles wirklich ist und sein Wunschtraum in Erfüllung geht.

Saskia wußte es noch nicht. Sie war jetzt wahrscheinlich schon bei dem Schultreffen in Lüneburg, der ersten Station ihres komplizierten Alibis. Morgen wollte sie zu einer Freundin nach Hamburg fahren und von dort so bald wie möglich zu ihm nach Sahlenburg kommen. Heute abend würde er beim Hausmeister eine Nachricht von ihr vorfinden, wann er sie auf dem Bahnhof in Cuxhaven abholen sollte. Er hoffte sehr, es würde schon morgen sein.

Früher einmal hatte er Gefallen an ihren verschwörerischen Verabredungen gefunden. Inzwischen haßte er dieses ganze Versteckspiel und wunderte sich, daß es immer gelang. Obwohl Saskias Mann Richter war und wissen mußte, was er von Alibis zu halten hatte, schien er nie Verdacht zu schöpfen. Es genügte, wenn Saskia ihn von unterwegs anrief und eine Weile mit ihm plauderte. Erich Auberger mußte ein Mensch sein, der vor allem mit sich selbst beschäftigt war und den Umgang mit anderen Menschen, auch mit Saskia, auf feste Gewohnheiten beschränkte. Er nahm nicht wahr, was er nicht wissen wollte und was sein Bild vom Leben gefährdete. Das gab ihm eine starre Sicherheit, die Saskia vielleicht einmal gebraucht und bewundert hatte, bis sie allmählich zu begreifen begann, daß ihr Leben brachlag und sie neben ihm verstummte.

In einem Monat war das nun vorbei. Noch eine endlose Frist. Doch nicht in jedem Leben gab es diesen Sprung nach vorne, der alle Probleme auf einmal löste. Morgen, spätestens übermorgen, konnte er Saskia alles erzählen, und in einem Monat würde er auf der Fähre nach England ihr befreites Lächeln sehen.

Sie hatte sich einfach dem Fahren überlassen wollen. Aber seit Hamburg saß ihr dieser Mann gegenüber, der ihr den Koffer ins Gepäcknetz gehoben hatte. Ein eckiges forderndes Gesicht, graue Augen und ein selbstgefälliger Mund. Sie hatte sich freundlich bedankt, als er ihr den Koffer abnahm, und das war wohl schon zuviel gewesen, denn nun bedrängte er sie mit seiner Unterhaltung. Sie war wehrlos gegen solche Menschen. Es fehlte ihr die Aggressivität, die man brauchte, um sie fernzuhalten. Und Männer wie dieser spürten ihre Gefügigkeit und zwangen sich ihr auf. Es nützte nichts, wenn sie aus dem Fenster schaute. Er bezog alles in sein Gerede ein, fragte, ob sie sich hier auskenne. Dies sei das Alte Land, ein berühmtes Obstanbaugebiet mit schönen alten Höfen. In seiner Stimme war ein dauerndes Werben, während er ungefragt seine Belehrungen vor ihr abspulte. Sein Blick suchte ihre Augen und hielt sie in ihrer Ecke fest. Entweder mußte sie diesem Blick standhalten oder sich von ihm betrachten lassen. Mein Gott, wie gingen solche Männer mit Frauen um? Männer mit solchen Händen und diesem durchschnittlichen Verstand, verbunden mit diesem unirritierbaren Selbstgefühl. Sie merkte, wie er sie abschätzte, ihre Brüste, ihre Knie, ihren Schoß, und versuchte sich abzuwenden und an Norbert zu denken. Dann ließ sie es, weil es ihr nicht richtig gelang. Sie hatte sich vorgestellt, alles Fremde von sich abfallen zu lassen und immer ausschließlicher auf ihn zuzufahren, so daß sie, wenn sie ausstieg und auf ihn zuging, bereit war, ihn ganz in sich aufzunehmen, und sie haßte diesen fremden Mann, der sich ihr einfach aufdrängte und es verdarb.

Endlich lief der Zug ein. Cuxhaven, das Schild auf dem Stellwerk zog vorbei. Schon während des Bremsens war der Mann aufgestanden, um ihr in den Mantel zu helfen, brachte ihren Koffer an sich und stieg vor ihr aus. Er wollte ihr die Hand reichen, aber sie spähte über ihn hinweg nach Norbert, sah ihn plötzlich ein Stück weiter weg, groß und schlaksig, in seinem hellen Trenchcoat, wie er an der Wagenreihe entlangschaute. Wie jung er aussieht, dachte sie. Jetzt entdeckte er sie. Sein Gesicht leuchtete auf. Doch die Bewegung, die in ihm war, stockte, wohl weil ihr Reisebegleiter einfach ihren Arm ergriffen hatte und ihr übertrieben höflich beim Aussteigen half.

»Danke«, sagte sie, »geben Sie mir meinen Koffer. Ich werde abgeholt.«

Der Mann murmelte etwas und verschwand, kurz bevor Norbert auf sie zutrat und sie in die Arme schloß. Um sie herum verließen die Menschen den Bahnsteig, als flösse ein graues Rinnsal ab. Ich bin da, dachte sie, ich bin angekommen. Mit seinem Körper umarmte sie gleichzeitig dieses Gefühl, und als sie sich zum Gehen wandten, schob sie seine Hand in ihre Manteltasche und drückte sie gegen ihre Hüfte.

Das war der Vorplatz: ein großes Beet fast abgeblühter weißer Rosen, weiter weg ein mächtiger alter Wasserturm aus Backsteinen, links eine Häuserreihe mit Geschäften. Sie hatte den Eindruck von etwas Zufälligem und Formlosem, ein Stück Welt, das sie durchqueren mußte. Da stand auch schon Norberts Wagen, vorhersehbar und trotzdem überraschend. Also waren sie wirklich hier. Er schloß auf und ließ sie einsteigen. Straßen, Häuser, Bäume setzten sich zu flüchtigen Szenerien zusammen. Sie ließ alles vorbeigleiten. Bald würde sie aus ihrer Betäubung erwachen.

»Wir sind da«, sagte er.

Sie hielten auf dem Parkplatz eines Hochhauses mit blauen Balkonen, das in einem flachen Wiesengelände stand. Landeinwärts weideten einige Pferde. An die Straße grenzte ein Kiefernwald. Das Meer mußte ganz in der Nähe sein, war aber nicht zu sehen.

Zusammen mit zwei alten Frauen in Bademänteln fuhren sie im Aufzug in den zehnten Stock. Eine blaue Brandschutztür unterteilte den Gang, auch die gelbbraun gestrichenen Türen der Apartments waren aus Stahl. Es kam ihr vor, als befänden sie sich in einem Bunker. Hier, an diesem Niemandsort, hinter dieser Zellentür endete ihre Flucht, und sie würde ein paar Tage unauffindbar sein.

»Tritt ein«, sagte Norbert.

Er stieß die Tür weit nach innen auf und ließ ihr den Vortritt. Durch die kleine Garderobe kamen sie in einen lichterfüllten Wohnraum mit einem großen Panoramafenster. Draußen, nicht weit entfernt, dehnten sich die Schlickflächen des Wattenmeers, überwölbt von einem fast wolkenlosen, blauen Himmel.

»Hier werden wir wohnen?«

»Wenn es dir gefällt.«

»Ich find's wunderbar«, sagte sie.

Er nahm ihr den Mantel ab, um ihn an die Garderobe zu hängen, und sie ging herum und schaute sich um. Es gab noch eine Kochnische, ein Bad, ein Schlafzimmer und einen Balkon. Im Wohnraum standen große bunte Herbstblumensträuße auf Tisch und Fensterbank. Norbert empfing sie an all ihren geheimen Treffpunkten mit Blumen. Immer merkte sie an seinen Vorbereitungen, wie seine Phantasie ihr entgegenlief.

Sie trat auf den Balkon, legte die Arme auf die Brüstung und schaute vorsichtig in die Tiefe. Alle ihre Treffpunkte waren fremde Orte für sie. Norbert suchte sie aus, und sie kam immer ein wenig wie im Traum dorthin, und nichts wurde ihr wirklich vertraut, bevor sie schon wieder abfuhr. Jetzt also waren sie hier am Wattenmeer.

Schräg unter ihr befand sich ein Campingplatz mit feststationierten Wagen auf kleinen, abgezäunten Grundstücken. Es schien eine Wagenstadt ohne Bewohner zu sein, bis auf einen grauhaarigen Mann, der auf einem winzigen Rasenstück eine orangenfarbene Leinwand auseinanderrollte. Hundert Meter entfernt, hinter Deichweg und Uferstraße, zogen sich die drei Streifen des Landendes hin: das wiesengrüne Deichvorland, die flache, graugrün bewachsene Düne und der Sandstrand, auf dem einige Strandkörbe herumstanden. Das Meer hatte sich bis auf wenige Lachen und Priele bis zum Horizont zurückgezogen und den dunklen Schlickgrund freigegeben, auf dem überall die weißen Punkte der Seevögel saßen. Weit verstreut wanderten einige Menschen im Watt herum, und eine Reihe von gelben Pferdewagen treckte auf eine flache Insel in der Ferne zu.

»Das dahinten ist Neuwerk«, sagte Norbert, der ihrem Blick gefolgt war, »bis dahin kann man bei Niedrigwasser gehen.« Das Blinken in der Ferne mußte das Wasser sein, die Fahrrinne ins offene Meer. Sie erkannte die weißen Deckaufbauten einiger Schiffe. Alles leuchtete und glänzte im Sonnenlicht, das am Horizont zu einem Funkeln zerstäubte. Die Luft umströmte sie, Wärme, durchmischt mit dem Geruch von Salzwasser und Tang. Sie dehnte sich, atmete tief ein, und mit dem Atemzug gab sich ihr alles noch einmal zu erkennen, was sie sah.

Auf einmal wußte sie: Er schaut mich an. Sie war jetzt der Mittelpunkt der Szene, sein Blick ruhte auf ihr. Wie um ihn abzulenken, sagte sie: »Schön ist es hier.« Sie hörte ihn ja sagen. Seine Stimme klang verändert, gab dem Wort einen anderen Sinn. Langsam drehte sie sich um.

Wieder erkannte er den seltsamen Ausdruck, mit dem für ihn ihre verborgene, nur ihm zugehörige Person in Erscheinung trat: das Gesicht vereinfacht, wie leergewischt, die Augen geweitet vom Vorauswissen. Einen Augenblick standen sie einander gegenüber und sahen sich an, und dann, mit einer langsamen Bewegung, die ihre Köpfe spiegelverkehrt gegeneinander neigte, trafen sich ihre Münder. Ein Gefühl der Schwere ergriff sie beide. Auf einmal waren sie von allem fortgerückt, und der Wunsch, einander nicht mehr loszulassen, verschmolz sie zu etwas Dunklem, Aussichtslosem. Als er die Augen öffnete, hatte eine leichte Röte ihr Gesicht überzogen, und um Augenhöhlen, Schläfe und Oberlippe glänzte die Haut von einer dünnen Feuchtigkeit. Er wußte nicht, was sie wahrnahm, als sie ihn anschaute. Ihre Augen schlossen sich gleich wieder, als hätte sich das Schweregefühl, das sie zu erfüllen schien, von innen an ihre Lider gehängt.

So bleiben, einen Augenblick. Alles ist richtig, alles muß so sein. Stumm, denn es gab nichts zu sagen, gingen sie in die Wohnung, und vor dem Bett begannen sie sich auszuziehen, jeder für sich. Sie trat hinter die Lehne des Stuhls und legte ihren Rock darüber, und als sie sich mit gekreuzten Armen Pullover und Hemd auszog, schob er den Stuhl beiseite, um sie anzuschauen. In dieser ruhigen Bewegung, die einen Augenblick ihren Kopf verhüllte und ihren Bauch entblößte, erkannte er ihr Vertrauen. Jetzt sah er sie nackt, ihre schön gewölbten Schenkel mit dem einzigen Makel eines kleinen bläulichen Blutgerinnsels an der Seite, der Bauch weich, mit der tiefen Nabelgrube, ihre kleinen, festen Brüste mit den dunklen Höfen. Auf der Bettkante sitzend, sah er sie auf sich zukommen mit einer fast schläfrigen Bewegung und einem Lächeln, das ihr kaum bewußt war. Er beugte sich vor, um mit beiden Armen ihre Hüften zu umschlingen. Der Geruch ihrer Haut empfing ihn, ihre Wärme. Er preßte sein Gesicht gegen ihren Leib, spürte, wie sie ihm standhielt und ihre Finger in seinem Haar vergrub. Auch so konnten sie bleiben. Alles war immer schon erfüllt.

Nachmittags gingen sie im Watt spazieren. Sie trugen ihre Schuhe in der Hand und ließen ihre Fußsohlen von den welligen Riefelungen des Schlickbodens massieren. Wo der Schlickgrund fest war, federte er ein wenig, und ihre Schritte preßten feine Wasserspritzer aus den Bohrlöchern der Wattwürmer hoch. Manchmal versanken sie bis über die Knöchel in einer schlammigen Mulde oder wateten durch flaches Wasser, das allmählich von Westen her in die weite Fläche zurückfloß und in der Ferne hier und da als ein sonnenhelles Glitzern zu erkennen war. Einige weiße Haufenwolken hingen über dem Watt, das in ihrem Schatten moorig schwarz aussah, durchzogen von schiefergrauen Wasserstreifen. Wenn der Schatten wegwanderte, tauchten die lehmig braunen Töne wieder auf, und überall leuchtete das weiße Gefieder der Seevögel, die einzeln oder in kleinen Schwärmen nach Nahrung suchten. Ab und zu blieb Saskia stehen, hob eine Muschel oder eine Vogelfeder auf oder betrachtete eine auf dem Rücken liegende tote Krabbe. Die meisten Wassertiere hatten sich mit der Flut ins offene Meer zurückgezogen und würden erst mit ihr zurückkehren, und die Wattwürmer, nach denen die Vögel suchten, hatten sich tief in den Schlick gebohrt. Wenn man mit Zehen und Fingern bei den wurmartigen Schlickhäufchen nachgrub, quoll inzwischen gleich Wasser nach.

»Müssen wir nicht bald zurückgehen?« fragte Saskia.

»Ja, gut«, sagte er, »kehren wir um.«

Sie gingen zu dem salzverkrusteten Gestrüpp hinüber, das den Fahrweg der Wattwagen bezeichnete. Zwei vollbesetzte Wagen fuhren gerade zum Land zurück. Die Pferde patschten durch die flachen Lachen und Rinnen, und die breiten Gummireifen zogen eine schlammige Spur. Leute grüßten von ihren Sitzen herunter, und ein Mann mit einer schwarzen Schiffermütze, wie es sie in den Strandläden zu kaufen gab, rief »Schöner Tag heute!«. Ja, das stimmte, es konnte nicht schöner sein. Die tiefstehende Sonne warf ein weißgoldenes Licht über die spiegelnde Wattfläche weit draußen, auf der das Wasser wohl schon wieder handbreit stand. Die restlichen Schlickinseln wirkten auf einmal tiefschwarz. Bald würde alles in Gold- und Kupfertönen erstrahlen und allmählich über Violett und Blaugrau in eine gleichmäßige Nachtfarbe übergehen.

Vielleicht sollten sie vor dem Schlafen noch einmal zwischen Meer und Düne spazierengehen und das leise Fiepen der Seeschwalben im Dünengras hören und, wenn ein leichter Wind aufkam, das Ticken der Segelleinen und ihrer Metallringe gegen die Masten der Jollen und Katamarane, die am Strand neben dem Fahrweg der Wattwagen aufgebockt waren. Gestern, nach seiner Ankunft, war er dort herumgewandert, und das fremde Geräusch war ihm im Dunkeln wie das eifrige Klimpern vieler kleiner Hämmer erschienen, die ununterbrochen eine unverständliche Arbeit taten.

»Wie seltsam sich das alles verändert«, sagte Saskia. »Das Wasser kommt langsam, das Licht schwindet schnell.«

»Das Licht ist dramatischer«, sagte er.

»Aber das Wasser ist unheimlicher. Es schleicht sich heran.«

»Das ist wahr«, sagte er und blickte sich noch einmal um.

Der Spaziergang durch das Watt, das nun bald wieder dem Wasser und den Vögeln und den unsichtbaren Meerestieren gehörte, hatte ihn eine zärtliche Verbundenheit mit Saskia fühlen lassen, und als sie auf das Land zugingen, wunderte er sich, daß er ihr noch nicht von London erzählt hatte. Die Nachricht sollte die Krönung dieses ersten Tages sein. Sie bedeutete einen so tiefen Einschnitt, eine so völlige Veränderung ihres bisherigen Lebens, daß er das Bedürfnis gehabt hatte, noch ein wenig damit zu warten. Saskia war nicht sehr belastbar und sollte sich erst einmal hier eingewöhnen und ruhig werden. Nachher, beim Abendessen, wenn sie sich gegenübersaßen, wollte er es ihr sagen. Dann konnten sie anfangen, es sich gemeinsam vorzustellen und alles zu besprechen.

Als sie auf der Wiese des Deichvorlandes waren und nebeneinander auf dem Rand eines der wasserblau gestrichenen Betonbecken saßen, griff er Saskias nackten Fuß, um ihn unter dem Wasserhahn zu waschen.

»Was machst du da?« fragte sie überrascht. »So etwas kann auch nur dir einfallen.«

»Ich habe deine Füße noch gar nicht richtig gewürdigt«, sagte er. »Gib mir auch den anderen.«

Sie streckte ihm den Fuß hin und hielt sich an seiner Schulter fest.

»Darf ich das auch mit deinen Füßen machen?«

»Nein«, sagte er, »das war meine Idee.«

»Dann werde ich sie eben küssen«, antwortete sie.

Er konnte sie gerade noch daran hindern.

Während es draußen dunkel wurde und sie sich beide umzogen, um in eines der Restaurants an der Uferstraße zum Abendessen zu gehen, war er so von Erwartung erfüllt, daß er Saskia, die im Hinundhergehen mit ihm sprach, nur flüchtig antworten konnte. Dauernd sah er sie schon in der gemeinsamen Londoner Wohnung, und alles, was sie tat – ob sie vor dem Spiegel ihr Haar bürstete oder ein Kleid aus dem Schrank nahm, es mit dem Bügel hochhob und musterte und über das Bett warf –, alle diese einfachen, alltäglichen Äußerungen ihres Lebens entzückten ihn. Er konnte es sich nicht erklären, was sie so einzigartig für ihn machte. Es hing nicht mit bestimmten Eigenschaften zusammen. Jedenfalls konnte er sie nicht benennen. Mal war es eine besondere Einzelheit, wie eine empfindliche Bewegung ihrer Mundwinkel, eine Neigung ihres Kopfes, worin er momentweise ihr ganzes Wesen zu erkennen glaubte, dann wieder umfaßte er sie mit einem einzigen Blick und mußte denken, daß es für sie unter allen Menschen keinen Ersatz gab. Auch wenn er wie zur Probe versuchte, sie sich älter und häßlicher vorzustellen, oder wenn er sich ihre offensichtlichen Fehler und Mängel vor Augen führte, änderte das nichts. Der unerklärliche Strom von Zustimmung wallte nur noch heftiger in ihm auf.

Jetzt kam sie aus dem Badezimmer, ging an ihm vorbei in das Schlafzimmer, hängte ein Kleidungsstück in den Schrank und kehrte in den Wohnraum zurück. Sie hatte einen eigenartigen Gang, lebhaft und vorwärts drängend, aus den Hüften heraus, aber zu kürzeren Schritten gebändigt, so wie man sich nachts auf Zehenspitzen durch eine Wohnung bewegt, wenn man niemanden wecken möchte und heimlich noch etwas tut oder in Ordnung bringt, was einem keine Ruhe läßt.

Sie wußte natürlich nichts davon. Alle ihre Bewegungen wirkten ein wenig gedankenlos oder auch nachlässig, und vielleicht ging sie hier so herum, weil sie sich in einem Versteck fühlte.

»Ich bin soweit«, sagte sie.

In seinem Kopf antwortete ein Echo: Es ist soweit! Und nun erschien ihm alles nur noch als eine endlose, immer weiter unterteilte Annäherung an den kaum zu erreichenden Wendepunkt, an dem ihre gemeinsame Zukunft begann. Schritt für Schritt brachten sie ihr altes Leben hinter sich. Sie mußten das Apartment abschließen und auf den besetzten Aufzug warten, auf das Öffnen und Schließen der automatischen Türen, mußten hinunterfahren und draußen zuerst zum Strand und dann den Deichweg entlanggehen. Unterwegs blieb Saskia stehen, um die Sterne hinter dem dünnen zerrissenen Wolkenschleier zu betrachten und zu den unregelmäßigen Lichtmustern der beiden Apartmenthäuser hinüberzusehen. Sie mußten sich einigen, in welches Restaurant sie gehen wollten, und eintreten und einen Platz suchen. Er mußte ihre Mäntel an die Garderobe hängen und dann die Speisekarte aufschlagen und sich mit Saskia darüber austauschen, was sie essen und trinken wollten. Dann vergingen wieder einige Minuten, bis er die Kellnerin an ihren Tisch gewinkt und ihr die Bestellung aufgegeben hatte, und die ganze Zeit nahm er wahr, daß Saskia entspannt und glücklich aussah und alle diese kleinen, aufeinanderfolgenden Augenblicke ihres Zusammenseins genoß, über die er mit wachsender Ungeduld hinwegdrängte. Sie lebten jetzt beide in einer anderen Gegenwart, und dieser offensichtliche Widerspruch ihrer Empfindungen ließ ihn zögern. Saskia sah schön aus, heiter. Nichts fehlte ihr. Es erschien ihm gewaltsam, ihr Gleichgewicht zu stören. Wie über einen weiten Abstand hinweg faßte er ihre Hand: »Ich muß dir etwas ganz Wichtiges sagen, Saskia.«

Erschrak sie oder war das die Überraschung? Es kam ihm so vor, als ob sie nur die Hälfte begriff. Ja, er hatte die Korrespondentenstelle bekommen. Es war ein glänzender beruflicher Erfolg. Aber das war doch nicht das einzige, das Wesentliche. Es war doch nur die Vorbedingung für ihr gemeinsames Leben. Jetzt hatte er sie erfüllt, jetzt endlich konnten sie ihre Träume wahr machen. Ihren Geburtstag konnten sie schon in London feiern. Immer noch sah sie ihn verständnislos an.

»Nach London? In einem Monat? Wie soll das gehen?«

»Ganz einfach«, sagte er, »wir machen es so einfach wie möglich für dich. Du brauchst gar nichts mitzunehmen außer deinem Paß. Geh aus dem Haus wie zum Einkaufen und laß deinem Mann einen Brief da. Am besten gehst du jetzt schon nicht mehr zu ihm zurück.«

»Oh, mein Gott, ja, das wäre das einfachste«, seufzte sie.

»Mach dir jetzt keine Sorgen«, sagte er. »Wir werden einen richtigen Weg finden. Es wird bestimmt nicht so schwer, wie du denkst. Es ist doch das, wovon wir immer gesprochen haben, Saskia. Es ist sogar noch viel besser.«

Sie nickte, senkte den Kopf und sah ihn wieder an.

»Bitte verzeih mir. Ich kann es noch nicht fassen.«

Sofort versuchte er, sie zu beruhigen. Auch er hatte es sich ja zunächst nicht richtig vorstellen können. Deshalb hatte er auch nicht mit ihr darüber gesprochen, bis er vollkommen sicher gewesen war, daß er die Berufung nach London bekam. Er hatte das Schreiben des Intendanten mitgebracht. Sie konnte es lesen und anfassen, es war Wirklichkeit. Trotzdem hatte er heute in Cuxhaven auf dem Bahnsteig, als er auf sie wartete, die Vorstellung gehabt, sie würde gar nicht kommen, und es würde alles anders ausgehen mit ihnen. »Es war ein Moment«, sagte er, »in dem es dich gar nicht mehr zu geben schien. Und London auch nicht und unsere Träume schon gar nicht. Ich habe dauernd auf die Uhr geschaut. Mein Leben hing von dieser Uhr ab, von der Ankunftszeit deines Zuges. Ja, und dann bist du mit einem fremden Mann ausgestiegen, der deinen Koffer trug. Da war ich einen Augenblick völlig durcheinander.«

»Habe ich gesehen«, sagte sie.

»Ich habe gedacht, sie ist meine Frau! Sie gehört mir! Und dann, als ich näher kam, habe ich den gleichen Gedanken in deinem Gesicht gesehen. Da war alles gut.«

»Ja«, sagte sie leise.

»Bald werden wir für immer zusammensein, jeden Tag, jede Nacht. Kannst du dir das vorstellen?«

»Im Augenblick nicht«, sagte sie, »nicht wirklich. Ich denke es nur. Es ist für mich alles hinter einer Nebelwand.«

Sie schauderte zusammen.

»Was hast du?« fragte er besorgt.

»Nichts, nichts. Es ist nur die Erregung.«

Um sie abzulenken, begann er von London zu erzählen. Vielleicht würden sie in Chelsea oder in Belgravia wohnen. Am schönsten wäre es wahrscheinlich in Kensington in der Nähe des großen Parks, weil sie dann täglich dort spazierengehen konnten. Zunächst würden sie ja dauernd unterwegs sein, um die Wohnungseinrichtung zu kaufen und für sie neue Kleider, falls sie ohne Koffer gekommen war. Sie würden in der City herumbummeln und Geschäfte betrachten und durch das berühmte Kaufhaus Harrods streifen, einer phantastischen Ansammlung von käuflichen Dingen. Sie konnten sich bei Harrods einen Elefanten kaufen und einen Dudelsackpfeifer mieten. Es gab nichts, was es dort nicht gab.

Sie lächelte geistesabwesend, und er fuhr fort, von Museen, Theatern und Konzerten zu sprechen, die sie gemeinsam besuchen würden. Er erzählte von den Londoner Märkten und Kuriositätenkabinetten und von den großen Versteigerungen bei Christie's und Sotheby's, und er brach erst ab, als die Kellnerin das Essen brachte.

Er hatte zuviel gesprochen, marktschreierisch, in einer künstlichen Begeisterung wie ein Fremdenführer. Das Wesentliche hatte er nicht sagen können. Das Neue und Wunderbare waren nicht die Londoner Attraktionen, sondern das, wovor alle Liebespaare gewarnt werden: das alltägliche Leben.

Er suchte Saskias Blick. Sie schaute auf das Gedeck, das die Kellnerin vor sie hinstellte. Mit einer unbewußten Bewegung zog sie ihr Gesicht vor der Schulter der Kellnerin zurück. Sie sah verletzlich aus, ganz anders als Rembrandts bäuerische Saskia, mit der sie nur das rotblonde Haar gemeinsam hatte. In Momenten wie jetzt kam eine verborgene Einsamkeit an ihr zum Vorschein, und er ahnte, daß sie sich dann selbst entglitt und Hilfe brauchte, um nicht in Angst zu versinken.

»Nun iß erst mal«, sagte er, »sieht doch alles gut aus.«

In seinem Traum wußte er, daß etwas Unerwünschtes geschehen würde, wenn er nicht rechtzeitig zur Stelle war, um es zu verhindern. Aber er konnte nicht genau sagen, was es war und wo er sich befand. Alles war undeutlich, bis auf die roten Lichter, die blinkten und tickten und das nahe Ende der Frist anzeigten, die ihm noch blieb. Er lief. Noch immer wußte er nicht, worum es ging, mußte sich durchfinden durch dieses dunkle, labyrinthische Gebäude, in dem irgendwo eine schwere Maschine arbeitete, ein fernes Stampfen und Dröhnen, dem er allmählich näher kam. Er kletterte eine schmale Leiter hinunter, deren Sprossen erst unter seinen Füßen entstanden, und kam in einen dämmrigen Gang. Am Ende stand jemand, der sofort verschwand. War das Saskia gewesen? Warum sah hier alles so verfallen aus? Berge von Gerümpel lagen herum, Schutt, der sich immer höher türmte. Eine gesichtslose Gestalt streifte ihn und sagte: »Schlaf nicht.« Sofort stand er auf einer weiten, leeren Ebene. Es war das Watt, aber es hatte keine Ähnlichkeit mit sich selbst. Er machte einen Schritt vorwärts und sank ein, und noch einen, mit dem er ins Bodenlose tappte. Davon wurde er wach.

Saskia war nicht da. Ihr Kopfkissen war schon ausgekühlt. Er fand sie nebenan in dem dunklen Wohnraum. Sie hatte ihren Bademantel angezogen, saß in sich zusammengekauert auf der Polsterbank beim Fenster und drehte ihm das Gesicht zu.

»Ich kann nicht schlafen«, sagte sie mit einer kleinen, kläglichen Stimme. »Mein Herz rast so, und mir ist auch ein wenig schlecht.«

Er setzte sich zu ihr und legte behutsam den Arm um sie. »Hast du Schmerzen oder Druck auf der Brust?«

»Nein, nein, nur dieses Herzjagen und die Übelkeit. Ich kann das Meer nicht vertragen. Es ist mir noch nie bekommen.«

»Aber wieso?«, wandte er ein, sie hatten doch schönes, ruhiges Wetter, keinen Sturm, keine Luftdruckschwankungen und diese milde Temperatur. Es war doch eher so, daß man sich erholen konnte.

»Vielleicht ist es auch nur die Aufregung«, sagte sie. »Ich bin seit Stunden schon furchtbar aufgeregt. Schon den ganzen Abend habe ich dieses rasende Herzklopfen gehabt.«

Er mußte eine Welle von Enttäuschung niederkämpfen, um ruhig zu bleiben und ihre Angst aufzufangen.

»Das verstehe ich ja«, sagte er beschwichtigend. »Aber du machst dir übertriebene Sorgen. Deine Kinder sind erwachsen und dein Mann hoffentlich auch. Trennungen sind nicht einfach. Doch was notwendig ist, das kann man, und was andere fertigbringen, können wir auch. Und wenn wir in London zusammen sind, wird alles von dir abfallen. Du wirst aufleben, du wirst dich ganz neu fühlen. Du zwingst dich doch seit Jahren, so zu leben, wie die anderen es von dir erwarten. Du hast doch nur gegen dich selbst gelebt. Falls dein Mann wirklich so ahnungslos ist, wie du immer sagst, dann verdient er deswegen kein Mitleid, dann spricht das nur gegen ihn. Dann hat er dich nie richtig wahrgenommen. Wenn ich mir vorstelle, was du alles auf dich nimmst, nur um ihn zu schonen, ihn und sein starres Bild, das er sich vom Leben macht. Wozu das alles? Er hat keinen Anspruch auf das Opfer, das du ihm seit Jahren bringst.«

Er hatte sie beruhigen wollen, es aber nicht gekonnt. Empörung und Kränkung brannten in ihm, und plötzlich war das alles in ihm aufgelodert. Am liebsten hätte er Saskia gepackt und gerüttelt, um sie von den fremden Einflüssen zu befreien, die sie immer wieder von ihm wegzogen.

Sie antwortete nicht, hielt nur den Kopf gesenkt. Ihr Körper sperrte sich nicht gegen ihn, wirkte aber wie gelähmt, und er stellte sich vor, daß ihre Augen stumpf und blicklos waren. Ihr Schweigen konnte vieles bedeuten: daß sie ihm recht gab oder Gründe zur Verteidigung ihrer Ehe suchte, daß sie an die Schrecken der bevorstehenden Trennung dachte oder wieder in ein gedankenloses Nirgendwo entglitt, aus dem er sie zurückholen mußte.

»Woran denkst du?« fragte er.

»Ich? An nichts.«

Einen Augenblick später gab sie eine andere Antwort. »Ich habe mir einen Schiffsuntergang vorgestellt.«

»Einen Schiffsuntergang?« fragte er überrascht. »Aber doch nicht die Fähre nach England. Mit der passiert nichts. Da kannst du ruhig sein.«

»Nein, nicht die Fähre nach England. Es war kein bestimmtes Schiff.«

Sie lehnte ihren Kopf an seine Schulter. Als sie weitersprach, hatte ihre Stimme einen schleppenden, träumerischen Klang, als spräche sie für sich, und er, ihr Zuhörer, sei nicht außerhalb von ihr, sondern ein Teil ihrer Innenwelt. Sie sieht alles noch, dachte er. Die Bilder sind noch nicht verschwunden. Sie ist noch in ihrem Bann.

»Es ist eine Vorstellung, die ich oft habe«, sagte sie. »Sie ist schrecklich. Aber seltsamerweise beruhigt sie mich. Ich bin auf einem Schiff mit allen Menschen zusammen, die ich kenne. Mein Mann, meine Kinder sind darunter. Und auch du. Das Schiff versinkt, und wir müssen alle ins Wasser springen. Ich habe mich auf eine Planke gerettet, auf der nur zwei Menschen Platz haben. Es ist die einzige Rettungsmöglichkeit, die es gibt. Um mich herum schreien die Ertrinkenden. Und ich kann wählen, wer zu mir auf die Planke hinaufdarf. Jedesmal wähle ich dich.«

Sie machte eine Pause und sah ihn an. Er hatte den Eindruck, sie verglich ihn mit der Gestalt aus ihrer Phantasie und knüpfe die auseinandergerissenen Fäden der beiden Welten zusammen. »Es ist ein Wunschtraum«, sagte sie, »obwohl alle anderen außer uns ertrinken müssen.«

»Nur in deinen Gedanken, Saskia. Nicht wirklich. Alle werden überleben.«

»Aber wie kann ich mir so etwas ausmalen? So etwas Entsetzliches?«

»Weil es nur Gedanken sind, nur eine Antwort auf eine Frage, die du dir gestellt hast.«

»Ich weiß nicht, ob du recht hast«, sagte sie. »Ich weiß manchmal nicht, wer ich bin. Auch dich habe ich enttäuscht heute abend. Ich hätte mich doch freuen müssen. Aber ich hatte nur Angst.«

»Mach dir deswegen keine Sorgen«, sagte er. »Ich habe das schon verstanden. Du brauchst deine Gefühle nicht vor mir zu verstecken.«

Er drückte bestätigend ihre Hand, und sie antwortete ihm, indem sie seine Wange küßte und sich wieder in seinen Arm schmiegte. »Du bist so ein großmütiger und zartfühlender Mensch, Liebling. Es ist wirklich schlimm, daß du an eine Frau wie mich geraten mußtest.«

Sie hatte das ohne Koketterie gesagt, wie eine einfache und begründete Überzeugung, und er dachte, daß sie es wohl immer so gesehen hatte. Für ihn dagegen war sie das kostbare, einzigartige Geschenk, das ihm das Leben gemacht hatte. Neben ihr war er sich stets ein wenig bieder und schwerfällig vorgekommen, und er hatte sich bemüht, erwachsener, einsichtiger und einfühlsamer zu werden, um ihre schwer einschätzbaren Regungen zu verstehen. So war das in der Liebe. Sie war der überwältigende Wunsch, den anderen zu sehen und nie damit aufzuhören, ihn anzuschauen. Es war vielleicht sogar ein Wunsch, die Grenzen aufzuheben, die zwischen den Menschen bestanden.

»Ich möchte keine andere Frau«, sagte er. »Ich kann mir keine andere vorstellen.«

»Das weiß ich, und es macht mir angst. Ich kann dir nicht gerecht werden. Neben dir bin ich eine alte Frau.«

Er machte die gewohnte Rechnung auf: sie sei acht Jahre älter als er, aber zwölf Jahre jünger als ihr Mann.

Es sei klar, daß sie zu ihm gehöre. Erich Auberger kam ihm vor Augen, sein Rivale, der immer noch eine unverständliche Macht über Saskia hatte. Er sah ihn bei Tisch sitzen in einer Gesellschaft, in der er auch gewesen war und zum erstenmal Saskia gesehen hatte. Auberger, schon ein wenig kahlköpfig, ein kühler, zurückhaltender Mann, der sorgfältig sein Besteck handhabte und die Bewegung unterbrach, um etwas zu sagen, das erste Wort, das er von ihm gehört hatte, damals an der großen Tafel. »Sie haben recht«, hatte er gesagt. Er hatte noch nicht gewußt, daß dieser Mann Richter war, sonst hätte er vielleicht grinsen müssen.

»Mit deinem Mann«, sagte er zu Saskia, »würdest du bald alt werden, sehr bald sogar.«

»Das weiß ich«, sagte sie. »Ich denke manchmal, es wäre gut, es geschafft zu haben. Ohne dich hätte ich nie etwas anderes gewußt.«

»Doch, du hast alles gewußt. Sonst wäre mit uns nichts geschehen. Du hast es gewußt, ohne es dir zuzugeben.«

So still, wie sie neben ihm saß, fühlte sich auch ihre Hand an, die sie ihm ohne Gegendruck überlassen hatte, aber als er beiläufig mit den Fingerspitzen nach ihrem Puls tastete, merkte er, daß ihr Herzschlag noch immer viel zu schnell war.

»Sei jetzt ruhig«, sagte er.

»Ich würde gerne so einschlafen, hier mit dir.«

»Dann tu's doch«, sagte er.

Sie zog die Knie unters Kinn, ließ dann die Beine wieder zur Seite rutschen, suchte sich eine neue Lage in seinen Armen aus. Er hielt sie, damit sie zur Ruhe kam.

»Sind die kleinen Lichter da draußen Schiffe?« fragte sie. Ja, das war die große Schiffahrtsstraße nach Hamburg und zum Nord-Ostsee-Kanal. Von Cuxhaven kamen die Lotsenboote, um die Container und Tanker dort draußen in Empfang zu nehmen. Tag und Nacht herrschte dort Verkehr.

Da der Wohnraum dunkel war, spiegelte die Scheibe nicht, und sie hatten die ganze Szenerie vor Augen: vorne die schwachen orangefarbenen Lampen, die den Deichweg mit ihren trüben Lichtpfützen beleuchteten, dahinter die weite, dunkle Fläche des größtenteils noch überfluteten Watts und in der Ferne wie eine unregelmäßige Kette die winzigen Lichter der Seeschiffe, die in beiden Richtungen aneinander vorbeifuhren. Über Neuwerk, das unsichtbar war, zuckte ein blasses Leuchtfeuer.

»Ich finde die Welt unheimlich«, sagte Saskia. »Aber wenn ich mit dir zusammen bin, greift es mich nicht mehr so an.«

»Wir sind ja zusammen. Bald werden wir immer zusammensein.«

»Ja«, sagte sie. »Erzähl mir, wie es sein wird.«

Ein Widerstand regte sich in ihm, eine Unlust, alles zu einem bloßen Traum zu machen, und er sagte: »Nein, laß uns lieber schlafen gehen. Morgen haben wir zu allem Zeit.«

Als er am Morgen aufwachte, schlief sie noch. Ihr Gesicht, teilweise verdeckt vom Kissen, das sie mit einer Hand an ihre Wange drückte, war bleich und verschwitzt, und sie atmete durch den offenen Mund. Vorsichtig löste er sich von ihr, um aufzustehen. Dabei wurde sie wach und schlug mühsam die Augen auf.

»Was machst du?« fragte sie mit verschlafener, gedehnter Stimme. »Ist es schon spät?«

Anscheinend konnte sie die Augen kaum aufhalten, denn als er sagte »Schlaf ruhig weiter«, fielen sie ihr sofort zu, und die reglose Stille entspannte wieder ihr Gesicht. Er wollte aus dem Zimmer gehen, aber sie hörte es und sagte, diesmal mit geschlossenen Augen: »Wo willst du denn hin?«

»Ich fahre nur schnell runter ins Schwimmbad«, sagte er. »Du kannst noch schlafen. In einer halben Stunde wecke ich dich.«

Er nahm das Bild ihres erschöpften, betäubten Gesichts mit, und während er im Becken des Hausschwimmbades hin- und herschwamm, versuchte er Klarheit in seine Gedanken zu bringen. Was war los mit ihr? Was hatte sie so erschreckt? Obwohl London die Überbietung ihrer gemeinsamen Träume war, schien die Nachricht von seiner Versetzung sie überfordert zu haben. Vielleicht hatte sie noch nie über die Verwirklichung ihrer Träume nachgedacht und sah erst jetzt, was ihr bevorstand: Sie mußte ihrem Mann und ihren Kindern die Wahrheit sagen. Sie mußte das ganze Lügengewebe zerreißen. Sie mußte sich lösen aus ihrer Vergangenheit, und dann, spätestens in einem Monat, mußte sie für immer aus dem Haus gehen. War das zuviel für sie im Augenblick?

In den letzten Wochen vor der Übersiedlung nach London blieb ihm kaum Zeit, sich um sie zu kümmern. Er hatte Außenaufnahmen mit zwei verschiedenen Teams und mußte die beiden Filme auch noch schneiden. Er würde Saskia kaum sehen können. Sein Einfluß auf sie mußte notwendig schwächer werden.

Er konnte sie nicht halten und gegen ihre Ängste schützen. Das hatte er so nicht vorausgesehen. Denn sie liebten sich doch und waren sich einig gewesen. Irgend etwas mußte er nicht verstanden haben. Unter der Oberfläche der Dinge schien etwas falsch zu sein, als lauere dort ein Widerspruch, ein blindes, feindliches Prinzip, das dem Glück in die Quere kam und an dem man scheitern mußte, wenn man sich nicht wehrte. Wehr dich, Saskia, wehr dich, dachte er. Wehr dich gegen deinen Mann, deine Kinder, dein schlechtes Gewissen, deine Gewohnheiten! Lauf einfach fort und komm zu mir! Bald, es dauert ja nicht mehr lange, werden wir über die Landebrücke auf die Fähre gehen und gerettet sein.

Erregt pflügte er durch das Wasser und hörte, wie sich das Rauschen und Plätschern ringsum an den gekachelten Wänden der kleinen Schwimmhalle brach. Er war allein hier und mußte daran denken, wie schön es gewesen wäre, jetzt mit Saskia zusammen im Wasser zu sein. Er liebte ihre geschmeidigen Bewegungen, ihr nasses Gesicht, den Schwung, mit dem sie sich aus der Bauchlage auf den Rücken drehte und mit beiden Armen hinter sich ins Wasser griff. Warum war sie oben geblieben und vergrub sich in ihre unverständlichen Ängste, anstatt in der kurzen, kostbaren Zeit, die sie hatten, mit ihm zusammenzusein? Ja, er war enttäuscht von ihr. Er hatte es sich nicht zugeben wollen. Aber wie sie auf seine Berufung nach London reagierte, das war fast ein Verrat. Natürlich hatte er einen Fehler gemacht. Er hätte Saskia teilnehmen lassen müssen an seinen schwankenden Hoffnungen, anstatt zu warten, bis alles perfekt war, und sie dann mit der Nachricht zu überfallen. Warum aber war sie nicht glücklich? Wo waren ihre Gewißheiten geblieben, ihr gemeinsamer Traum?

Trotzdem liebe ich sie, dachte er. Ich darf mir dieses Gefühl nicht verdunkeln lassen durch Enttäuschung und Wut. Es ist gut, daß ich jetzt allein bin. Es ist gut, sie mit meiner Enttäuschung zu verschonen. Natürlich wird alles so kommen, wie wir es uns gewünscht haben. Es kann gar nicht anders sein.

Er stieg aus dem Wasser und duschte lange heiß und kalt, bis sein ganzer Körper glühte und ein warmes Wohlgefühl ihn durchströmte. Sie hatten noch einen Tag und eine Nacht vor sich. Gleich, beim Frühstück, oben am Fenster, mit dem Blick über das sonnenbeschienene Wattenmeer, würde schon alles anders sein.

Saskia war aufgestanden, als er zurückkam, und hatte in der Kochnische Kaffee, Toast und Rührei gemacht. Er sah ihr sofort an, daß es ihr nicht gutging. Ihr Blick war trübe, und ihr Gesicht sah verquollen aus. Obwohl sie sich flüchtig geschminkt und gepudert hatte, erkannte er ihre Blässe. Unter den Augen glänzten große dunkle Schatten.

»Ich habe ein wenig Kopfschmerzen«, sagte sie, »aber das wird gleich besser.«

Sichtlich gab sie sich Mühe, zu lächeln und ihre Schwäche zu verbergen. Ihre drucklose Stimme und die unbewußte Bewegung, mit der sie sich über die Schläfen strich, machten ihn wieder aufmerksam. Plötzlich murmelte sie eine Entschuldigung, stand vom Frühstückstisch auf und ging rasch ins Badezimmer. Er konnte hören, wie sie sich erbrach. Nach einer Weile kam sie bleich und zitternd zurück, ließ sich aber nicht überreden, sich hinzulegen.

»Ist nicht so wichtig«, behauptete sie, »ich fühle mich schon besser.«

Sie wollte bei ihm sitzen und den Tag nicht ganz verlorengeben.

Am späten Vormittag spazierten sie den Strand entlang. Langsam, Arm in Arm durch den Sand watend, sahen sie aus der Ferne wohl nicht anders aus als eines der vielen Rentnerpaare, die hier ihren Herbsturlaub verbrachten. Er merkte Saskias kurzen, langsamen Schritten an, wie schwach sie war, und um sie nicht zu sehr anzustrengen, blieb er öfter stehen und lenkte ihren Blick auf die Wattfläche hinaus. Sie bestätigten sich, daß es ein schöner Spaziergang sei. Dünnes, flockiges Gewölk war vom Westen her aufgezogen und schloß sich zu langgezogenen weißen Wolkenbahnen zusammen. Zwischen ihren dunstigen Rändern leuchtete das feuchte Blau des Himmels.

»Hast du Kopfschmerzen?« fragte er.

»Ein bißchen. Und mein Herz schlägt zu schnell.«

Sie rätselten, was es wohl sei: eine Kreislaufschwäche wegen des Klimawechsels oder ein Infekt?

»Siehst du, jetzt weißt du, wie es mit einer alten Frau ist«, sagte sie, »jetzt hast du es schon.«

»Ja, jetzt habe ich die Bescherung«, lächelte er.

Er konnte nicht verhehlen, daß er glücklich war. Saskias Krankheit ließ alles in einem anderen Licht erscheinen und entkräftete seine Ängste. Sie konnten diesen Tag ruhig und friedlich miteinander verbringen. Es war nicht so, wie er erwartet hatte, aber es war ein

Stück vorweggenommenen gemeinsamen Lebens, eine andere, geduldigere Art von Zärtlichkeit.

Sie waren auf dem Strand des bebauten Küstenstreifens entlanggegangen und kamen in den westlich angrenzenden Kiefernwald, der hinter den Wiesen des Deichvorlandes auf der Düne begann und sich landeinwärts erstreckte. Es war ein überaltertes lichtes Gehölz mit schnurgeraden Sandwegen und vielen Trampelpfaden, die sich zwischen wuchernden Brombeerbüschen hindurchschlängelten. Er blieb stehen, um eine Handvoll Brombeeren für Saskia zu pflücken. Die meisten waren fast ohne Geschmack und ohne Süße. Laute quakende Entenrufe führten sie zu einem kleinen Waldsee, in dessen Buchten Schwäne, Enten und Möwen dicht gedrängt herumschwammen und von Spaziergängern gefüttert wurden. Ein Rauschen kam über die Baumwipfel, und ein neuer Entenschwarm fiel auf dem See ein und zerriß im Landen das Spiegelbild der Bäume und des weiß bewölkten Himmels. Er schaute den ruckenden Schwimmbewegungen der Enten zu, die wendeten und auf eine der Buchten zusteuerten, als Saskia plötzlich seinen Arm faßte: »Halte mich, Norbert! Ich kann nichts mehr sehen!« Er fing sie auf und führte sie einige Schritte weiter zu einer Bank, half ihr, sich zu setzen, stützte ihren wegsinkenden Körper und setzte sich neben sie. Mit einem Arm umfaßte er sie und spürte, wie sie atmete und wieder zu sich kam.

»Mir war auf einmal ganz schwindlig«, sagte sie matt.

»Du hast dich zu sehr angestrengt. Wir bleiben erst mal hier sitzen. Lehn dich einfach an mich.«

Vorbeikommende Spaziergänger warfen ihnen neugierige Blicke zu und schauten höflich wieder weg. Wahrscheinlich wirkten sie wie ein Liebespaar, das in trauriger Einigkeit auf der Bank saß. Von ihm aus konnten sie lange so sitzen bleiben. Er hätte nur gerne mit ein paar Worten all die überfälligen Mißverständnisse und Schwierigkeiten zwischen ihnen fortgeräumt, doch er wollte Saskia nicht damit bedrängen, und so saßen sie weiter schweigend dort, aneinandergelehnt in einer verschwommenen Stille. Vielleicht konnte er doch sprechen, konnte mit wenigen behutsamen Worten den Riß heilen und Saskia zurückholen in den gemeinsamen, zum Greifen nahe gerückten Traum. Bald, bald! Denk daran …

Aber sie sprach. Dicht neben sich hörte er ihre leise Stimme, die er leicht durch seinen Einspruch hätte unterbrechen können, die ihm aber, trotz allem, was sie sagte, wie eine zarte und zärtliche Berührung erschien. Ihr zuzuhören und sie gelten zu lassen war jetzt die äußerste Bestätigung ihrer unauflöslichen Einigkeit. Obwohl sie sagte, sie fühle sich krank und wolle morgen nach Hause fahren. Und sie könne sich nicht schon in einem Monat von ihrem Mann und ihren Kindern trennen und mit ihm nach London ziehen. Sie würde kommen, eines Tages. Sie könne diesen Traum nie aufgeben. An allen Orten der Welt würde sie ihn suchen, wenn er ihr jemals verlorenginge. Nur jetzt könne sie noch nicht fort. Jetzt noch nicht. Nicht so plötzlich, ohne Vorbereitung. Jetzt noch nicht.

Das habe ich gewußt, dachte er in kaltem Erschrecken. Ich habe es nicht glauben wollen, aber ich habe es gewußt.

Sie hatte aufgehört zu sprechen und schaute wie er zum gegenüberliegenden Seeufer und seinem verschilften Waldrand hinüber. Die zerlaufenen Spiegelbilder der Bäume hingen wie farbige Tücher im Wasser und lösten sich in der Tiefe in graugrüne Wolken auf. Immer noch saßen sie da, sie friedlich in seinen Arm geschmiegt, als ob nichts geschehen wäre, und einen Augenblick stimmte er mit aller Kraft dieser Täuschung zu.

Das Dunkel schützte ihr Gesicht. Doch es gab keinen wirklichen Schutz, und es gab auch kein Entkommen. Durch die spaltweit geöffnete Badezimmertür fiel ein Lichtschein über das Fußende des Doppelbettes, und sie hörte, wie sich ihr Mann ausführlich und energisch die Zähne putzte. Jetzt spülte er den Mund aus und spuckte das Wasser ins Becken, ließ Wasser in den Becher laufen und wusch klappernd die Bürste aus. Am Hals konnte sie ihren Herzschlag spüren. Es war ein Zupfen an einer gespannten Saite, die keinen Ton von sich gab. Jetzt machte ihr Mann nebenan das Licht aus, erst über dem Spiegel, dann neben der Tür, und im Dunkeln ging er um das Bett herum. Die Matratze federte, als er sich neben sie legte. Er lag, wie sie wußte, auf dem Rücken, löste seine Armbanduhr vom Handgelenk und legte sie neben sich auf den Nachttisch.

»Schläfst du schon, Saskia?« fragte er.

»Nein«, sagte sie.

»Du hast heute sehr schlecht ausgesehen. Du gehst zu wenig nach draußen.«

Aber sie konnte nicht nach draußen gehen. Sie wurde von Panik befallen, wenn sie sich dem Stadtviertel näherte, in dem Norbert wohnte, obwohl er wahrscheinlich schon in London war.

»Ich war draußen«, sagte sie. »Es geht mir gut.«

Sie hoffte, daß er einschlafen würde nach dieser Versicherung, aber er drehte sich ihr zu und begann sie zu streicheln, fordernd und ungeschickt, und überall, wo seine Fingerkuppen sie berührten, wurde ihr Körper starr und taub und gehörte nicht mehr zu ihr. Unentschlossen blieb seine Hand auf ihrem Bauch liegen.

»Faß mich auch an«, sagte er.

Sie tat es. Sie mußte ja mit ihm leben. Er war nicht schuld an ihrem Unglück, von dem er nichts wußte und nichts verstehen würde. Es gab keine andere Möglichkeit, und sie machte es wie früher. Er wälzte sich über sie, ruckartig, ohne Übergang. Sie spürte sein Stoßen und Pressen gegen ihren trockenen, verschlossenen Schoß, während sie an ihm vorbei in das Dunkel des Zimmers starrte, in diesen Kubus, der sie beide einschloß, ihn und sie, in diesem schrecklichen Versuch, sich zu vereinen, der sich heute wie gestern und vorgestern wiederholte, bis sie plötzlich sein hochgezogenes, verzweifeltes Ächzen hörte und wieder alles in ihm zusammenbrach. Schon vorbei, dachte sie. Das Gewicht ihres Mannes lag auf ihr wie ein Sack voller Sand, und sie zog sich weit ins Innere zurück, voller Scham über die Plumpheit und blinde Panik, in der ihre Körper gegeneinander gewütet hatten. Auch er kam zu sich, stemmte sich von ihr ab und rollte zur Seite.

»Was ist los mit uns?« fragte er.

Sie mußte die Antwort, die ihr brennend vor Augen stand, vergessen.

»Nimm es nicht so wichtig«, sagte sie mit einer müden, teilnahmslosen Stimme. Nach einer Weile hörte sie, wie ihr Mann aufstand und ins Badezimmer ging. Wasser lief. Er schluckte wohl eine Schlaftablette. Morgen früh war die erste Sitzung eines Strafprozesses, den er leitete, er, ein verunsicherter, an sich selbst zweifelnder Mann, der sich mit seinem schwarzen Talar kostümierte, um über das Leben anderer zu Gericht zu sitzen. Als sie neben sich sein schweres Atmen hörte, tat er ihr leid. Aber sie wußte, daß das Mitleid nur ein dünner Schleier über dem Abscheu war.

Ja, eines Tages würde sie ihn verlassen und sich einem anderen Mann in die Arme werfen. Nicht Norbert, nicht ihrem Geliebten, der fort war, den sie nie wiedersehen würde. Denn sie hatte sich von ihm getrennt, um einem Schrecken zuvorzukommen, der unvermeidbar gewesen wäre. Sie hätte ihn eines Tages verloren. Wenn sie zu ihm gegangen wäre, hätte er erkennen müssen, daß sie nicht die Frau war, die er in ihr gesehen hatte. Manchmal hatte sie geglaubt, sie könne es werden, weil seine Güte, seine Liebe sie dazu machten. Aber irgendwann hätte er ihre Wertlosigkeit, ihre Bedeutungslosigkeit und ihr unaufhaltsam fortschreitendes Alter entdecken müssen. Nein, sie hätte es nicht verbergen können. Sie hatte sich ja immer nur durchgepfuscht. Jahrelang hatte sie seine Liebe, seinen Großmut und sein Verständnis mißbraucht und ihn in ihr falsches, bequemes Leben verstrickt, und als er plötzlich ohne alle Bedenken Ernst gemacht hatte mit ihren Träumen, hatte sie gewußt, daß sie dieses Geschenk nicht annehmen durfte. Gelähmt vor Angst hatte sie es abgelehnt. Und dies war die Rettung ihrer

Liebe gewesen. Sie hatte sich ein langsames, niederziehendes Ende erspart.

Aber sie würde nicht bei ihrem Mann bleiben, der neben ihr im Schlaf ächzte und wimmerte. Sie konnte diesen Mann nur noch zugrunde richten, ob sie bei ihm blieb oder ihn verließ. Und sie würde fortgehen, ohne sich umzudrehen.

Ja, sie kannte den Mann, mit dem sie fortgehen würde. Er hatte ihr im Zug nach Cuxhaven gegenübergesessen und hatte ihr seine Unterhaltung aufgezwungen. Es war unmöglich gewesen, ihn abzuweisen, und sie hatte seinem Blick angesehen, daß er wußte, wie sie gefügig wurde. Mit einem solchen Mann würde sie fortlaufen. Sie würde sich ihm ausliefern, damit er sie zerstörte. Immer, wenn sie wach lag, dachte sie daran, wie an eine Strafe, die sie verdient hatte und an die Welt weitergab, in der sie nicht mit ihrem Geliebten zusammenleben konnte. Ja, sie würde es tun! Sie verlangte danach so heftig, daß sie manchmal ein Zittern überkam, und danach erst, wenn sie außer sich gewesen war, konnte sie allmählich ruhiger werden und in Gedanken ihren Geliebten suchen.

Wo bist du? dachte sie. Und sie ließ ihn antworten: Bei dir. Alles ist gut. Du brauchst keine Angst zu haben. Nichts kann uns wirklich trennen.

Das konnte nur er sagen, weil seine Seele so großmütig war, so einzigartig, so verständnisvoll für alles, was sie tun würde, daß sie immer gerettet war. Ja, es konnte ihr nichts geschehen. Sie liebten sich, und der Raum, der sie trennte, bedeutete nichts. Sie konnte alles Trennende rasch durchqueren und war bei ihm. Im Dunkeln öffnete sie eine Tür. Da war er! Sie sah ihn nicht, aber sie waren zusammen. Ich liebe dich, sagte er. Sprich weiter, flüsterte sie. Er sagte es wieder, und sie hörte es, weil er es irgendwo in der Welt dachte, überall, wo er gerade war, bei ihr und nicht bei ihr. Vorsicht! Sie durfte nicht anecken mit diesem Traum. Nicht an den wirklichen Dingen, die um sie herumstanden, nicht an dieser Angst, die sich in ihr aufwölbte. Sie mußte sich hindurchwinden und entkommen, mußte ihn mitnehmen, diesen kleinen Funken, der sie vor der herankriechenden Kälte schützte. Mit dieser kleinen empfindlichen Beute mußte sie in den Schlaf fliehen. Wegsinken, verschwunden sein, zusammengezogen um ein geflüstertes Wort.

Doch ihr Mann bewegt sich und seufzt im Schlaf, und sie ist wach. Sie liegt hier neben ihm in diesem dunklen Zimmer und ist wach.

Das Festland war seit einigen Minuten außer Sicht, und vor Norberts Augen dehnte sich die graue Einöde des Wassers, durch die das Schiff seine breite schaumige Spur zog. Ein nieselnder Regen aus tiefhängenden Wolken durchnäßte die Luft, aber es war nicht kalt, und so konnte er draußen bleiben in seinem Liegestuhl, unter dem das Schiffsdeck vibrierte.

Heute abend würde er in London eintreffen und zunächst in ein Hotel ziehen. In der nächsten Woche sollte ihn seine Vorgängerin in seine Aufgaben einweisen und mit den wichtigsten Leuten bekannt machen. Die Wohnung in Chelsea konnte er schon Ende nächster Woche übernehmen. Saskia war nicht mitgekommen, obwohl er bis zuletzt gehofft hatte, sie würde anrufen oder plötzlich mit einem kleinen Koffer in seiner Tür stehen. Nichts hatte sie von sich hören lassen, mit einer Konsequenz, die ihn empörte, und er war jetzt endgültig sicher, daß nie eintreten würde, wovon sie in ihrer letzten Nacht vor ihrem Verschwinden phantasiert hatte: Sie würden nicht plötzlich irgendwo in der Welt wieder zusammenkommen, weil alles sich verändert hatte und sie nun frei war und nichts ihrer Liebe mehr im Wege stand. Nein, er hatte sie verloren, und er hatte nicht verstanden, weshalb. Sie liebte ihren Mann nicht, und er bezweifelte auch, daß sie ihre beiden Kinder liebte und von ihnen gehalten wurde. Trotzdem war sie dort geblieben, in ihren Zwängen und Gewohnheiten, über die sie so oft geklagt hatte und in denen sie wahrscheinlich schnell altern würde. Er hatte sie nicht verstanden. Und er wollte es auch nicht, weil es besser war, sie allmählich in sich sterben zu lassen. Er war noch jung, und alles lag noch vor ihm: eine neue Arbeit, die große, fremde Stadt und natürlich andere Frauen. Es stimmte nicht, was er lange gedacht hatte: Er war nicht durch Saskia erwachsen geworden. Die drei Jahre mit ihr waren ein Nachspiel seiner Jugend gewesen, und erst jetzt, nachdem er sie verloren hatte, sah er die Welt wie ein erwachsener Mann, nüchtern und über einen unsichtbaren Graben hinweg, hinter dem er von nun an immer er selbst sein würde, was auch passierte. Ja, alles stand noch bevor. Sein erwachsenes Leben begann. Ein romantischer Irrtum war ihm erspart geblieben. Das alles hatte Saskia wohl gewußt, und sie hatte danach gehandelt. Er mußte ihr dafür dankbar sein.

Er war nicht dankbar. In der Tiefe, unter seiner Betäubung, spürte er eine dumpfe Wut, an die er besser nicht rührte. Vielleicht bin ich nur gekränkt, dachte er. Der Wahn meiner Einzigartigkeit ist zerstört worden. Denn das ist es doch, worum es in der Liebe geht: Zwei Menschen bestätigen sich gegenseitig in dem Wahn ihrer Einzigartigkeit. Und irgendwann pflegt einer von ihnen aufzuwachen und beginnt zu erkennen, daß es auch anders geht. Auch mit einem amtierenden Richter und einem Haus mit Garten und mit regelmäßigen Gesellschaften und vielen Gästen. Ja, auch so, dachte er. Er versuchte es sich auszumalen, doch da war nur undeutlich Saskias bleiches Gesicht. »Ich werde dich mit meinen Gedanken halten«, sagte sie, »und du mußt das auch mit mir tun, überall, wo du bist.« Nein, das war nutzlos und verlängerte nur das Unglück. Er mußte sich abwenden, am besten jetzt.

Es hatte ein wenig stärker zu regnen begonnen. Trotzdem konnte er sich nicht aufraffen, nach drinnen in das Gedränge der Touristen zu gehen. Die Fähre war überfüllt von Familien mit unruhigen Kindern und Bergen von Gepäck, von jungen Leuten mit Rucksäcken und alten, abgelebten Paaren, die auf ihren Liegesitzen vor sich hin dämmerten. Das nächste Mal würde er das Flugzeug benutzen. Aber er hatte sich auf diese Überfahrt gefreut. Er hatte den Wechsel, die Veränderung erleben wollen.

Seit sie den Hafen von Ostende verlassen hatte, segelten im Sog der Fähre fünf oder sechs Möwen, die auf Abfälle aus der Kombüse warteten und sich dann kreischend im Sturzflug auf das Wasser stürzten. Manchmal blieben sie zurück und wurden zu kleinen schwebenden Punkten am grauen Himmel, kamen aber mit kräftigen Flügelschlägen wieder heran. Sie waren großartige Flugkünstler, die jede Strömung der Luft ausnutzten. Minutenlang schwebten sie über dem Kielwasser oder dem Heck ohne jeden Flügelschlag. Die Möwen begleiteten die Fährschiffe hin und her zwischen den Häfen. Das war ihr Leben. Nichts war daran falsch.

WANN KOMMT WALTER? | (2003)

In der Nacht wurde ich wach, weil ich ein Geräusch gehört hatte. Nun war es wieder still. Vielleicht hatte ich nur geträumt, so betrunken wie ich war. Nur nicht richtig wach werden, dachte ich, nicht die Augen öffnen. Ich will weiterschlafen. Laß mich schlafen, bitte, laß mich in Ruh. Dann hörte ich ein Klirren. Geschirr, das zu Boden gefallen war, ein Teller oder eher ein Glas. Das war Hilda, die wieder im Dunkeln in der Küche herumgeisterte und der immer öfter etwas aus der Hand fiel. Ich wollte sie nicht sehen und nicht hören, sollte sie doch machen, was sie wollte. Ich wollte nur schlafen, so tief, daß mich nichts wecken konnte. Darum hatte ich mich vor dem Schlafengehen halbwegs betrunken und mich in meine dumpfe Benommenheit eingewickelt wie in ein warmes wolliges Tuch.

Irgend etwas hatte ich geträumt: von einem Haus, einem schönen weißen Haus. Ich war dort mit Walter gewesen, früher, vor Jahren, vielleicht auf unserer Hochzeitsreise. Oder auf einer unserer Reisen in den ersten Jahren unserer Ehe, als wir noch Zeit für so etwas hatten. Ich weiß es nicht mehr. Im Traum hatte ich Walter nicht gesehen. Auch das Haus hatte ich nicht richtig gesehen. Es war nicht vollständig gewesen, nicht zu Ende gebracht von meinem Traum. Doch das Gefühl des Wiedererkennens war noch sehr stark gewesen, als alles schon wieder verschwand. Vielleicht konnte ich es wiederfinden, wenn es mir gelang, wieder einzuschlafen. Der Schlaf war mein einziger Zugang zu meinem eigenen Leben, zu den Resten, die ich in mir aufbewahrte. Schwindende, undeutlich werdende Reste.

Ich lag immer noch ruhig da. Aber nur, weil ich mich dazu zwang.

Ich bin ausgelaugt. Ich fühle es. Es kann nicht mehr lange so weitergehen.

Sie wimmert, während sie sich in der Küche zu schaffen macht. Sie sucht etwas, ohne zu wissen, was es ist. Sie sucht das Vergessene. Ich mußte das erst mühsam begreifen, weil es so fremd ist. Das, was sie sucht, ist hinter einer Wand. Sie ist davon abgeschnitten. Aber es ist anscheinend nicht ganz verschwunden. Es ist in dem Nebel, der sie umgibt. Vielleicht fehlt ihr nur das passende Wort, um es hervorzulocken aus seiner Unsichtbarkeit.

Wimmern. Ihre dünne hohe Stimme, die nichts ausdrückt, nur diesen Laut hervorbringt, wie ein pfeifender Wasserkessel, aber gleichbleibend leise. Sie wimmert leise vor sich hin, während sie im Dunkeln herumkramt. Vielleicht beruhigt es sie, ihre Stimme zu hören.

Jetzt ist etwas umgefallen. Etwas Größeres. Ein Eimer? Ich sehe sie zusammengekauert, wie ich sie vor ein paar Tagen gefunden habe, völlig verstört, in einer Ecke ihres Zimmers, als ich von einem eiligen Einkauf nach Hause kam.

Es hilft nichts. Ich muß mich um sie kümmern. Oh, ich hasse das alles!

Taumelig bin ich aufgestanden und auf dem Bettvorleger beinahe ausgerutscht. Hilda stand in der Küche, schwach angeleuchtet aus dem Kühlschrank, dessen Tür weit geöffnet war. Vor ihren Füßen hatte sich eine Milchlache ausgebreitet, und darin lagen grobe, zackige Glasscherben einer zerbrochenen Flasche. Als ich Licht machte, sah ich, daß ihre rechte Hand blutete. Sie hatte sie an ihrem langen weißen Nachthemd abgewischt und drückte sie mit der anderen Hand gegen ihren Bauch. Seitlich von ihr lag der umgekippte Eimer. Sie sah verängstigt aus, und wie ein warmer Schwall überkam mich Mitleid mit ihrem Elend, obwohl ich Grund genug hatte, vor allem an mich zu denken. Ärgerlich über diesen Widerspruch, umfaßte ich ihren dünnen, zerbrechlichen Arm viel zu fest, als ich sie ins Badezimmer führte, wo ich ihre Wunde reinigte und verband. Dann holte ich ein frisches Nachthemd, zog ihr das alte mit den Blutflecken über den Kopf und warf es in die Wäschetruhe. Wie jämmerlich ihr alter, ausgezehrter Körper aussah. Dabei war sie vor zwölf Jahren, als ich Walter heiratete, eine gutaussehende Frau gewesen, die großen Wert auf ihre Erscheinung legte. Jetzt schien sie sich selbst nicht mehr wahrzunehmen. Sie war ohne jede Scham und völlig passiv. Ich mußte sie auffordern, das neue Nachthemd anzuziehen. Dann füllte ich Wasser in ein Zahnputzglas und löste eine Schlaftablette darin auf. Sie trank das Glas zur Hälfte leer und gab es mir zurück. Ich nahm es ihr ab, um es auszuschütten. Es war eine Geste des Einverständnisses, mit der ich ihr zeigen wollte, daß ich sie respektierte. Ich weiß nicht, ob sie es verstand. Jedenfalls ließ sie sich ohne Widerstand von mir ins Bett bringen. Als sie auf dem Rücken lag, die beiden mageren Arme außerhalb der Bettdecke, und ich mich über sie beugte, um ihr über ihr dünnes Haar zu streichen, fragte sie mich mit leiser, schleppender Stimme: »Wann kommt Walter?«

»Nächste Woche«, sagte ich.

Meine Nerven vibrierten. Es war die Antwort, die ich ihr immer gab und mit der ich mich daran hinderte, sie anzuschreien: »Ich weiß es nicht!«

»Nächste Woche«, wiederholte sie.

»Ja«, sagte ich, »nächste Woche.«

Um Schluß zu machen, zog ich die Bettdecke über ihre nackten Arme und deckte sie bis zum Hals zu. Ihr tief in das Kissen eingesunkener Kopf wirkte geschrumpft und vertrocknet. An mehreren Stellen sah ich die weißliche Kopfhaut durch ihr verwühltes Haar. Die Gesichtshaut war dünn wie Seidenpapier und so welk, daß ich sie nicht berühren mochte. Ohne daß sich ihr Gesicht belebte, nur so, als käme eine Mechanik in Gang, bewegten sich ihre schlaffen Lippen.

»Wann kommt Walter?« fragte sie.

»Bald«, sagte ich, »bald.«

»Walter kommt bald.«

»Ja, bald. Vielleicht nächste Woche.«

Ich wußte nicht, ob sie mich verstanden hatte, denn ich hatte es nur noch gemurmelt, während ich mich abwandte und das Licht ausschaltete. Ich erwartete, daß ich hinter mir noch einmal ihre Stimme hörte, die wieder dieselbe Frage stellte, aber es kam kein Laut aus dem Dunkel, und ich schloß die Tür. Mir war ein wenig schwindelig, und ich lehnte mich einen Augenblick mit der Schulter an den Türpfosten. Warum hatte mich der kleine Dialog, den ich immer wieder mit Hilda führen mußte, so mutlos gemacht? Es war ja absolut nichts Neues, daß ich ihr vorlog, Walter werde bald kommen, in der nächsten Woche. Ich weiß nicht, ob es ihr überhaupt etwas sagte. Doch mir hatte es plötzlich alle Hoffnung genommen.

Warum eigentlich? Es war nichts endgültig entschieden. Weil Hilda Walters geliebte Mutter war, hatte ich immer noch einen starken Trumpf in der Hand. Bei einem seiner letzten Anrufe hatte er mich gefragt: »Wie geht es denn meinen beiden Frauen?« Das hatte mir wieder neue Kraft gegeben, obwohl er eigentlich nichts Genaues von mir hören wollte, nichts, was sein Gewissen belasten konnte. Er erzählte auch nichts Genaues von sich und seinen Geschäften, nur daß er auf der Suche nach neuen Geschäften und neuen Partnerschaften nach Kanada reisen wolle, weil der Immobilienboom der letzten Jahre in Spanien und auf den Balearen zu Ende ging. Noch kommt regelmäßig das Geld, das er uns schickt. Aber der muntere Ton, den er in dem Telefongespräch anschlug, hat mir angst gemacht. Ich habe den Verdacht, daß er keinen Erfolg mehr hat. Was dann? Ich will erst gar nicht daran denken. Ich muß ihn schonen, muß zu ihm halten, weil ich auf ihn angewiesen bin. Dabei möchte ich ihn manchmal anschreien, er solle sich zum Teufel scheren.

In der Küche brannte noch Licht. Ich machte mich daran, die Scherben aufzulesen und in den Mülleimer zu werfen, dann wischte ich den Boden auf. Als ich den Aufnehmer auswusch, steckte das Gewebe voller kleiner Glassplitter. An der Tür des Kühlschranks und an dem Eimer fand ich Blutflecken, dann auch am Geschirrschrank, oben und unten. Alles wegmachen, dachte ich, alle Spuren verwischen. Wahrscheinlich klebte auch im Badezimmer noch Blut. Immer mußte ich hinter ihr herräumen. Doch ich hatte keine Lust mehr. Keine Lust und keine Kraft.

Es war halb drei, als ich auf die Küchenuhr blickte. An Schlaf war nicht zu denken. Mein Herz wummerte in beiden Ohren, wie immer, wenn ich zu hohen Blutdruck habe. Ich ging ins Badezimmer und zog meinen Bademantel über. Dabei entdeckte ich, daß auch ich mich an den Glassplittern verletzt hatte. Es waren aber nur zwei kleine Wunden am Daumen und am Zeigefinger meiner linken Hand, die ich mit einem schmalen Pflasterstreifen überklebte. Im Spiegel über dem Waschtisch erblickte ich mein Gesicht. Es sah grau und gedunsen aus, die Augen trübe, schwere Tränensäcke, strähniges Haar, das Bild einer Frau von Anfang Fünfzig, die am Ende war. Seltsamerweise erleichterte es mich, meinem Spiegelbild ins Gesicht zu sagen: »Schau dich an. Du bist am Ende.« Es kam mir so vor, als ob mein Spiegelbild das zu mir sagte, und ein lautloses Lachen schüttelte mich. Vielleicht fror ich auch nur, weil ich so müde war.

Ich ging ins Wohnzimmer und goß mir einen Scotch ein, den ich in einem Zug herunterkippte. Ein angenehmes warmes Gefühl breitete sich trostvoll in meinem Magen aus. Warum nicht weitertrinken? Es war doch sowieso alles egal. Ich setzte mich in den großen dunkelgrünen Ohrensessel, Walters ehemaligen Lieblingssessel, in den ich mich manchmal einschmiegte wie in ein falsches Versprechen, an das man zu glauben versucht. Wenn ich mich dabei betrank, schien es manchmal zu gelingen. Ich begann zu glauben, daß unsere Trennung, die nun schon fast zwei Jahre dauerte und lange vorher mit Walters vielen Reisen und geschäftlichen Abwesenheiten begonnen hatte, irgendwann zu Ende gehen würde. Es war in meinen Augen eine unbegreifliche, in seiner Person begründete Flucht, und eines Tages würde sie von selbst zu Ende sein wie eine lange Krankheit. Dann würde er zurückkommen und bleiben. Deshalb habe ich auch sein Arbeitszimmer unangetastet gelassen. Er kann dort sofort weitermachen, wenn auch der Computer und das Faxgerät inzwischen etwas veraltet sind.

Ich gehe nicht mehr gerne in das Zimmer. Es lähmt mich, die unveränderte Einrichtung zu sehen, überkorrekt und täuschend genau wie ein Bild der stillstehenden Zeit, aus dem er verschwunden ist. Vor allem die leere Schreibtischplatte, auf der immer so viel herumlag, sieht aus, als stünde ein unsichtbares Schlußwort darauf: Ich habe mich abgesetzt! Ja, das hat er, das muß ich sehen. Aber das war nicht von Anfang an sein Plan. Vorgestern bin ich in das Zimmer gegangen, um Staub zu wischen. Auch in Zimmern, die nicht benutzt werden, lagert sich ständig Staub ab, als wäre das die geheimnisvolle Substanz der Zeit. In einem Wechselrahmen hängt immer noch das große Farbfoto der Urbanisation südlich von Valencia, das erste große Anlageobjekt, das Walter in Zusammenarbeit mit einer spanischen und einer deutschen Bank begründet hat. Er hat die Käufer angeworben, vor allem in Deutschland, aber auch in Holland und in der Schweiz. Es war sein erster großer Erfolg und der Anfang unserer Entfremdung, was wir beide zunächst nicht begriffen haben, weil wir in Hochstimmung waren. Ich bin zur Einweihungsparty nach Spanien gereist. Walter war schon vier Wochen vorher gefahren und hatte alles vorbereitet. Es gab spanische Folkloremusik und dazu ein Tanzpaar aus Valencia, das einen klassischen Bolero tanzte, mit wildem Füßestampfen und herausfordernd zurückgeworfenen Köpfen, dazu das Klacken der Kastagnetten. Ich weiß noch, wie begeistert ich war. Fühlte mich mitgerissen von der vitalen Energie dieses Tanzes, die einfach auf mich übersprang. Ich war wie ein Echo von allem, was um mich herum geschah, auch als dann in der Dunkelheit am Strand das große Feuerwerk gezündet wurde. Walter und ich standen mitten unter den Ehrengästen, und Walter suchte meine Hand, als die Raketen hochstiegen und platzten: große goldene Sonnen, Spiralen und kreisende Feuerräder, die sich im Meer spiegelten. Das Fest war unser gemeinsamer Triumph, denn ich war in den ersten fünf Jahren unserer Ehe Walters engste Mitarbeiterin gewesen. Vielleicht weil wir beide gescheiterte Ehen hinter uns hatten und Walter außerdem einen geschäftlichen Konkurs, hatte ich gedacht, daß nun alles anders geworden sei und es immer so weitergehen würde und nichts uns trennen könne. Walter empfand es wahrscheinlich auch so. Aber was besagt das? Es war in einem anderen Leben.

Ein halbes Jahr später holte Walter Hilda in unsere Wohnung, denn er fand, daß sie nicht gut zurechtkam mit dem Alleinsein. Ihre Schusseligkeiten und ihre Vergeßlichkeit waren der Anfang ihrer Krankheit. Aber das haben wir nicht erkannt. Ich mochte Hilda, weil sie so ganz anders war als meine Mutter. Sie war ein wenig kindlich, und sie ließ sich gern von mir führen. Aber allmählich folgte sie mir wie ein Schatten.

Da war ich schon die meiste Zeit allein mit ihr, weil Walter auf Reisen war. Es gab immer geschäftliche Gründe, weil die Firma im Aufbau war. Unsere Firma und unser Leben, das wir bisher so erfolgreich gemeistert hatten. Ich übernahm die Arbeiten, die hier verblieben, ohne schon zu begreifen, daß es die restlichen waren. Walter richtete ein Büro in Valencia ein, eine Außenstelle, wie er sagte. Aber er zog immer mehr Aufgaben an sich und überließ mir Hilda, die immer mehr auf mich angewiesen war. Sie wollte nicht in ein Pflegeheim, seit wir sie einmal für einige Wochen in einem privaten Heim untergebracht hatten, als ich mich mit Walter, teils geschäftlich, teils privat, auf Mallorca traf, was in beiderlei Hinsicht ein Fehlschlag wurde. Er war die meiste Zeit gereizt und ungeduldig, doch ich schob das auf den geschäftlichen Streß und redete mir ein, daß im Grunde alles in Ordnung sei. Erst als ich wieder zu Hause war und erneut mit Hilda zusammenlebte, die nach dem mißglückten Heimaufenthalt deutlich verwirrter war, begann ich meine Lage allmählich zu begreifen. Walter kam zwar noch ab und zu, aber in immer größeren Abständen. Und wir schliefen nur noch selten miteinander, vermutlich nur, weil er mich abfinden wollte für meine treuen Pflegedienste an seiner geliebten Mama, die immer mehr zu einer Zumutung wurde. Ja, so muß ich es wohl sehen: Er hat sich davongemacht, und ich halte ihm den Rücken frei. Dafür bin ich noch gut genug. Der Traum ist aus, aber die Mühle dreht sich weiter.

Vor dem Frühstück muß ich noch Milch kaufen, weil Hilda die Flasche zerbrochen hat. Sie besteht auf ihrem Müsli, etwas anderes ißt sie nicht zum Frühstück. Einige Gewohnheiten halten sich in der unaufhaltsamen Zerstörung. Dazu gehört auch der Spaziergang, den wir nachmittags machen, sie an meinem Arm, mit kurzen, unsicheren Schritten. Die Gewohnheiten sind die Reste ihrer Person, der einzige Schutz gegen das völlige Verschwinden, das sie zu spüren scheint. Deshalb fragt sie mich immer wieder, wann Walter kommt. Es ist das ferne Licht in einem dunklen Tunnel, das irgendwann erlöschen wird. Was dann sein wird, weiß ich nicht. Deshalb zünde ich es immer wieder an. »Walter kommt nächste Woche. Walter kommt bald.« Ich sage es, und sie wiederholt es. Und ich spüre, daß ich ihr ähnlicher werde, von Mal zu Mal, so wie wir es beide sagen und wiederholen. Auch ich schrumpfe allmählich auf diese Formel zusammen, obwohl ich weiß, daß es eine Illusion ist. Ich weiß es und will es nicht wissen. Es bleibt ja auch immer noch alles offen, solange ich nichts von ihm höre. Er wird vielleicht nie etwas Endgültiges sagen. Das ist nicht seine Art. Er verschwindet im Nebel und taucht wieder daraus auf, als wäre er gar nicht fort gewesen. Darauf habe ich mich immer wieder eingelassen, weil ich ihn so dringend brauchte. Und ich würde mich auch jetzt wieder darauf einlassen. Ich würde sofort wieder zu hoffen beginnen, wenn er in der Tür stünde. Das weiß er, und er nutzt es aus. Aber es ist auch möglich, daß ihn das abschreckt. Er will nicht von mir verschlungen werden, hat er mir einmal gesagt. Vielleicht ist Hildas Krankheit für ihn eine Fessel, die mich von ihm fernhält. Man kommt auf seltsame Gedanken, wenn man so lange allein ist. Er hat sich jedenfalls immer widersprüchlich und unklar geäußert, wenn die

Idee auftauchte, Hilda in ein Heim zu bringen. Eigentlich haben wir auch nur darüber gesprochen, als ihr Zustand noch nicht so schlimm war wie jetzt. Es kann ja auch sein, daß er dieses Gespräch scheut und sich deshalb nicht mehr blicken läßt. Ich weiß es nicht. All das liegt auch an mir. Natürlich hat er andere Frauen, jüngere Frauen, die wissen, wie sie mit ihm umgehen müssen, damit er sich nicht bedroht fühlt, so wie von mir. Ich bin für ihn das Gespenst seines schlechten Gewissens geworden. Dagegen kann ich nichts tun, solange wir so elend getrennt sind. Alles, was ich sage oder was ich nicht sage, ist von vornherein falsch. Eigentlich möchte ich nur anhaltend schreien. Ich möchte ihm nachts in seinen Träumen in die Ohren schreien.

Ich friere. Ich muß ins Bett. Doch ich habe Angst, ins Bett zu gehen, denn es ist der Ort meiner Einsamkeit. Noch immer stehen die beiden Hälften unseres Ehebettes nebeneinander, und im Wandschrank hängen noch ältere Anzüge von Walter. Manchmal werfe ich einen Blick in seine Schrankhälfte, als könnte ich dort etwas sehen, was ich noch nicht weiß. Die Anzüge warten auf ihn, sie warten wie ich. Sie sind die stumme Verhöhnung meines Wartens. Wenn ich einen der leeren Ärmel anfasse, wird mir fast übel. Aber es ist wie ein Zwang, ich muß es immer wieder tun. Nicht daran denken jetzt, nicht vor dem Einschlafen. Wenn ich überhaupt einschlafen kann. Ich zittere vor Kälte. Meine Füße sind eiskalt. Ich werde Walters warme Wintersocken anziehen, die ich einmal für ihn gestrickt habe, für einen geplanten Winterurlaub, der nie stattgefunden hat, weil wir Hilda in die Wohnung holten. Eigentlich gehören sie ihm nicht. Sie sind ein verwaistes, nicht angenommenes Geschenk. An meinen Füßen sehen sie grotesk aus, wie viel zu große graue Säcke oder monströse Kokons. Auf der Bettkante sitzend, blicke ich auf meine verhüllten Füße. So ist das, denke ich. Es ist ein automatischer Gedanke, den ich nicht verstehe, der aber von einem unangenehmen Gefühl der Rührung begleitet wird. Ich muß mich hüten vor solchen Anwandlungen. Sie schwächen mich, sie machen mich wehrlos. Also schlüpfe ich unter die Decke und knipse das Licht aus. Das ist so, als wischte man eine Tafel aus, auf die man etwas Falsches geschrieben hat, für das man sich schämen muß, auch vor sich selbst. Vor allem vor sich selbst.

Das Dunkel tut mir gut. Ich lege auch noch das Handtuch über meine Augen, das ich deshalb schon gestern abend mit ins Bett genommen habe. Noch gut vier Stunden kann ich schlafen, wenn ich überhaupt schlafen kann. Habe ich irgendeinen Gedanken, der mich erfreuen kann? Ja, ich habe einen, den kenne ich schon, der hilft mir. Es ist die Hoffnung, daß Hilda bald sterben wird. Aber das ist nur der Anfangsgedanke. Ein zweiter kommt hinzu. Und das ist der wichtigere, der mich ganz erfüllt, obwohl er mich ängstigt, wenn ich ihn tagsüber denke: Walter ist wieder dabei, einen totalen Bankrott zu machen. Sein oberflächlicher Optimismus bei seinen seltenen Anrufen, seine langen, immer längeren Abwesenheiten, sein ganzes Verhalten deuten darauf hin, daß sich alles wiederholt. Er hat sich wieder übernommen und wird alles verlieren, was er in den vergangenen Jahren gewonnen hat. Auch alles, was ihn von mir entfernt hat. Und deshalb wird er unweigerlich zu mir zurückkommen. Eines Abends wird er klingeln, weil er sich nicht traut, die Tür aufzuschließen, oder weil er seinen Schlüssel verloren hat. Ich werde sofort wissen, daß er es ist. Völlige Ruhe wird mich erfüllen, die Gewißheit des Selbstverständlichen, das nun geschieht. So gehe ich zur Tür und öffne ihm. Er steht unbeweglich da. Ohne Gepäck. Nur er selbst.

»Ich bin am Ende«, sagt er.

»Ich weiß«, sage ich, »also fangen wir wieder an.«

Ich fasse seine Hand und sage: »Komm zu mir«, und führe ihn in die Wohnung hinein. Wir gehen gleich ins Schlafzimmer und ziehen uns aus, nicht hastig, sondern in dieser wunderbaren Selbstverständlichkeit, daß es jetzt gar nichts anderes mehr geben kann. Und während ich ihn so eng wie möglich an mich ziehe, flüstere ich unentwegt: »Komm zu mir! Komm zu mir!« Obwohl er längst zu mir gekommen ist, jetzt und für immer. Ja, ich habe ihn bei mir, ich halte ihn. Und einschlafend weiß ich, nicht das ist der Traum, sondern all das andere, das uns trennte und das ich schon vergessen habe.

DOPPELT BELICHTETES SEESTÜCK | (1973)

Ein tiefes, lebloses Blau und ein leiser, körperloser, betäubender Druck, als hinge sie noch an seinem Arm. Blau, die Farbe der Bewußtlosigkeit. Die junge braungebrannte Frau im weißen Badeanzug kam lachend gelaufen, mit wehenden Haaren, und hielt einen großen blauen Ball in ihren ausgestreckten Händen. Sie kam aus der Zeit gestürzt und zeigte ihm ihren leichten Wasserball, auf dem in großen weißen Buchstaben das Wort NIVEA stand.

Da, nimm den Ball!

Immer dieselbe sinnlose Aufforderung, aufgeblasen zu einem plumpen Schrecken.

Sich wiedererkennen an dem Gefühl, hier falsch zu sein.

Also hier bist du mit ihr gewesen, sagte seine Frau.

Ja, sagte er, fast genau vor einem Jahr.

Was für eine Idee, sagte sie, das muß ziemlich höllisch gewesen sein.

Er antwortete nicht.

War es dein Einfall, fragte sie.

Ja, sagte er, ich wollte es immer schon einmal sehen.

Er hatte es immer schon einmal sehen wollen, das Meer im Winter, den von Stürmen überfluteten Strand, die verlassenen Uferpromenaden, die Fronten der leeren

Appartementhäuser mit den heruntergelassenen Rolläden, die geschlossenen Andenkenstände, Modeboutiquen, Restaurants, Bars, die menschenleeren Straßen einer Stadt, in der alle Verkehrsampeln ausgeschaltet waren und nur noch ein oder zwei Geschäfte stundenweise öffneten, damit die wenigen Bewohner, die Verwalter, die Schlüsselverwahrer der Appartementhäuser und vielleicht ein paar mit Reparaturarbeiten beschäftigte Handwerker aus ihren versteckten Wohnungen hervorkommen und einkaufen konnten, was sie brauchten, um am Leben zu bleiben, wenn wieder die frühe Dunkelheit einbrach, die nachbarlose windige Dunkelheit der Nacht oder der nächste ereignislosegraue Tag, an dem sie mit ihren Handwerkskästen oder mit Farbtopf und Pinsel durch die verlassenen Stockwerke stromloser, ungeheizter Häuser gingen, in denen die Möbel, die Standardausrüstungen der Ferienwohnungen jeweils in einem Raum zusammengerückt standen und aus deren Fenstern man immer das Meer mit seinen weißen Schaumkämmen sah, die alle sechs Stunden näher rückten und sich wieder zurückzogen.

Er hatte A vorgeschlagen, zusammen noch diese Reise zu machen, als ob nichts geschehen sei. Sie hatte sofort geantwortet, daß das unmöglich sei und daß er das wohl selbst wisse. Sie war empört gewesen über diese neue Konstruktion, in die er sie einfach einbaute, nicht wie sie war, sondern wie sie ihm paßte, wie er sie noch ertragen konnte. Sie sagte, er glaube wohl, daß das eine elegante Lösung sei, aber er sei naiv oder willentlich blind, einfach weil er Angst habe, Angst auseinanderzufallen, das mache ihn so brutal.

Du willst mich abschaffen, hatte sie ihm gesagt. Diese Reise ist deine Abzahlung. Du willst dich retten, und ich soll dir dabei helfen.

Schade, hatte er gesagt, ich hatte gedacht, daß wir etwas anderes retten könnten, irgendein kleines Stück Vernunft.

Vernunft, hatte sie geantwortet, das ist deine Vernunft, nicht meine. Mit der Vernunft drückst du dich an allem vorbei, was du nicht ertragen kannst.

Gut, hatte er gesagt, das kenne ich auswendig, machen wir weiter.

Sie hatte aufgehört zu sprechen und den Kopf gesenkt. Nach einer Pause hatte er wieder angefangen, diesmal, wie die unbewußte Regie dieser Gespräche es ihm auftrug, in einem ruhigen Ton:

Wir haben beide Angst, du auch. Vielleicht haben wir mit Recht Angst voreinander, vielleicht können wir uns nur noch gegenseitig kaputtmachen. Ich hatte gedacht, daß es trotz allem noch etwas zwischen uns gibt, das uns davor schützen würde, irgendeine grundlegende Solidarität. Aber vielleicht muß das auch kaputtgehen, gerade das.

Während er redete, wußte er, daß er sie jetzt wehrlos machte, daß er sie überwältigte mit Hilfe ihrer eigenen unbelehrbaren Kraft, mit der sie an ein gemeinsames Leben mit ihm geglaubt hatte und weiter glauben wollte, während er sie immer mehr wegschob und einschränkte, so daß sie schließlich die Täuschung annehmen mußte, die er ihr anbot, diese kleine befristete Zukunft, ohne die sie sich sofort aufgeben mußte, und war es nicht besser, daran zu denken, daß die Zeit nichts Bestimmtes war, nicht ein festes Maß, sondern das, was man daraus machte, vielleicht mit Hilfe einer Täuschung, die auf einer Erkenntnis beruhte, aber das sagte er nicht.

Er dachte es, während er die Wohnung verließ, um einen Brief einzuwerfen, und von einer Telefonzelle aus seine Frau anrief, um zu fragen, wie es ihr ginge.

Sie antwortete zögernd und abwartend, wie immer, wenn er in den letzten Wochen mit ihr Kontakt aufnahm. Sie war ruhig und ohne Vorwürfe, und er hatte das nicht einmal unangenehme Gefühl, daß sie ihn wie ein Arzt betrachtete, der die Heilung seines Patienten beobachten wollte, ohne einzugreifen, der nichts beschleunigen, nichts beeinflussen wollte, überzeugt, daß es nur dann eine gründliche Heilung sein könne. Aber diesmal hatte sie gesagt: Die Kinder glauben wohl, daß du zurückkommst.

Angst auseinanderzufallen. Er ging weiter durch die Straßen in dem starken Wunsch, einfach geradeaus zu gehen, immer weiter, ohne sich umzublicken. Überall sah er Menschen, sie kamen an ihm vorbei, ohne ihn zu beachten, und schienen mitten in ihrem eigenen Leben zu sein, sicherer als er, vernünftiger, klüger. Und er fragte sich, wie sie es machten.

Er war dann zurückgegangen und hatte A verändert vorgefunden. Sie war in sein Zimmer gekommen, hatte seine Hand gefaßt und eingewilligt. Sie hatte neben ihm auf der Couch gesessen, und während sie unentwegt seine Hand drückte, hatte sie ihm versprochen, daß es schön würde. Dann wollte sie geküßt werden. Sie bat darum, ließ sich still von ihm in den Arm nehmen. Beide wußten sie, wie erregt sie waren, aber es war nicht gut, das zuzugeben, denn sie hatte seine Bedingung anerkannt, daß das der friedliche Abschied sein sollte oder der Beginn einer letzten friedlichen gemeinsamen Zeit, bevor er zu seiner Familie zurückkehrte.

War es dein Einfall? War es höllisch? War es der friedliche Abschied? War es hier in dieser Glasveranda hinter der weißen Spiegelschrift, die ihnen draußen angekündigt hatte, daß es hier heißen Pfannkuchen gab und Kaffee oder Tee, worauf sie sich beide entschlossen hatten, Tee zu trinken, während er mit A sicher Kaffee getrunken hatte, er wußte es nicht mehr genau, konnte sie aber sehen, nicht vollständig, sondern unbestimmt, mit wechselnden Ergänzungen, so wie sie vor ihm saß in dem neuen langen Mantel im Military-Schnitt, den sie noch am Morgen gekauft hatte und in dem sie dauernd fror.

Ihr Gesicht, schmal, blutleer, übernächtigt, während sie die Tasse an die Lippen führt, mit einer seltsamen Bewegung, als koste es sie Kraft, nichts zu verschütten, als müsse sie vorsichtig sein. Sie krümmt sich etwas über die Tasse, wärmt behutsam ihre Hände daran. Die Bewegung ist sehr zart, das Umfassen von etwas Zerbrechlichem, sehr kindlich, auch wie sie die Lippen spitzt, um sich nicht zu verbrennen. Wie schlecht sie aussieht, ihre Gesichtshaut ist gelblich und unter den Augen durchschimmernd dunkel, große Flecken der Schlaflosigkeit, ihr strähniges schwarzes Haar läßt sie älter erscheinen, als sie ist. Sie ist krank, ohne daß sie es weiß. Sie ist häßlich vor Erschöpfung. Aber das ist nicht wichtig jetzt, da er sie sieht, ihr Eingekreistsein sieht, ihre Unbewußtheit, die ihr Unglück objektiv macht, ruhig anschaubar auch für ihn. Er hat Verwundete so sitzen sehen. Sie schienen sich in einem geschrumpften Raum zu befinden, ihre Bewegungen waren langsamer, schwieriger, begrenzter und einfacher, denkt er, dachte er unklar, während er die Augen seiner Frau auf sich gerichtet sieht, forschend, oder vielleicht nur aufmerksam, nur wach:

Was hast du, woran denkst du?

Und da er nicht antwortete: Erinnerungen?

Und er sagte: Ach was.

Sie blickte ihn weiter an, und er glaubte den Anfang eines Lächelns zu sehen, zu unsicher, als daß er es aufnehmen konnte.

So kann man auch sagen, daß man nicht erinnert werden möchte.

Ja, sagte er, es war scheußlich.

Warum sind wir eigentlich hierhergefahren, fragte sie.

Ich denke, wir suchen ein Ferienquartier.

Aber doch nicht hier.

Nein, sagte er, das war nur ein Abstecher, weil es am Weg lag. Und nach einer Pause fügte er hinzu:

Ich weiß auch nicht. Ich wollte, daß du es siehst.

Und warum? Warum diese Einbeziehung, dieses Zurückblicken? Sollte sie verstehen, und was hatte er verstanden?

Sie gingen langsam Arm in Arm über die leere Promenade, die trotz der Schutzzäune stellenweise mit Sand verweht war. Beide trugen sie die gleichen warmen Ledermäntel mit Innenpelz, sie mit einem hellen, er mit einem dunklen Kragen. Die junge braungebrannte Frau im weißen Badeanzug hielt ihnen lachend den blauen Ball entgegen. Sollten sie im kommenden Sommer zusammen mit den Kindern Urlaub machen oder zu zweit? Ich fände es schön zu zweit, sagte sie, und du?

Doch, sagte er.

Was heißt das, doch?

Wenn wir einen schönen Platz finden.

Sie gingen weiter, leicht aneinandergelehnt, ohne zu sprechen. Die Promenade endete in einem weiten Rondell, in dessen Mitte ein pagodenartiger Pavillon stand, dessen Rolläden geschlossen waren. Auch hier waren breite Sandverwehungen, die teilweise die schwarze Erde der leeren Blumenrabatten bedeckten. Es mußte vor Tagen einen Sturm gegeben haben, danach hatte wohl der Regen eingesetzt. Außen um den Platz herum standen die Betonsockel abgeschraubter Bänke und leere schwarze Eisenständer für Fahnenmasten. Dahinter begannen die Dünen, bewachsen mit dem fahlen Grün des Strandhafers und abgezäunt durch Stacheldraht. Eine schmale Treppe führte auf die erste Anhöhe, wo sich ein Aussichtspunkt befand mit drei festmontierten drehbaren Fernrohren, die alle auf das unruhige, verhangene Meer gerichtet waren.

Willst du da noch rauf, fragte sie.

Nein, sagte er, nicht unbedingt.

Dann bin ich dafür, wir fahren weiter.

Sie haben Belgien verlassen, und das ist nun Frankreich, der Küstenbereich der Côte d'Opale, wie sie auf einem verblichenen Schild lesen, das süße Frankreich, naß, kalt und menschenleer, in der beginnenden Dämmerung des Winternachmittags.

Sie fahren über die kleinen Straßen in Küstennähe zwischen leeren Viehweiden, hohen Hecken und kahlen struppigen Gehölzen. An den offenen Stellen stehen einzelne windgeformte Bäume, und manchmal wird der Wagen von einer Bö erfaßt. Dann schlägt auch der Regen heftiger gegen die Scheiben, während er sonst nur ein dünnes Sprühen ist, das lichtlose graue Wehen unter dem niedrigen Wolkenhimmel, die Schwärze der sumpfigen Erde, die Dunkelheit der verschilften Wassergräben, die Nässe der Mauern in den kleinen kulissenhaften Ortschaften, in denen niemand zu sehen ist. Als wären alle vor ihnen ausgewichen, als sollten sie allein sein, als führen sie beide durch ein Suchbild, dabei zu verschwinden, so daß sie die Frage nicht mehr hören können, die über dem Bild steht:

He, wo seid ihr?

Sie fahren ohne zu sprechen, sie sind allmählich verstummt. Er bedient die Mechanik des Wagens, sie hat die aufgeschlagene Landkarte auf ihrem Schoß, schaut aber nicht hinein. In der trockenen Wärme des Wageninneren spüren sie beide ihre Anwesenheit und versuchen sich abzugrenzen in einmal gefundenen Haltungen, scheinbar entspannt. Zwischen ihnen ist ein Feld heimlicher Übergänge, das empfindliche Flimmern der Nervenströme, mit denen sie sich gegenseitig wahrnehmen als ein dunkles Wuchern, einen anhaltenden Druck. Es wäre gut zu sprechen, aber sie wissen, daß sie das beide denken, das macht sie stumm. Was könnte man auch sagen, das das Schweigen nicht deutlicher machte? Er hat den Wunsch zu rauchen, was ihn überrascht, denn seit Jahren ist er Nichtraucher. Sie haben es sich gemeinsam abgewöhnt. Das ist lange her. Damals hatte er gerade A kennengelernt, das aber als Episode betrachtet und mit seiner Frau einen neuen Anfang gemacht.

Einen ihrer neuen Anfänge, ein neuer Wellenkamm, neue Umarmungen, neue Zukunftspläne. A, die an den Rand gerückt war, aber eine Gefahr blieb durch ihr Nichtbegreifenwollen. Die ihn ansah mit stummen und, wie ihm schien, verächtlichen Blicken, die bedeuteten, daß er ein Feigling war, ein Verräter, jemand, der die Augen vor sich selbst verschloß, weil er nicht sehen wollte, was für sie eine ruhige Gewißheit war, daß er zu ihr gehörte. Er ertrug das schlecht, als brauche er weiter ihr Einverständnis mit seinem Leben. Und vielleicht war er deshalb nicht fortgegangen in eine andere Stadt. Er hatte die gemeinsame Arbeit mit ihr fortgesetzt und auf den Zusammenbruch ihres Glaubens gehofft. Er hatte versucht, sie unsicher zu machen und zu beschämen, hatte nicht nachgelassen, ihre Ansichten zu bekämpfen, ihr nachzuweisen, daß sie unreif sei, keine Kultur habe, nicht erwachsen sei. Sein Beispiel war, daß sie anderen Leuten ins Wort fiel. Er hielt es ihr jedesmal vor und versuchte ihr klarzumachen, daß die anderen recht gehabt hatten, nicht sie.

Und manchmal hatte er sie soweit, daß sie still war, wie erstickt, und zu seinem Erstaunen den Tränen nah.

Er merkte es daran, daß sie wegblickte und die Schultern hochzog und eine flüchtige Bewegung mit dem Handrücken zu den Augen machte. So saß sie reglos da, abgewandt, in sich zusammengekauert, und wenn der Krampf sie zu überwältigen drohte, warf sie heftig den Kopf zurück und senkte ihn tiefer auf den Handrücken, und vielleicht schon mitten im Weinen drehte sie sich ihm zu und fragte: Bist du erwachsen? Ist das erwachsen, wie du lebst?

Erwachsensein, sagte er, heißt das Ganze sehen, die Widersprüche, das Recht der verschiedenen Möglichkeiten, während es für sie etwas Verächtliches bedeutete, wie Anpassung, Sichabfinden und Stillstand. Sie führten diese Gespräche kaum noch über sich selbst, sondern über andere Menschen, andere Gegenstände bei anderen Gelegenheiten, aber ihre Heftigkeit oder auch ihre peinliche auftrumpfende Wissenschaftlichkeit verrieten, worum es ging. Sie wußten es, sie verleugneten es beide, es war ein Scheingefecht, eine andere Art von Berührung, und manchmal fühlte er, wie tief er bereits gespalten war. Er hatte zweierlei Ansichten über alles. Er war für das Bewahren und für die Auflösung. Sprach er mit anderen, nahm er As Standpunkt ein, begegnete er ihm bei anderen, versuchte er ihn zu widerlegen. Er suchte trotzdem weiter nach einer Einheit. Er begann eine Theorie zu entwickeln, daß das praktische Leben der Bereich der Not sei, was Anpassung bedeutete oder Einsicht in das Notwendige, wie man es gelernt hatte und von anderen erwartete, und daß es daneben Träume und Phantasien gab, in denen das ungelebte Leben wiederkehrte, und beides waren Versuche, den Tod zu vermeiden, den körperlichen und den seelischen Tod, so daß das Leben nur die Vermischung und wechselseitige Begrenzung der beiden Prinzipien sein konnte, dachte er, sagte er, ohne selber zu wissen, ob er damit A recht gab oder sich selber oder ob überhaupt nichts entschieden werden konnte durch Denken und es die Erfahrungen waren, die man machen mußte, um denken zu können und um dann vielleicht so frei zu sein, sich entscheiden zu können, welche Erfahrungen man machen wollte, wie er wen sehen wollte, seine Frau und A, denn er hatte Einfluß auf diese Bilder, er erzeugte sie selber, und vielleicht war A nur sein Echo und seine Frau sein Echo, und sie warfen die Bilder zurück, die er in sich hatte und auf sie verteilte.

Was war es? Wollte er davonlaufen? Vor was?

Angst, von A verschlungen zu werden. Angst vor seiner Lust, von A verschlungen zu werden.

Seine Verteidigung war zusammengebrochen, und er war zu ihr gegangen, und dann, ohne daß er sagen konnte, weshalb und wann er damit begann, hatte er den Widerstand wieder aufgebaut. Es war ein Festungsbau bei Nacht, unter den Augen des Feindes, er mußte sich selbst täuschen und sie doch langsam von sich fortschieben, alles so, als geschähe es von selbst, gegen seinen Willen, und er wäre nicht verantwortlich, so daß sie sich auch nicht an ihn wenden konnte, nicht fragen konnte, was tust du, begreifst du das?

Nein, er tat nichts, er konnte nur nicht schlafen, nicht arbeiten, er wurde still, er träumte von seiner Frau und den Kindern, sah sie in gefahrvollen Situationen, aus denen er sie zu retten versuchte, und dann plötzlich träumte er, daß seine Frau mit anderen Männern zusammen war, undeutliche, halbverdeckte, immer wieder abbrechende Szenen, die ihm angst machten, aus denen er ruckartig aufwachte und A über sich gebeugt sah, sie war angezogen, es war Tag, sie mußte die Wohnung verlassen, sie hatte eine unbestimmte Angst um ihn gehabt, ihn aber nicht wecken wollen, weil er endlich einmal schlief.

Später fragte sie: Was ist mit dir?

Und er antwortete: Nichts.

Da sagte sie es direkt, mit der Sachlichkeit einer lange vorbereiteten Erkenntnis: Du denkst daran zurückzugehen.

Alles kam einen Sprung weiter in diesem Augenblick. Sie sagte es ja selbst, sie gab ihm das Stichwort. Jetzt konnte er wagen, daran zu denken, zuerst ein wenig schwindelig von dieser plötzlichen Wendung, als stünde er in einem weiten, nach allen Seiten abschüssigen Raum, alles war möglich, man konnte jederzeit alles tun, und er dachte in der Helligkeit seiner Überraschung: Das hätte sie nicht sagen dürfen! Von nun an würde sich alles darauf beziehen.

Es wurde ein Teil seiner heimlichen Verteidigung gegen A, daß er sich sagte, sie hat mir selbst die Richtung gezeigt. Es war ihr Fehler, ihre Schuld, wenn er sie wieder verließ. Wenn es aber nicht ihre Schuld, nicht ihr Fehler war, wenn sie darüber sprechen mußte, weil alles längst in Gang war und nicht mehr verschwiegen werden konnte, dann hatten sie nie eine Chance gehabt.

Sie hatten die Chance nicht ergreifen können, also hatten sie keine Chance gehabt.

Das Rauschen der Brandung scheint in der Dunkelheit stärker zu werden als am Tag. Es ist ein gleichmäßiges Geräusch, das einen zwingt, lauter zu sprechen und kürzer. Die beiden Spaziergänger auf der Uferpromenade befinden sich in einem Zustand wacher Benommenheit. Sie werden gleich ins Hotel zurückgehen, das einzige, das noch geöffnet hat.

A, die in ihrem neuen Mantel friert, wird niemals sagen, daß sie umkehren möchte. Sie wird mit ihm endlos weiter geradeausgehen, über die Promenade hinaus, vorbei an dem letzten Lichtmast, in die Dunkelheit der Dünen hinein, immer weiter in dieser erschreckenden Gleichgültigkeit oder Betäubung, in dieser Fähigkeit zu sterben, die wie eine beängstigende Kraft ist und ihn zwingt, auf der Hut zu sein. Er darf nichts falsch machen, nichts Falsches sagen. Er ist ihr sanfter Bewacher, unauffällig, er lenkt ihre Schritte und schämt sich, daß er nicht so selbstvergessen, so verloren ist wie sie.

Komm, sagt er, kehren wir um.

Sie folgt ihm wortlos. Es ist, als könne er alles mit ihr machen. Wenn er etwas zu ihr sagte, würde sie eine kurze Antwort geben und wieder still sein. Sie haben den Wind im Gesicht, den kalten Sprühregen und nicht sie, ihr Körper antwortet darauf, indem sie den Kopf senkt und sich zusammenzieht. Er legt den Arm um sie und bemüht sich, mit ihr im Gleichschritt zu bleiben, es ist ein schwerfälliges, taumeliges Vorwärtskommen, aber jetzt kann er sie nicht wieder loslassen.

Erbittert denkt er, so ist das mit uns. Und was sollte das Ganze, was machten sie hier? Das war eine Frage, die er sich nicht mehr zu stellen brauchte. Es war nur wichtig, das alles zu überstehen. Er muß schlafen diese Nacht, um morgen fahren zu können. Aber gleich, wenn sie im Hotel sind, wird sie sprechen oder weinen, und er wird sagen, halt dich an die Bedingungen, und sie werden in der Falle sein.

Vielleicht ist sie einverstanden, wenn wir morgen gegen einen Baum knallen. Das wäre allerdings das Letzte. All dieses Unglück wäre nicht nötig gewesen. Ich hätte bei ihr bleiben können. Ich hätte in diesem Fall …, dann würde ich anders denken. Ich sitze in der Falle. Wir stecken beide in der Falle. Sie ist meine Falle, und ich bin ihre Falle. Es hörte sich an wie ein Liebesspiel. Er wollte hier rauskommen, sie vielleicht nicht.

Er weigerte sich, daran zu denken, was sie wollte. Wer sich weigert, spürt, daß es schon begonnen hat.

Hier in der Dunkelheit, weit entfernt von allen anderen, geht er mit ihr, den Arm um ihren Rücken, spürt ihr Zittern, ihr Schaudern, und niemand kann ihn daran hindern, wenn er sie jetzt an sich zieht.

Niemand kann ihn hindern zu sprechen. Niemand weiß, was er sagen wird. Niemand kennt die nächsten Minuten. Niemand weiß, was die Wahrheit ist. Er kann es selbst entscheiden. Das ist es, was er jetzt begreifen muß. Sie wird ihm helfen, alles noch einmal herumzudrehen, wird ihm helfen mit einer plötzlich erneuerten, unerschöpflichen Kraft. Er wird kaum noch Boden unter den Füßen haben, aber sie wird bei ihm sein, auf diesem engen Fleck werden sie zusammensein, einander ausgeliefert, aneinandergepreßt, so wie sie diese Nacht verbringen würden, die nächsten Minuten, oder, wenn er es aufschiebt, später, wenn er noch ein wenig wartet, bald, wenn er jetzt weitergeht, gleich. Er war sicher, daß es passieren mußte, sobald er stehenblieb. Verrückt zu denken, daß sie noch nicht wußte, was er gleich sagen würde. Er besaß das Geheimnis, und so lange war er jemand, der gerade gestorben war und auf seine Wiedergeburt wartete.

Nein, er wartete nicht. Er war stehengeblieben und hatte sie stumm und entschieden zum Geländer geführt. Er merkte, daß er es mit beiden Händen umklammerte. Unten an der Ufermauer strahlten Scheinwerfer ihr gebündeltes Licht auf das Meer und beleuchteten die weißen Brandungswellen, die aus der ununterscheidbaren Finsternis von Meer und Nachthimmel heranrollten oder vielleicht immer an derselben Stelle entstanden, so daß es in der Dunkelheit aussah, als stünden sie still.

Ich bleibe bei ihr, dachte er.

Er wunderte sich, daß er es nicht gesagt hatte, und fühlte sich schrumpfen, aufgezehrt von dem Brausen. Dann hörte er sich sagen, die Luft ist jodhaltig hier, und das Brausen ging weiter, die Dunkelheit hielt weiter an. Wie gleichgültig man sein konnte, wie ruhig. Von einem Augenblick zum anderen stand sie neben ihm und verschwand, und dieses Pulsen bedeutete: nichts, niemals, noch nicht. Die dunklen Windstöße gegen Kopf und Brust ließen ihn spüren, daß er lebte.

Da, nimm den Ball, sagte die Frau auf dem Plakat.

Bitte komm hier weg, sagte A, ich kann es nicht ansehen.

Als sie ihn fortzog, hatte er die Hände noch um das Geländer gekrampft.

Das taumelnde unsichere Vorwärtsschreiten begann wieder.

Er mußte den Wagen gegen die Böen steuern.

Wir müssen bald ein Hotel suchen, sagte seine Frau.

Ja, sagte er, noch eine halbe Stunde.

Ich möchte bald irgendwo bleiben, sagte sie. Vielleicht finden wir hier ein kleines abgelegenes Hotel, ganz für uns.

Sie sprach also wieder, hatte einfach damit angefangen, und das hieß jetzt, daß ihr stundenlanges ersticktes Schweigen nicht galt, daß sie anbot, es zu vergessen und so zu tun, als habe es keinen Grund gegeben, und wenn doch einer da war, daß sie nicht darüber sprechen wollte. Diese kleine gemeinsame Reise sollte schön werden, ein Gewinn, ein kleiner, gemeinsam errungener Sieg über das, was sie begraben wollten und worauf sie Sieg auf Sieg häuften, um es unsichtbar zu machen, einig darin, daß dies alles einzelne Schritte eines einzigen, notwendigen, lebenslangen Beweises gegen das Unglück waren, das sie überall rings um sich sehen konnten, so als sei es die eigentliche Verfassung der Welt, gegen die man sich immer wieder behaupten mußte, in dem Bündnis, das sie geschlossen hatten und nun schon so lange immer wieder erneuerten. Manchmal sprachen sie darüber, wenn wieder jemand aus ihrer Bekanntschaft sich getrennt hatte oder wenn sie Zeugen eines Streites wurden oder einer dieser verdeckten ironischen Peinigungen oder wenn ein alter Freund, eine alte Freundin sie besucht hatte und plötzlich unaufhaltsam über seinen Ehepartner zu schimpfen begann, oder sie sprachen über die anderen, die meisten, die in einem verleugneten unbewußten Unglück lebten, kränkelnd oder unauffällig und trübe alternd oder als geräuschvolle posenhafte Gespenster, die Arm in Arm in lächerlicher Euphorie ihr Vergessen betrieben. Er hatte einen Blick dafür, er entdeckte alle die verräterischen Zeichen, die falschen Worte und zeigte sie ihr, um immer wieder grell die Grenze zu beleuchten, über die sie nicht gehen durften. Das ist unmöglich, sagte sie dann manchmal, du hältst mich wach, deine ewige Unruhe. Jahrelang hatten sie sich kein neues besseres Bett gekauft, weil sie nicht wußten, ob sie zusammenblieben. Und doch waren sie ein beständiges Paar, ein Paar der neuen Anfänge.

Auch diese Reise war ein neuer Anfang. Die Kinder waren größer geworden, und sie probierten aus, wieder allein zu sein. Man mußte es neu lernen. Diese Reise sollte ein Erfolg werden, nicht so hoffnungslos wie die Reise mit A, auf deren Spur sie nun fahren, deren Spur sie schon verlassen haben.

Es soll schön werden. Sie spricht wieder.

Vielleicht finden wir ein kleines abgelegenes Hotel, ganz für uns.

Er hatte A zerstören und trösten wollen, er hatte ihre Niederlage und ihr Verständnis gewollt.

Ein kleines abgelegenes Hotel, der richtige Schauplatz für die erwünschte Szene.

Sie werden Madame et Monsieur sein, und der Patron wird ihren Koffer eine schmale Stiege hochtragen in ein altmodisches Zimmer mit Blumentapete und einem großen französischen Bett. Sie werden sich umziehen und zum Essen hinuntergehen, wo der Patron einen kleinen Tisch für sie gedeckt hat und eine Kerze anzündet. Sie werden einander gegenübersitzen und sich anlächeln. In dem warmen lebendigen Licht wird er sehen, daß sie schön ist, und es ihr sagen, und ihr Gesicht, immer noch fähig zu dieser zärtlichen Verklärung, wird ihm zugewandt sein. Dann werden sie essen, Wein trinken und ohne Anstrengung miteinander sprechen. Vielleicht werden es weit zurückliegende Erinnerungen sein. Nach dem Essen werden sie nach draußen gehen, um vor dem Schlafen noch ein wenig frische Luft zu atmen. Arm in Arm werden sie durch eine dunkle, leere Straße zum Meer gehen und die Brandung hören.

Es ist das Tosen der Finsternis selber, ihr unaufhörliches, sinnloses Geräusch.

Bitte komm hier weg, sagt A, ich kann es nicht ansehen.

Das taumelnde Vorwärtsschreiten beginnt wieder. Er hat den Arm wieder um ihren Rücken gelegt und schiebt sie ein wenig gegen den Wind, der ihnen ins Gesicht bläst. Sie geht vor ihm die Treppe hoch, er schließt hinter sich die Zimmertür. Sie sind in der Falle. Blaß und abwesend sieht er sie auf dem Bett sitzen, hierher verschleppt von ihm, in diesen zukunftslosen Stillstand.

Willst du dich nicht ausziehen, fragt er. Sie hört ihn nicht.

Der Druck ihres betäubten Körpers, reglos in seinem Arm, ihr Mantel, der aufklafft, ihre entblößten Beine, während er mit der freien Hand die Knöpfe durch die Öffnungen zwängt. Sie spannen, es ist der neue Mantel, darunter trägt sie das Kleid, das sie gekauft haben, als er zu ihr kam. Es ist ein Gleiten, ein Weggleiten, das aus seiner inneren Unbestimmtheit kommt. Er ist der Regisseur dieser Szenen, er erzeugt sie, um wieder mit ihr dort anzufangen. Das ist der Auftritt von neuem, und sie findet sich ein. Das ist die Zimmerecke, die rote Steppdecke, auf der sie liegt, ihre Beine in den langen weißen Stiefeln. Ist sie immer noch in ihrem Mantel, immer noch in dieser willfährigen Ohnmacht, während er sie hochzieht und sie sich an ihn lehnt? Lieber, mein Lieber, sagt sie, während er wieder mit diesen Knöpfen beschäftigt ist. Dann verschwindet es wieder, und es sind seine Kinder, denen er die Mäntel aufknöpft, die schlafenden Kinder, die er aus dem Auto ins Haus trägt. Mitten in der Nacht kommt seine Frau durch den Flur, sie ist noch nicht wach und stößt im Gehen an die Wände. Er hat geklingelt, er hat den Schlüssel vergessen, und das Baby ist aufgewacht und schreit in seinem Korb, den sie nachts in das Wohnzimmer stellt. Sie kommt, er hört sie mit dem Kind sprechen, hört ihre leisen beruhigenden Laute sich der Türe nähern. Und da ist von neuem dieses Hotelzimmer, wo A sich für Augenblicke aufstützt, um ihm zu helfen, es ist von neuem diese Knopfreihe, diese Benebelung, der weit aufklaffende Mantel, dieses Auseinandergleiten. Er geht an seiner Frau vorbei und entschuldigt sich, und während er den Mantel aufhängt, hört er hinter sich ihr leises Stöhnen und einen dumpfen Aufprall. Sie liegt ohnmächtig auf dem Rücken, hält das Kind im Arm, das aufgehört hat zu schreien. Als er es ihr abnimmt und in den Korb legt, rutschen ihre Arme schlaff zur Seite, ohne daß sie die Augen öffnet. Er hebt ihren Kopf und sagt mehrmals ihren Namen. Sie sieht ihn jetzt starr an, in tiefer Verständnislosigkeit. Was ist? fragt sie, und er erklärt ihr, daß sie ohnmächtig war. Während er sie zum Bett zurückführt, will sie auf einmal wissen, wie spät es ist. Drei Uhr nachts. Warum kommst du erst um drei Uhr nachts? Sie hat ihn so gebraucht, sie hat so lange wach gelegen und auf das Auto gewartet, sie fühlte sich so einsam, so traurig, sie hat Tabletten genommen. Wie viele, fragt er. Nicht viele, sagt sie undeutlich, nicht schlimm. Sie lallt schon ein wenig, sie hat schon die Augen geschlossen. Er will sich schnell ausziehen, um bei ihr zu liegen, solange sie ihn noch spüren kann. Aber sie liegt schon wieder in dieser tiefen, dichten, reglosen Betäubung, und er kann nicht einschlafen, weil er Angst hat. Dann fährt er hoch, es ist heller Tag, und er ist allein in der Wohnung, sie und die Kinder sind fort. Nach einer Stunde hört er sie zurückkommen. Er sagt zu A, es ist unmöglich, ich kann so nicht leben, es ist aussichtslos, sieh ein, es ist aussichtslos. Und sie fragt, warum kannst du nicht, was andere können, was ist so fremd für dich daran, was erschreckt dich? Und er sagt, es ist hoffnungslos. Und sie sagt, warum, erklär es mir. Und er sagt, ich glaube, es hängt mit dem Tod zusammen, es ist, weil man sterben muß, deshalb kann man sich nicht verlassen. Und sie fragt, aber mich kannst du verlassen? Und er sagt, ich weiß nicht, manchmal wünsche ich es.

Ja, er hatte es gewünscht, er hatte seine Verteidigung wieder aufgebaut. Manchmal konnte er sich sagen, sie ist wie alle anderen, vergleichbar oder sogar nach einer gewissen Zeit der Umgewöhnung, der inneren Veränderung, ersetzbar. Er hatte früher viele kurze Erlebnisse mit anderen Frauen gehabt, und er glaubte, daß ihn das frei gemacht hatte, unabhängig, es blieben keine Phantasien zurück, keine Träume. Wenn er wollte, konnte er mit seiner Frau darüber sprechen, es störte sie nicht, es befeuerte ihre Zärtlichkeit. Manchmal erinnerte sie ihn daran, sagte, ich verstehe dich nicht, siehst du denn nicht, daß es viel schönere, viel jüngere Frauen gibt als sie? Und vielleicht war das ein Weg, den er wieder gehen mußte. A betrügen, um etwas vor sie zu schieben, das vielleicht nicht an ihre Stelle trat, aber sie verdeckte. Er lernte im Zug eine Frau kennen, die sofort seine Bereitschaft spürte, er knüpfte eine alte Bekanntschaft wieder an. In den Wohnungen der Frauen liefen die Plattenspieler mit derselben leisen, gleitenden Musik, es waren dieselben Entkleidungsszenen, dieselbe schwer ertragbare Fremdheit der nahe gerückten Gesichter und dieselbe heimliche Angst zu versagen.

Er kehrte von diesen Unternehmungen zurück mit dem heftigen Wunsch nach Arbeit. Und um sich zu überzeugen, daß es ein neuer Anfang war, räumte er sein Zimmer auf, verrückte den Tisch, hängte ein Bild um, machte Einkäufe, dann tauschte er die Bücher in den Regalen gegen andere aus, die er jetzt lesen wollte, er las mehrere gleichzeitig, er fing an, sich Notizen zu machen, und dann wurde schon etwas sichtbar, das ihn begeisterte, ein überraschendes Hervortreten und Zusammenrücken verstreuter oder bisher gar nicht vorhandener Einzelheiten, ein unsicherer, immer wieder verschwindender, beweglicher Zusammenhang, und nun mußte er versuchen, das zu fassen in einer langen, nur vom Schlaf und den Mahlzeiten unterbrochenen Anstrengung, bei der er manchmal die Luft durch die Zähne zog oder kaum hörbar vor sich hin flüsterte, wenn er durch das Haus ging. Er hörte es selbst nicht, aber seine Frau und seine Kinder erkannten daran, daß er arbeitete, und wie auf Verabredung schufen sie eine Art Hohlraum um ihn, in den nichts eindringen durfte, was ihn stören konnte. Er arbeitete, er war zu Hause, alles war an seinem Platz. Alle Gespräche waren einfach. Abends, eine Stunde vor dem Schlafengehen, saß er mit seiner Frau zusammen im Wohnzimmer und ließ sich erzählen, was sie tagsüber getan hatte. Sie tranken etwas, er sah sich die Nachrichten im Fernsehen an, manchmal ging er noch in der Dunkelheit um den Häuserblock herum, während sie schon schlief.

Plötzlich konnte es dann wieder dasein. Es war ein Überfall, nach kleinen Warnzeichen, die er übersehen hatte. Er war vielleicht nicht weitergekommen mit seiner Arbeit, er hatte eine Frau gesehen, die ihr glich. Oder es war scheinbar nichts, nur eine treibende Unruhe, die sich in ihm ausbreitete, bis sie ihm plötzlich mit einer unwillkürlichen Bewegung seines Körpers bewußt wurde, als das, was sie war, das Verlangen, A zu sehen, das sofort ihr Bild erzeugte in immer den gleichen Wiederholungen, nah und verschwommen, als eine ständige Herausforderung, mehr zu verlangen. Er mußte sie anrufen, lauschte atemlos auf das Rufzeichen, bis, als würde mit einem jähen Ruck der Vorhang fortgezogen, sie plötzlich da war. Er hörte ihre zuerst etwas heisere, von langer Stummheit gelähmte Stimme, hörte ihr Erschrecken, glaubte zu sehen, wie sie dort ein wenig vorgebeugt an ihrem Tisch stand, und mußte sofort zu ihr gelangen, sofort, ohne nach rechts und links zu blicken, wie auf einer Fahrt durch einen dunklen sausenden Tunnel, wobei er sich sagte, jetzt ist es genug, jetzt habe ich alles versucht, jetzt ist das mein Leben. Aber außer diesen aufzuckenden Gedanken war er leer und vereinfacht, jemand, der einen Wagen fuhr, eine bekannte Strecke, deren Stationen vorbeihuschten, schnell wie das achtlose Umblättern eines Buches, wie ein leises Murmeln, und wenn es spät war, stand er einen Augenblick unten auf der Straße und starrte durch die Glastür in den dunklen Hausflur, bis das Licht der Fahrstuhlkabine erschien und gleich darauf A mit ihrem eigentümlichen raschen, etwas schiebenden Gang auf ihn zukam und ihm die Tür aufschloß.

Komm herein, sagte sie.

Ich mußte kommen.

Ich weiß es.

Das war vielleicht alles, was sie sagten. Sie waren zusammen, das war alles, was es jetzt zu sagen gab. Später, wenn sie noch zusammenlagen, sprachen sie ruhig über alles, was sie beschäftigte, und sie erzählte ihm auch einen ihrer Träume.

Sie liegt nackt am Strand, mit vielen anderen Frauen, und alle haben eine Wunde in der Seite. Ihre eigene Wunde ist viel größer und blutiger, und sie weiß, daß sie niemals heilen wird.

Aber sie sagte: Das war kein schlimmer Traum. Ich habe es mir angesehen und war einverstanden. Es gehörte zu mir, ich wußte es.

Hatte er deshalb ihr gegenüber nie Schuldgefühle? Glaubte er sie verletzen zu können, ohne befürchten zu müssen, daß er sie verlor? War es nicht so, daß ihr Leiden ihn von ihr losmachte, während das Leiden seiner Frau ihn band? Und ging er nicht immer zu ihr hin, um wieder von ihr fortzugehen? Um vor sich selbst davonzulaufen? Um zu erkennen, wer er selbst war? Konnte er diese Frage gegen sie entscheiden, mit ihr, mit beiden?

Wenn er in der Nacht zurückfuhr, hatte er manchmal das Gefühl, allein zu sein, frei, alles zu tun, klar abgegrenzt gegen alles, was um ihn herum war, frei, alles zu verlassen. Aber das war nur ein Augenblick, eine Pause, bevor die schwierige Veränderung begann, die Rückkehr in das Haus, in dem alles schlief, wo an der Garderobe die Mäntel hingen, wo im Wohnzimmer der Frühstückstisch gedeckt war, auch für ihn, dort an seinem Platz zwischen den anderen, und er bewegte sich leise wie ein Eindringling, um niemand zu wecken, oder blieb noch unten, trank etwas, blickte in die Zeitung, die er am Morgen schon gelesen hatte, und ließ den Raum auf sich eindringen und langsam wieder zurückfluten, bis er die Treppe hochging, wo alle schliefen, und sich auszog.

Schlief sie, schlief sie wirklich?

Einmal, als er spät kam, hatte sie sich eingeschlossen. Er klopfte an der Tür, rief leise ihren Namen und wartete in einer bangen Ratlosigkeit. Nach einer Weile klopfte er lauter und hörte, wie sie aufstand und die Tür aufschloß. Es war vollständig dunkel im Zimmer, so daß er sie nicht sehen konnte. Er erkannte sie nur undeutlich, wie sie vor ihm zurückwich und unter die Decke kroch.

Wenn du noch nach ihr riechst, komm bitte nicht zu mir ins Bett, sagte sie.

Nein, sagte er, es ist nichts an mir, wirklich nicht.

Er legte sich neben sie, ohne sie zu berühren. Plötzlich warf sie sich mit einer halben Drehung herum und umarmte ihn.

Und jetzt sind sie seit Stunden in diesem fremden Raum, in diesem Hotel, das sie schließlich gefunden haben, am Ende einer kleinen Straße, die sich zu einem verlassenen, von einigen Häusern und Holzbuden umstandenen Platz ausweitet, auf dem im Sommer wahrscheinlich die Autos parken. Denn hier ist die Treppe, die über die Dünen zum Strand führt, der Übergang zum Meer. Sie haben das beste Zimmer bekommen, sie scheinen die einzigen Gäste zu sein. In dem tiefen Dunkel, hinter den zugezogenen Vorhängen, unter der niedrigen Zimmerdecke kommt wieder diese drückende Vorahnung des Endes. Wie alt bist du, was bleibt noch zu tun, gibt es noch ein neues, ein anderes Leben? Und wieder öffnet sich, nicht im Kopf, nicht in diesem Raum und doch irgendwo vor den Augen diese schwebende Sphäre, in der alles beieinander ist: frühe Erinnerungen in einer vergessenen Frische, wegsinkende und stumm sich wiederherstellende Wünsche, schweigende Berührungen, Winke, vermischte Körper, mitten in einer fremden, von ferne vertrauten Landschaft, Treppen aufwärts und abwärts, mehr wie eine Woge, eine Wellenlinie, wie ein feuriger Kreis, und dann bist du selbst dort, verfangen in diesen Umrissen, in dieser Umarmung, die zu keinem Ende kommt, denn zugleich bist du auf der anderen Seite, vergeblich bemüht, es zusammenzuraffen und mitten durch die luftige Erscheinung zurückzukehren zu deinem verlorenen Gewicht, deiner verlorenen Dichte, die es dir erlauben würde, alles ernsthaft noch einmal zu tun.

Doch du bist aufgewacht, und auch sie neben dir ist aufgewacht. Und vielleicht bist du es, der zu sprechen beginnt:

Schläfst du nicht?

Nein. Immer nur kurz, dann bin ich wieder da.

Das kommt vielleicht vom Meer. Es ist stürmisch heute nacht. Das macht nervös.

Ja, ich bin ein bißchen unruhig. Es ist auch diese französische Nackenrolle. Ich weiß nicht, wie ich darauf liegen soll.

Du hast auch zuviel gegessen, du schienst ganz gierig zu sein.

Und es war gar nicht besonders gut, viel zu fett, zu schwer.

Aber nicht wie in Paris.

Wo ich mich die ganze Nacht erbrochen habe.

Und wir waren so stolz, dieses kleine russische Restaurant entdeckt zu haben.

Ich bin auf diesen russischen Namen hereingefallen. Fürst Soundso und dann war es nur Hackfleisch.

Es war wirklich schlimm. Ich dachte, ich müßte einen Arzt holen.

Hörst du das Meer?

Ja, es hört sich viel näher an.

Bist du jetzt ruhig? Wirst du jetzt schlafen können?

Ich weiß nicht. Ich möchte weiterreden.

Denkst du noch oft an sie?

Manchmal.

Heute hast du es den ganzen Tag getan.

Glaubst du, daß wir schlafen können, wenn wir jetzt davon anfangen?

Du willst doch nicht schlafen. Weißt du, daß du mich gekränkt hast?

Ich konnte nichts anderes tun, als still zu sein. Man muß eben lernen, damit umzugehen.

Damit umgehen, sagst du ihr das auch?

Sinngemäß habe ich ihr das gesagt.

Es könnte alles so schön sein, nicht wahr? Mit unseren Kindern, diese Reise. Hier nachts liegen und das Meer hören.

Aber es ist doch so. Es lohnt sich doch?

Fragst du mich das?

Ja, ich will wissen, wie du es siehst.

Bei dir muß man jeden Tag etwas anderes denken.

So komisch es klingt, ich bin einer der treuesten Menschen. Deshalb bin ich auch zu dir zurückgekehrt.

Und jetzt drehst du dich schon wieder um.

Man müßte zwei Mal leben können. Dann wäre alles einfach.

Das ist bloß eine Spaltung. Man muß sich entscheiden können.

Sie hat mir das auch gesagt. Es ist überhaupt die Meinung aller vernünftigen Menschen.

Wollen wir jetzt still sein?

Sag doch etwas. Irgend etwas anderes.

Du hast mich doch gewollt, damals?

Ja, das weißt du.

Das ist nichts anderes, nicht wahr? Es ist dasselbe.

Ja, es ist dasselbe.

In wie vielen Hotelzimmern sind wir schon gewesen?

O Gott, ich weiß nicht, eine Menge.

Überall haben wir geredet. Vielleicht immer über dieselben Sachen.

Ich glaub' nicht, daß es immer dasselbe war.

So wie wir jetzt sprechen, macht es mich ruhig.

Einer muß jedenfalls schlafen, damit wir morgen fahren können.

Wir fahren heute. Es ist drei Uhr nachts.

Dann muß jetzt Flut sein. Deshalb hört es sich so nah an.

Wie ein Donnern. Aber wenn du mir die Hand gibst, kann ich dabei schlafen.

DAS NORMALE LEBEN | (2004)

Er stolperte. Jemand verlangte seine Fahrkarte. Oder war es eine Gepäckkontrolle? Jemand wie ein großer menschenähnlicher Schatten mitten im Gedränge von anderen, die er nicht richtig sah. Er brauchte Hilfe, aber er wußte nicht, an wen er sich hier wenden konnte, in dieser Enge, eingekeilt zwischen körperlosen Körpern, stummen Schatten, in dieser bedrohlichen Gleichgültigkeit. Er wußte nicht, wie er in diese Lage gekommen war. Alles war grau und dunkel. Unterhalb des Herzens verschwand sein Körper im Dunkeln. Er wunderte sich nur matt darüber. Es fehlte ihm die Kraft. Oder war es die Erinnerung? Er erinnerte sich an nichts.

Nebenan sprang der Motor des Kühlschranks an. Und jetzt wußte er es wieder: Er war in seinem Apartment in Ahrenshoop an der Ostsee, das er vor elf Jahren, noch zusammen mit Dagmar, seiner zweiten Frau, in einem letzten Versuch, die bröckelnde Ehe zu retten, erworben hatte. Es war allerdings ein vergeblicher Rettungsversuch gewesen, denn die beiden Male, die sie in der Enge des Zweizimmerapartments eine Woche zusammen verbrachten, hatten den Trennungsprozeß nur beschleunigt. Zuerst hatte er vorgehabt, das wenige Jahre nach der Wende sehr günstig gekaufte Apartment wieder abzustoßen, aber damit gewartet, weil die Preise stiegen. Und inzwischen hatte er sich daran gewöhnt, zwei- oder dreimal im Jahr herzukommen, um sich von der Stadtluft zu erholen und meistens auch, um etwas zu schreiben, einen Artikel, eine Kritik oder einen seiner Vorträge für eine Reihe mit dem Titel »Die Wissenschaft des Lebens«, mit denen er sich seit seiner Pensionierung als Rundfunkredakteur noch einen späten Namen gemacht hatte. Eine Auswahl davon war vor zwei Jahren als Buch erschienen, und der Verlag plante einen weiteren Band mit neuen Arbeiten, diesmal unter dem Obertitel »Das Glück«. Darüber, vor allem über die Spannung von »Glück haben« und »glücklich sein«, oder luck und happiness, fortuna und beatitudo, hatte er in den letzten Tagen vor großen Auditorien gesprochen. Es war ein Erfolg gewesen, der ihn belebt und bestätigt hatte. Doch was gewöhnlich danach folgte – die Interviews, die Einladungen zum Abendessen, die nicht enden wollenden Gespräche mit den verschiedensten Leuten –, hatte ihn mehr als früher angestrengt. Noch kurz vorher war er im Krankenhaus gewesen und hatte erwogen, die Reise abzusagen, hatte sich dann aber anders entschieden. Und das war auch die richtige Entscheidung gewesen. Er hatte die drei Auftritte in Osnabrück, Bremen und Lübeck so gut geschafft, wie er es sich nur wünschen konnte. Nun wollte er sich erholen.

Draußen hörte er immer noch den Sturm, der in den Kronen der Pappeln rauschte und in wuchtigen Böen und prasselnden Regengüssen gegen die Fensterläden drückte. Gestern abend, nach seiner Ankunft, war der im Wetterbericht angekündigte Sturm erst ein Wehen gewesen, ein kühler Anhauch aus der dunklen Wolkenwalze am Horizont, die sich mit ihren zerrissenen

Rändern allmählich über das feurige Rot des Sonnenuntergangs geschoben hatte. Wie immer bei seiner Ankunft hatte er einen Teil seiner Sachen schnell und routinemäßig in den Schrank eingeräumt, war dann quer über den verwilderten, von Maulwurfshügeln aufgewühlten Sportplatz zum nahen Supermarkt gegangen, um für sein Abendessen und das Frühstück einzukaufen. Anschließend war er, auch wie immer, auf dem fast menschenleeren Strand, dicht am Wasser, spazierengegangen und hatte das düstere Himmelsschauspiel und seine Spiegelung im Grau der Meeresfläche betrachtet, war aber von dem sich verstärkenden kalten Wind bald vertrieben worden und hatte, kurz nachdem der Regen begann, das Apartment erreicht. Seiner Gewohnheit folgend, hatte er sich ein Wurstbrot und ein Käsebrot gemacht, eine Flasche Bier geöffnet und sich damit vor den Fernseher gesetzt, um sich die Abendnachrichten anzusehen. Achtlos seine Brote kauend und mit Bier hinunterspülend, hatte er sich die kontroversen Statements der Politiker angehört, die seit Monaten einander die Schuld am Niedergang der Gesellschaft zuschoben und gegenseitig ihre Reformkonzepte verwarfen, und in dem Gefühl, daß ihn alles nichts mehr anginge, weil er die Folgen nicht mehr erleben würde, hatte er den Ton ausgeschaltet, bis der Wetterbericht kam und das Sturmtief ankündigte, dessen Ankunft draußen zu hören war.

Jetzt war es tief in der Nacht. Fast halb vier, wie er auf dem Leuchtzifferblatt seines Weckers sah. Ein paar Stunden hatte er geschlafen, war aber immer wieder halb wach geworden, ohne sich aus den wirren, anscheinend pausenlos aufeinanderfolgenden Träumen lösen zu können, in denen er auf der Flucht vor etwas war, was sich immer wieder an ihn heftete und ihn umringte. Jetzt allerdings war er wach. Er lag auf dem Rücken und hatte den rechten Arm in das leere, unbezogene Bett neben sich gestreckt, als habe er dort etwas gesucht. In den beiden letzten Jahren war er immer allein hier gewesen, im Gegensatz zu den Jahren davor, in denen er sich hier mit wechselnden Frauen getroffen hatte, gewissermaßen zur Kompensation seiner zwei gescheiterten Ehen. Es waren oft Frauen gewesen, die er bei seinen öffentlichen Auftritten kennengelernt hatte. Einige hatten ihm auch geschrieben. Sie knüpften fast immer an die Themen an, über die er gesprochen hatte.

So hatte sich diesmal in Osnabrück bei einem Abendessen in einem kleinen Kreis, zu dem seine Gastgeber ihn im Anschluß an die Veranstaltung eingeladen hatten, nach anfänglichem lockerem Geplauder das Thema »Glück«, über das er geredet hatte, wieder durchgesetzt. Es war ein hin und her wogendes Gespräch, an dem er sich zunächst in dem Gefühl, genug geredet zu haben, nicht beteiligt hatte. Aber als jemand von der Poesie des ersten jugendlichen Liebesglücks sprach, hatte er aus Überdruß und in dem Gefühl, es notfalls auch begründen zu können, gesagt: »Junge Menschen können überhaupt nicht lieben.« Sofort waren alle Augen erwartungsvoll auf ihn gerichtet gewesen, besonders die Augen einer schwarzhaarigen Frau, die ihm schräg gegenüber saß und mit zum Kreis der Veranstalter gehörte. Offensichtlich war sie heftig interessiert an seiner improvisierten Behauptung und fragte ihn nach seinen Gründen. »Weil

Jugendliche noch nicht wirklich wissen, daß sie sterben müssen«, hatte er gesagt. »Deshalb kommt ihre Wahrnehmung nicht über Idealisierungen hinaus.« Er sah, daß ihr das Eindruck machte. Aber es kam leidenschaftlicher Einspruch vom Hausherrn, der erregt, mit unerwarteter Lautstärke erklärte, diese Ansicht könne er nicht gelten lassen. Seine Jugendliebe sei sein Heiligtum, und das lasse er sich nicht nehmen.

Einen Augenblick hatte es so ausgesehen, als wäre die Gesellschaft gesprengt worden. Die Frau des Gastgebers, die rechts neben ihm saß, war angesichts dieses Gefühlsausbruchs ihres Mannes wie erstarrt. Die anderen warteten gespannt, was er antworten würde, und in seiner hochmütigen Langeweile hatte er sich versucht gefühlt, die Erregung des Gastgebers durch eine weitere riskante Formulierung zu schüren. Doch verbindlich lächelnd hatte er geantwortet, solchen persönlichen Erfahrungen könne niemand widersprechen. Darauf hatte er einen dankbaren Blick seines Gegenübers aufgefangen. Und als wäre ihm ein Schleier von den Augen gefallen, hatte er gesehen, daß es eine interessante, intelligente Frau war, deren Urteil ihm nicht gleichgültig war. Er kannte diesen Vorgang, wenn eine Frau – es war eigentlich immer eine Frau gewesen – sich plötzlich von allen anderen abhob und eine Deutlichkeit gewann, die sie einzigartig und unaustauschbar erscheinen ließ. Ich muß einmal darüber schreiben, dachte er, während er sie noch ansah und von ihr angesehen wurde. Er schätzte sie auf Ende Vierzig. Ihr Gesicht hatte einen dramatischen Zug durchgestandener Erfahrung. Ihre dichten schwarzen Haare verdeckten ihre Stirn bis hinunter zu den

Brauen, was dem Blick ihrer dunklen Augen eine brennende Intensität und Tiefe gab.

Zwei Stunden später, als er die erste Gelegenheit ergriffen hatte, sich zu verabschieden, fuhr sie ihn zu seinem Hotel. Im Auto hatte sich gleich eine Atmosphäre von Vertrautheit eingestellt, ein wortloses Einverständnis, nicht mehr über die Abendgesellschaft und die entgleisende Unterhaltung zu sprechen, weil man sich darüber ohnehin einig war. Statt dessen fragte sie ihn nach den weiteren Stationen seiner Vortragsreise. Er hatte erzählt, daß er noch nach Bremen und Lübeck müsse und dann für zwei Wochen nach Ahrenshoop an die Ostsee fahre. »Ahrenshoop«, hatte sie ausgerufen, »das kenne ich. Da bin ich auch mal gewesen, vor ein paar Jahren. Es hat mir sehr gut gefallen. Ich habe es in Erinnerung als ein Künstlerdorf mit lauter reetgedeckten Häusern.« »Ein Dorf würde ich es nicht nennen«, hatte er geantwortet. »Es ist ein kleiner Urlaubsort mit vielen Kunstgalerien und schönen Häusern. Ich habe mir dort ein Apartment gekauft und bin mehrmals im Jahr dort.« »Beneidenswert«, hatte sie gesagt.

Es wäre leicht für ihn gewesen, zu sagen »Besuchen Sie mich doch mal«. Es schien fast so, als hätte sie es erwartet und ihm durch ihre Begeisterung sogar nahegelegt. Aber er war seit zwei Jahren nicht mehr in einer so intimen Situation gewesen, und es war ihm nicht klar, was er eigentlich wollte. Er hatte gezögert, bis die Gelegenheit verpaßt war.

Im Hotelzimmer, als er schon dabei war, sich auszuziehen, und über den Abend nachdachte, war ihm aufgefallen, daß er die blaue Mappe mit dem Tagebuch von Stefan Ketteler nicht mitgebracht hatte, die ihm dessen Bruder nach der Lesung überreicht hatte. Er mußte sie im Haus seines Gastgebers oder im Auto seiner flüchtigen Bekanntschaft liegengelassen haben. Es war jetzt zu spät, sich darum zu kümmern, zumal er den Namen der Frau vergessen hatte, wie alle anderen Namen der Abendgesellschaft auch. Aber er besaß ja noch den Brief mit der Einladung. Das würde ihn morgen früh auf die Spur führen. Bevor er weiter reiste, mußte er sich das Manuskript wiederbeschaffen. Er dachte daran mit einem zwiespältigen Gefühl von Neugier und Abneigung, denn der Autor hatte sich umgebracht, und zwar auf höchst ungewöhnliche Weise: Er hatte sich in einen winterlichen Wald gelegt und einschneien lassen. Der Bruder hatte ihm das in der Gedrängtheit ihres kurzen Gespräches ohne jeden Kommentar mitgeteilt und nur noch hinzugefügt: »Ich habe das Skript für Sie fotokopiert, weil ich denke, es wird Sie interessieren.« Selbst hatte er nur eine ungenaue Erinnerung an einen gehemmt und verspannt wirkenden Menschen, der ihn vor gut einem Jahr – oder war es anderthalb Jahre her? – telefonisch um ein Interview gebeten hatte. Eigentlich hatte er absagen wollen, weil er mit einer eiligen Arbeit beschäftigt war. Aber der scheue oder resignative Unterton des Anrufers hatte ihn bewogen, ihm einen Termin zu geben. Er war pünktlich gekommen, hatte eine Reihe vorformulierter Fragen gestellt und war bald wieder gegangen. Mehr war es nicht gewesen, wenn er sich recht erinnerte. Der Selbstmord des Autors ließ sich jedenfalls nicht mit dem Interview in Verbindung bringen, auch wenn der Bruder so etwas anzunehmen schien. Nun, er wollte es lesen, wenigstens in Stichproben.

Als er am nächsten Morgen zum Frühstück herunterkam, wurde ihm beim Empfang die blaue Mappe mit der Bemerkung überreicht, eine Dame habe das für ihn abgegeben. Das konnte auch die Gastgeberin gewesen sein oder sonst jemand aus dem örtlichen Kulturverein. Doch es lag eine Briefkarte dabei mit der knappen, schwungvoll geschriebenen Mitteilung: »Dies fand ich in meinem Auto. Dank noch einmal für den schönen Abend und gute Reise nach Ahrenshoop, Ihre Anne Schöller.« Darunter stand ihre Adresse. Er steckte die Karte in seine Brieftasche und verstaute die blaue Mappe in der Außentasche seines Koffers, wo er sie während seiner weiteren Vortragsreise wieder aus dem Gedächtnis verlor.

Die letzte Frau, die ihn in seiner Ferienwohnung besucht hatte, war Nina gewesen, die er bald danach an Dave Hanles verloren hatte, der vor kurzem gestorben war. Kurz vor seiner Abreise hatte sie ihm das aus England geschrieben. Der Brief hatte neben den üblichen Drucksachen und einer nachträglichen Information zu seiner bevorstehenden Vortragsreise in seinem Briefkasten gelegen, als er aus der Klinik nach Hause gekommen war. Doch er hatte den Kasten erst einen Tag später geleert. Nina hatte ihm lange nicht mehr geschrieben, außer Kartengrüßen, die Dave mit unterschrieben hatte. Und als er den Brief mit Ninas runder, ein wenig naiver, aber druckvoller Schrift sah, hatte er gleich gedacht, daß sie etwas Besonderes mitzuteilen habe, eine gute oder schlechte Veränderung, die auch ihn betraf. Vielleicht ging es um die Vorbereitung der geplanten Ausstellung und sie kündigte ihren und Daves Besuch an. Möglicherweise aber kam sie auch allein. Dann konnten sie sich ja in Ahrenshoop wiedersehen, wo sie oft zusammengewesen waren. Er war überrascht, wie sehr ihn nach ihrer Trennung vor zwei Jahren diese Vorstellung wieder stimulierte. Er hatte sich nicht eingestanden, wie sehr er sie vermißte, ihre spontane, natürliche Sexualität, die Wärme, die sie ausstrahlte.

Er hatte sich gesetzt und den Brief in die Hand genommen, ohne ihn schon zu öffnen, in der Befürchtung, er würde enttäuscht werden. Und als wäre das ungeöffnete, unentfaltete Papier schon eine heimliche körperliche Annäherung, konnte er sie sehen in einer jener einfachen Szenen, die für sie typisch waren und die er nie vergessen konnte. Es war hier im Wohnzimmer gewesen. Er hatte auf der Couch gesessen, und Nina war, aus dem Nebenzimmer kommend, mit einigem Abstand vor ihm stehengeblieben und hatte mit vorgewölbten Lippen einen Kuß angedeutet, eine luftige Botschaft, die den künstlichen Abstand, den sie einhielt, spielerisch, aber auch so deutlich überbrückte, daß er sie in seinem Gesicht zu spüren glaubte. Er hatte auf gleiche Weise geantwortet, und sie hatte das Zeichen noch einmal wiederholt. Dann hatte sie mit beiden Händen den Saum ihres Rockes gefaßt und ihn langsam an ihren stämmigen, wohlgeformten Beinen bis zum Bauch hochgezogen. »Das ist alles für dich«, hatte sie gesagt. Man konnte es nicht totaler, nicht unumwundener sagen. Das Lächeln, mit dem sie ihn ansah in diesen langen Sekunden, war ein Lächeln des Einigseins und des Vorauswissens. So war sie auf ihn zugekommen und zwischen seinen gespreizten Beinen dicht an ihn herangetreten. Er hatte ihre Wärme gespürt, das betäubende Fluidum ihrer Nähe. Und während er mit beiden Armen ihre Beine umschlang, hatte sie sein Gesicht an ihre Brust gedrückt.

Genauso war es. So war sie. Weil er geglaubt hatte, diese Erinnerungsbilder seien im Laufe der Zeit durch andere Eindrücke überdeckt worden, erschreckte es ihn, wie unabweisbar ihm die Szene wieder vor Augen gekommen war. Er hoffte, daß er nicht von solchen Phantasien heimgesucht wurde, wenn er längere Zeit allein, ohne Ablenkung, in der Ahrenshooper Wohnung lebte, wo ihn alles an Nina erinnerte. Also, was schrieb sie ihm? Warum schrieb sie ihm? War es denkbar, daß ihr Brief etwas enthielt, was es ihm möglich machte, ruhiger an sie zu denken? Oder hatten sich vielleicht auch bei ihr die Erinnerungen wieder gemeldet? Und würde sie ihm das gestehen, so offen, wie sie damals vor ihn hingetreten war?

Er riß den Umschlag auf und starrte auf eine Todesanzeige. Dave war vor einer Woche gestorben und in Cardiff, seiner Geburtsstadt, beerdigt worden. Beigelegt war ein handgeschriebener Brief von Nina, der auf zwei Seiten darstellte, was geschehen war. Es war die Geschichte einer unbegreiflichen Vereitelung, die auch sie getroffen hatte. Dave, ihr Schützling, der viele Jahre als Europaflüchtling auf den Bahamas gelebt und in aussichtsloser Isolation seine Bilder gemalt hatte, dann aber, nach seiner durch Nina ermöglichten Rückkehr, in England und vor allem in Deutschland eine zwar noch bescheidene, doch zunehmende Aufmerksamkeit für seine Kunst gefunden hatte, war plötzlich, in wenigen Tagen, an einer fiebrigen Grippe gestorben – laut Ninas Schilderung, ohne es zu begreifen und bis zuletzt in freudiger Erwartung einer geplanten Ausstellung seines malerischen Gesamtwerkes, auf die sich alle seine Hoffnungen richteten. Einen Tag vor seinem Tod war noch ein Brief des Sponsors der Ausstellung angekommen, den sie ihm vorgelesen hatte, und Dave, schon sehr geschwächt von seinem hohen Fieber, hatte mit tonloser Stimme gesagt: »Ich glaube, ich hab einen Fuß in der Tür.« Für Nina war das ein schrecklicher und ein tröstlicher Moment gewesen.

Gleich nachdem er den Brief gelesen hatte und noch immer im Bann des Überfalls seiner Erinnerung und mühsam beiseite geschobener Spekulationen über neue Möglichkeiten der nun entstandenen Situation, hatte er versucht, Nina in London unter Daves Nummer anzurufen. Doch der Anschluß war schon stillgelegt. Auch in Ninas Hamburger Wohnung hatte er sie nicht erreicht. Vielleicht war sie irgendwohin gefahren, um sich von dem Schock und den Anstrengungen zu erholen. Er wollte es jedenfalls immer wieder versuchen, bis er sie erreicht hatte. Vielleicht würde sie sich von ihm einladen lassen, für ein paar Tage nach Ahrenshoop zu kommen, um miteinander zu besprechen, was man für Daves hinterlassenes Werk tun konnte. Er wollte anbieten, für den Katalog der geplanten Ausstellung einen Aufsatz über Daves künstlerische Entwicklung, sein Leben und sein Werk zu schreiben. Allerdings war es wohl nicht sicher, daß die Ausstellung unter den veränderten Umständen überhaupt zustande kam. Aber auf jeden Fall war das ein Thema, über das er problemlos mit Nina reden konnte, ein Anknüpfungspunkt. Vermutlich hatte Nina mehr den Künstler in Dave geliebt als den Mann. Und mehr noch den Musiker als den Maler. Den ehemaligen pianistischen Meisterschüler, der ihr vor zwei Jahren zu ihrem sechzigsten Geburtstag von London aus den ersten Satz der Pathétique durchs Telefon vorgespielt hatte. Damals war sie von ihm zu Dave übergelaufen. Der originelle musikalische Geburtstagsgruß war nicht der Grund, aber der Auslöser gewesen. Der Grund, das war er, sein, wie sie es genannt hatte, Senioren-Machismus. Er hatte neben ihr immer noch andere Liebschaften gehabt, ohne es vor ihr zu verbergen, stets mit dem Argument, daß sie nicht verheiratet seien und er nach zwei gescheiterten Ehen nicht mehr verheiratet sein wolle. Er hatte immer wieder die Distanz gesucht. Sie schien das akzeptiert zu haben, doch es hatte ihr nicht entsprochen, obwohl er umgekehrt bereit gewesen war, ihre allmählich unübersehbare Zuneigung zu Dave hinzunehmen.

Sie hatten Dave bei einer gemeinsamen Reise zu den Bahamas kennengelernt, wo er in Nassau auf New Providence seit Jahren von der Hand in den Mund lebte, indem er für Touristen stark farbige Genreszenen und Landschaftsbilder und gelegentlich auch Porträts malte, denen man sein großes Talent und seinen eigenwilligen Blick immer ansah, auch wenn er durch die geringen Preise, die er für seine Bilder erzielte, ganz gegen seine Vorstellungen von meditativer Sorgfalt und handwerklicher Geduld in der Regel zur Eile gezwungen war. Dave war vor einem Jahrzehnt aus Abscheu und Protest gegen den auf dem europäischen Kunstmarkt ausgebrochenen »Wettstreit der Formlosigkeiten und Primitivitäten«, über den er sich immer noch erregte, aber auch aus finanziellen und gesundheitlichen Gründen auf die Bahamas ausgewandert und saß nun dort ohne künstlerische Perspektive fest, weil er kein Geld für die Rückkehr hatte. Nina, die als Witwe eines reichen Mannes über ein Vermögen verfügte, war durch die Existenz und das Talent des romantischen Außenseiters so fasziniert gewesen, daß sie sich entschlossen hatte, nicht nur Daves ersehnte Rückkehr nach Europa, sondern auch seine gesellschaftliche Eingliederung und den Start in ein neues Leben zu finanzieren. Und sie war es auch gewesen, die die neuen Kontakte für ihn knüpfte. Nina war eine geborene Retterin, die dazu neigte, alle Männer zu ihren Söhnen zu machen. So mochte es ihr entgegengekommen sein, daß Dave elf Jahre jünger war als sie, während er selbst vierzehn Jahre älter war, obwohl in der Sexualität, wie er sie mit ihr erlebt hatte, diese Unterschiede verschwammen.

Er hatte ihren Brief schon dreimal gelesen. Ihre Trauer war dabei für sein Empfinden von Mal zu Mal mehr zurückgetreten und in Formeln erstarrt. Im Vordergrund stand ihre Darstellung der Beerdigung, die unter erstaunlich großer Beteiligung stattgefunden hatte, als hätte Dave sein ganzes Leben in Cardiff verbracht oder als wäre eine Bestattung ein unterhaltsames Schauspiel, an dem immer viele Menschen teilnahmen, die den Verstorbenen nicht gekannt hatten. Auch in den rituellen Handlungen, die der Priester vollzog, hatte eine archaische, nichts verschleiernde Sachlichkeit geherrscht. Der Sarg war ein schlichter Holzkasten gewesen, der sichtlich zum Verfall bestimmt war. Eine Messingplatte mit Daves eingraviertem Namen und seinen Lebensdaten, die man, anscheinend nach walisischer Sitte, auf den Sargdeckel geschraubt hatte, dokumentierte in amtlicher Endgültigkeit, daß in dem Kasten ein Leichnam lag.

War Dave eigentlich sein Freund gewesen? Sie hatten sich oft über Kunst unterhalten, und er hatte seine Bilder geschätzt. Doch Freundschaft konnte man das wohl nicht nennen. Es sei denn, man verstand »Freundschaft« als ein so weiträumiges, undefinierbares Wort wie »Liebe«. Das war zwar üblich, aber er hatte es deshalb nie benutzt, nicht einmal in Gedanken. Und nun wurde alles, was damit zusammenhing, beiseite gedrängt durch andere, nicht vertreibbare Phantasien. Er dachte an Ninas warme üppige Weiblichkeit, in deren Schutz und mit deren Hilfe Dave seinen unerwarteten Aufschwung genommen hatte. Ninas lebensspendende Arme waren jetzt leer. War es abwegig anzunehmen, daß sie sich schon vorsichtig nach ihm ausstreckten? Ich bin es ja nicht, der gestorben ist, dachte er.

Doch es war noch keine zwei Wochen her, daß er nachts von einem Schmerz in seiner Brust geweckt worden war, der sich durch nichts beschwichtigen ließ, so daß er schließlich den Notarzt gerufen hatte. Mit Blaulicht und Sirene war er in die Klinik gefahren worden, wo er auf einem Bett, vorbei an im Gang wartenden Patienten, zu einer Schnelluntersuchung in einen Raum der Ambulanz gerollt wurde. Von dort war er einige Stockwerke höher in die Intensivstation gebracht worden, einen großen, dunklen, von Notlampen trübe erleuchteten Raum, in dem, vielleicht zur Verschleierung erschreckender Tatbestände, die an den Wänden aufgereihten Krankenbetten hinter bodenlangen Vorhängen verborgen waren. Auf seinen Wunsch ließ man seinen Vorhang so weit offen, daß er die Mitte des Raumes sehen konnte, wo ab und zu eine Krankenschwester oder ein Pfleger sein Blickfeld kreuzte. Er lag auf dem Rücken, angeschlossen an verschiedene Meßgeräte, über sich einen Monitor, der seinen Herzschlag aufzeichnete und ab und zu ein kurzes Piepsen von sich gab. Hier und da waren befremdliche Geräusche zu hören: ein leises Stöhnen oder ein kraftloses Husten und lange Zeit das Röcheln eines schwerverschleimten Menschen, der gegen sein Ersticken ankämpfte. Das Bett dieses Kranken war nicht weit von seinem Bett entfernt, was ihm das Gefühl einer unerlaubten, geradezu obszönen Zeugenschaft gab. Nach einiger Zeit hörte er dort die Stimme des Arztes, der zu jemandem sagte: »Den müssen wir mal absaugen.« Der Kranke schien nicht bei Bewußtsein zu sein. Nur das breiige Brodeln in seinen Bronchien war zu hören. Dann eine andere energische Stimme, die den Kranken weckte, um ihm zu erklären, was mit ihm geschehen sollte. Es kamen nur unverständliche Laute, und nach einer Pause war mehrfach ein langgezogenes gräßliches Schlürfen zu hören. Danach war das Atmen hinter dem Vorhang ruhiger geworden, aber einzelne Atemzüge kämpften schon wieder mit neuem Schleim.

Der Arzt war dann zu ihm gekommen, hatte nach seinem Befinden gefragt und einen Blick auf den Monitor geworfen.

»Sie haben Glück gehabt«, sagte er. »Es ist kein ausgewachsener Infarkt. Aber Genaues können wir erst sagen, wenn wir Sie katheterisiert haben.«

»Wann wird das sein?« hatte er gefragt.

»Kann ich nicht sagen«, hatte der Arzt geantwortet. »Wir müssen Sie erst vorbereiten. Vielleicht aber schon heute. Der Chef will Sie auch erst sehen.«

Ach ja, heute, hatte er gedacht. In wenigen Stunden wurde es ja schon Tag.

Als der Arzt gegangen war und ihn sich selbst und seinen Gedanken überlassen hatte, war er von der Verwunderung erfaßt worden, hier zu sein, fortgerissen aus seinem Leben, von dem ihn plötzlich seit wenigen Stunden ein tiefer, dunkler Graben trennte. Er befand sich jetzt auf der anderen Seite, von der man nicht mehr aus eigenen Kräften fortkonnte, so verkabelt, um nicht zu sagen gefesselt, wie er war. Er mußte jetzt Geduld haben. Und das Beste, was er tun konnte, war, alles zu beobachten. Immerhin war er vierundsiebzig Jahre alt und mußte eine Lektion nachholen, mit der er nicht gerechnet hatte. Gut, er war dazu bereit. Das hieß aber nicht, daß er sich mit den unsichtbaren Patienten hinter den Vorhängen identifizierte. Er hatte die Nachtschwester gleich darum gebeten, seinen Vorhang nicht zuzuziehen.

DAS VERSCHWINDEN | (2003)

Als sie ausgestiegen war und die Leute einzeln oder in Gruppen auf das zwischen alten Bäumen breit hingelagerte Gebäude zugehen sah, hatte sie den Impuls, wieder einzusteigen und nach Hause zu fahren. Statt dessen schloß sie die Tür ihres verschmutzten kleinen Autos ab, das sie in gleichem Maße liebte wie vernachlässigte, und ging wie die anderen auf das Portal des Gebäudes zu, das einmal ein schloßähnlicher Herrensitz gewesen war und nun für Empfänge, Partys und Wochenendveranstaltungen genutzt wurde. Obwohl sie den Gastgeber, einen Kunsthändler und Galeristen, flüchtig kannte, war die Einladung zu dieser Party für sie eine Überraschung gewesen, denn seit vor drei Jahren ihr erster Lyrikband erschienen war, für den sie zwei Preise bekommen hatte, war öffentlich nicht mehr von ihr die Rede gewesen. Sie hatte vom Übersetzen zahlreicher mittelmäßiger, auch trivialer Romane gelebt und ab und zu in kleinen abgelegenen Literaturzeitschriften und Anthologien Gedichte veröffentlicht, die kaum bemerkt worden waren. Einladungen zu sogenannten Workshops oder Wochenendseminaren, zusammen mit anderen Lyrikern und Kritikern, hatte sie abgelehnt, seitdem sie einmal an einer solchen Veranstaltung teilgenommen hatte, die sie aus Widerwillen gegen den intellektuellen Jargon, mit dem dort über Gedichte geredet wurde, vorzeitig wieder verließ. Mit einem Gefühl von Trotz und Stolz hatte sie sich über die Tatsache hinweggesetzt, daß die Teilnahme an solchen Seminaren auch ein Zugang zu Stipendien war. Danach war die Stille eingetreten, die ihr Leben bestimmte, eine von einsamer Arbeit erfüllte Eintönigkeit der Wochen und Monate, die sie als Einfachheit und Klarheit zu schätzen gelernt hatte. Allein zu sein empfand sie auch als Schutz. Wenn sie einen Ausgleich brauchte, setzte sie sich in ihr kleines Auto und fuhr weg, manchmal nach Italien, manchmal an die See.

Das Fahren in dem engen Gehäuse, vor allem nachts, wenn die Autobahnen leer waren, gab ihr ein berauschendes Gefühl von Unabhängigkeit. Sie stellte sich dann manchmal vor, sie wäre auf der Flucht aus einem falsch gelaufenen Leben in ein anderes, zweites, noch unbekanntes Leben anderswo.

War sie eigentlich menschenscheu geworden? Nein, das glaubte sie nicht. Sie war nur längere Zeit nicht mehr in Gesellschaft vieler Menschen gewesen, und in ihr hatte sich eine Schwelle aufgebaut, die sie überschreiten mußte. Auch wenn hier niemand auf sie wartete – es war ein Auftritt, auf den sie sich vorbereitet hatte. Sie war gut vorbereitet. Sie hatte das tomatenrote Seidenkostüm angezogen, das sie bei einer Ausstellung von restlichen Designerstücken in einer Seidengalerie erworben hatte; ein günstiger Gelegenheitskauf, aber immer noch viel zu teuer für sie. Sie hatte es unbedingt haben wollen, als sie es anprobierte und sich im Spiegel erblickte. Gebannt hatte sie sich angeschaut. Wie ganz anders sie dastand! Sie hatte einen Fuß vorgesetzt, als käme sie auf sich zu: eine fremde Frau, die sie selbst war, ihr eigenes Idol. Das Kostüm paßte nicht zu ihrer gesellschaftlichen Stellung, aber zu ihr selbst schon. Vor allem zu ihr. Ja, sie liebte sich genug, um es haben zu wollen. Es war ihr's. Es hatte dann erst einmal lange im Schrank gehangen, weil sich ihr keine Gelegenheit bot, es anzuziehen. Aber als die Einladung zu dieser Party gekommen war, hatte sie als erstes die Schranktür geöffnet und das auf einem Bügel hängende Kostüm herausgenommen und angeschaut. Und jetzt trug sie es. Es umgab sie wie ein Schutz, eine Herausforderung, ein Leuchten.

In der Vorhalle, wo der Gastgeber die hereinkommenden Leute begrüßte, herrschte Gedränge. Manche gingen gleich weiter, wenn sie sahen, daß er im Gespräch war. Aber sie wartete einen Augenblick und trat auf ihn zu. Aus der Nähe sah sie, daß er sich in den letzten Jahren deutlich verändert hatte. Das Gesicht wirkte aufgeschwemmt, die Haare grauer. Er lächelte. Aber sie sah seinen Augen an, daß er sie nicht erkannte.

»Ich möchte mich bei Ihnen für die freundliche Einladung bedanken«, sagte sie. »Sie erinnern sich sicher nicht so genau?«

»Doch, doch, optisch auf jeden Fall.«

»Ich bin Bea Wißkirchen«, sagte sie. »Vor drei Jahren habe ich aushilfsweise in Ihrer Galerie gearbeitet. Damals ist gerade mein erster Gedichtband erschienen.«

»Ach, natürlich!« rief er aus. »Bea, die Dichterin, natürlich! Das freut mich aber! Sie sehen großartig aus.«

»Danke«, sagte sie. Und obwohl sie wußte, daß es ihn nicht interessierte, weil er ohnehin nicht las, fügte sie noch hinzu: »Gerade ist mein zweiter Gedichtband erschienen. Im übrigen übersetze ich.«

»Großartig!« sagte er. »Das müssen Sie mir nachher genauer erzählen. Ich hoffe, wir sehen uns noch.« Damit war sie entlassen.

Einige Schritte weiter traf sie auf einen Journalisten, den sie früher einige Male bei ähnlichen Anlässen getroffen hatte. Gegenseitig erinnerten sie sich daran, wann und wo das gewesen war. Dann ließen sie voneinander ab. Zu ihrem neuen Gedichtband hatte er nichts gesagt: nur eine neue Bestätigung, daß das Buch trotz ihrer Lesung im Rundfunk nicht bekannt geworden war. Nun gut, es war noch nicht lange auf dem Markt. Sie mußte warten, sich als Person in Erinnerung bringen. Deshalb war sie ja hier. Getränke wurden herumgereicht. Sie nahm sich ein Glas Sekt, fand es dann aber unangenehm, einsam mit einem Glas in der Hand irgendwo herumzustehen, während ringsum alle sich zu kennen schienen. Alle wirkten so selbstverständlich, als wären sie auf ihrem angestammten Platz.

Sie ging weiter durch die Raumflucht in den Terrassensaal auf der Parkseite des Hauses, in dem laut Programm gleich ein als Klangduett bezeichnetes Konzert eines Pianisten und eines Vibraphonisten stattfinden sollte. Die beiden Musiker sortierten gerade ihre Notenblätter. Der aufgeklappte schwarze Flügel und das daneben aufgebaute Vibraphon, das mit seinen silbernen Klangröhren wie eine in einen Tisch verwandelte Orgel aussah, waren von Deckenstrahlern beleuchtet. Den Instrumenten gegenüber waren im Halbkreis mehrere Stuhlreihen aufgestellt. Bis auf einzelne Plätze waren die langen Reihen schon besetzt, und sie hatte keine Lust, sich an den Leuten vorbeizuschieben. Aber auf der Treppe, die zu der Galerie im ersten Stock hinaufführte, lagen einige unbenutzte Sitzkissen. Das war nicht gerade komfortabel, aber es entsprach ihrem Bedürfnis nach Überblick und Distanz. Ich bleib ja nicht lange, dachte sie. Nach ihr kam ein Mann in einem dunklen Anzug die Treppe hoch, warf einen prüfenden Blick auf sie, grüßte mit einer angedeuteten Verbeugung und nahm schräg vor ihr Platz. Er war ziemlich groß, aber da er zwei Stufen tiefer saß, nahm er ihr nicht die Sicht. Er hatte einen steilen, flachen Hinterkopf und ungewöhnlich große Ohren. Sein Gesicht hatte sie sich nicht merken können, weil sie nur kurz aufgeblickt hatte, als er sie grüßte. Es war jedenfalls kein alter Bekannter. Sein stummer Gruß hatte bedeutet: Guten Tag. Wenn Sie nichts dagegen haben, setze ich mich in Ihre Nähe. Fühlen Sie sich bitte nicht gestört. – Es waren nur seine großen lappigen Ohren, die sie störten. Aber sie mußte ja nicht hinschauen.

Irgend etwas verzögerte sich. Seit einigen Minuten saßen die Musiker an ihren Instrumenten. Beide hatten sie ihre Köpfe gesenkt, als sammelten sie sich oder übten sich in Geduld. Es war ein Augenblick der Lähmung, die auch das Publikum ergriffen hatte. Dann kam der Hausherr mit einem verspäteten Gast herein. Sie glaubte, den Mann aus Presse und Fernsehen zu kennen, kam aber nicht auf den Namen. Erst als ihn der Hausherr in die erste Stuhlreihe komplimentierte, wo er mit dem Ausdruck freudiger Überraschung neben sich und in der zweiten Reihe einige Leute begrüßte, bevor er sich setzte, fiel ihr ein, wer dort mit der ganzen Sicherheit und Selbstverständlichkeit seiner Prominenz erschienen war. Es handelte sich um Heinrich-Johannes Bühl, einen bekannten Analytiker und Therapeuten, der bei Diskussionen von gesellschaftlichem Belang in allen Medien ein gefragter Gesprächspartner war. Natürlich kannte sie ihn. Wer kannte ihn nicht!

Von ihrem Platz aus konnte sie ihn gut beobachten. Sein borstiger silbergrauer Haarschopf leuchtete in der ersten Reihe. Er hatte jetzt die Haltung eines konzentrierten Zuhörers eingenommen, das Zeichen für die Musiker, aus ihrer Trance zu erwachen und zu beginnen.

Das Konzert bestand laut Ankündigung aus acht Vortragsstücken mit poetischen Titeln wie »Die Farbe des Sommers« oder »Eisblumenstimmen«, lauter rhythmisierte Klangphantasien, die wellenartig durch den Raum zogen. Der Pianist gab das Thema vor, und der Vibraphonist antwortete ihm. Er hatte zwei Schlegel in jeder Hand, die über die ganze Skala seiner Klangbretter tanzten, während der Flügel in den tieferen Dimensionen den Klangfluten ein rhythmisches Fundament baute und dann wieder für eine Weile die Oberhand übernahm. Manchmal trafen sich die beiden Instrumente für einige Takte in einem schlagartigen Doppelklang, wonach sie, gegeneinander versetzt, wieder leise begannen.

Nach dem vierten Stück gab es eine Pause. Anfangs war sie unsicher gewesen, wie sie das Konzert finden solle, hatte sich aber vom Beifall des Publikums und dem eifrigen Klatschen des prominenten Gastes überzeugen lassen, daß es eine ungewöhnliche künstlerische Darbietung sei. Nur der Mann, der schräg vor ihr auf der Treppe saß, hatte sich mit Beifall zurückgehalten. Das hatte sie erneut unsicher gemacht. Und als er zu Beginn der Pause aufstand und ihre Blicke sich begegneten, hatte sie ihn angesprochen.

»Eine interessante Kombination von Instrumenten«, hatte sie gesagt.

»Ein bißchen modisch«, hatte er geantwortet. »Aber passend für diese Gelegenheit.«

»Ihnen hat es wohl nicht gefallen?«

»Ich fand es etwas überdröhnt. Zu viel Legato und Ostinato.«

»Sind Sie Musiker?« fragte sie.

»Leider nicht. Nur ein Klavier spielender Anwalt.«

»Das ist doch auch nicht schlecht«, lächelte sie. »Ich bin eine CD-spielende Übersetzerin.«

Jetzt sah er sie neugierig an. Sie hatte das Gefühl, daß sie jetzt für ihn in einem Rahmen stand, der ihn nötigte, sich ein genaueres Bild von ihr zu machen. Er wollte wissen, was sie übersetze.

»Romane, Romane, Romane«, sagte sie, »neuerdings manchmal auch Kriminalromane.«

»Interessant«, sagte er. »Vielleicht brauchen Sie gelegentlich mal die Beratung eines Anwalts?«

»Kann durchaus sein«, sagte sie.

Er zögerte einen Augenblick. Anscheinend war er unsicher, wie ernst sie es gemeint hatte. Dann entschloß er sich und reichte ihr seine Karte. Dr. Reinhard Klenze, Rechtsanwalt, las sie. Darunter die Anschrift seiner Kanzlei und seine Privatadresse.

»Danke«, sagte sie. »Ich habe leider keine Karte.«

»Vielleicht verraten Sie mir Ihren Namen. Müßte ich ihn kennen?«

Sie erstarrte wie unter einem unerwarteten kalten Guß. Warum hatte er ihr diese dreiste, trampelige Frage gestellt? Wollte er sie nötigen, ihre Belanglosigkeit zu bekennen?

»Nein, müssen Sie nicht«, sagte sie schroff.

Er sah jetzt verunsichert aus. Auch ihr Gesicht hatte sich spürbar verändert. Es fühlte sich verkrampft an, so daß sie am liebsten weggeblickt hätte. Um die Situation zu beenden, doch noch immer wütend und mit sich selbst zerfallen, sagte sie: »Ich heiße Bea Wißkirchen. Aber das können Sie gleich wieder vergessen.«

»Warum sollte ich?« fragte er.

Sie zuckte die Achseln. »Weiß ich nicht. Ich verstehe Ihre Frage nicht. Ich erwarte nicht, daß Sie meinen Namen kennen. Das ist alles.«

Erschrocken über die Blöße, die sie sich gab, blickte sie an ihm vorbei, in den Saal hinunter.

»Ich glaube, es geht gleich weiter«, sagte sie.

Automatisch schaute er sich nach den Musikern um, die sich wieder zu ihren Instrumenten begaben. Dann sah er sie wieder an – aufgestört und besorgt, in der steifen, respektvollen Haltung, mit der er sie begrüßt hatte, als er die Treppe hochgekommen war.

»Ich habe mich sehr dumm geäußert. Entschuldigen Sie bitte.«

»Ach was«, sagte sie, »es ist alles in Ordnung. Vergessen Sie's.«

Ganz gegen ihre Absicht klang immer noch Ärger in ihrer Stimme, und sie war sich ihres veränderten Aussehens bewußt, so daß sie wieder an ihm vorbei in den Saal hinunterblickte, wo der Pianist, am Flügel sitzend, in seine Noten schaute und behutsam ein Blatt umwendete. Die kleine Bewegung schien ihr im Augenblick das einzig Wirkliche zu sein. Doch sie spielte sich in einer bühnenhaft entrückten Welt ab, mit der sie nichts verband. Klenze hatte sich inzwischen wieder, zwei Stufen unter ihr, auf sein Kissen gesetzt. Sie sah seinen Nacken, den steilen Hinterkopf, das stellenweise schon schüttere aschblonde Haar und im spitzen Winkel das rechte seiner großen Ohren, eine Ansammlung von Einzelheiten, die sich nicht zu einer Person zusammenfügten. Dann merkte sie, daß sie seine Visitenkarte noch in der Hand hielt und zerknickt hatte, und unterdrückte ihren Impuls, sie einfach auf die Treppe zu legen. Warum war sie überhaupt hergekommen? Was für sinnlose Erwartungen hatte sie eigentlich gehabt? Etwas hatte heute nicht mit ihr gestimmt, von Anfang an.

Unten rauschte der Beifall auf, der den zweiten Teil des Konzerts einleitete. Die Musik kam ihr jetzt genauso vor, wie Klenze sie charakterisiert hatte: überschwemmend und überdröhnend. Nach jedem Stück rauschte in theaterhaftem Mechanismus der Beifall auf, wohl auch als Dank an den Gastgeber, der die Musiker engagiert hatte. Sie hielt Ausschau, wie es der prominente Gast in der ersten Reihe mit dem Beifall hielt, und sah befremdet, wie er sich steigerte und nach dem letzten Stück seine heftig klatschenden Hände den Musikern entgegenstreckte, als wollte er ihnen seine Zustimmung persönlich überreichen. Aber es sah auch so aus, als bettelte er um ihre Aufmerksamkeit. Und tatsächlich verbeugten sie sich vor ihm. Er klatschte, er klatschte. Der Mann wollte offensichtlich von jedem geliebt werden. Wahrscheinlich machte das seinen gesellschaftlichen Erfolg aus. Vermutlich war es eine zur Natur gewordene Routine. Wie auch immer: Sie mochte es nicht. Die Musiker spielten noch einen Tango als Zugabe. Danach löste sich die Gesellschaft wieder in einzelne Gruppen auf. Klenze war gleichzeitig mit ihr aufgestanden und wandte sich ihr zu.

»Jetzt wird im Nebenraum das Buffet eröffnet«, sagte er.

Das war sein indirekter Vorschlag, sie dorthin zu begleiten. Sie dachte, daß sie darauf eingehen sollte. Aber in ihr zog sich ein Vorhang zu. Nein, sie hatte keine Lust. Sie fühlte sich falsch hier. Alles war falsch. Doch wenigstens konnte sie liebenswürdig antworten: Sie könne leider nicht länger bleiben, weil zu Hause zwei Übersetzungen auf sie warteten, die schon überfällig seien. Eigentlich hätte sie gar nicht herkommen dürfen.

Das war nicht einmal gelogen. Doch im Grunde war sie noch unschlüssig und hörte sich von ferne in geläufiger Formelhaftigkeit schon eine Absage formulieren. Nun mußte sie wirklich gehen. Klenze versuchte auch nicht, sie davon abzubringen. Sie waren am Fuß der Treppe angekommen, und mit der gleichen angedeuteten Verbeugung, mit der er sie begrüßt hatte, sagte er: »Ich würde mich freuen, wieder von Ihnen zu hören. Sie haben ja meine Karte.«

Noch einmal begegneten sich flüchtig ihre Augen, und wie bei einer Kontrolle tastete sie in der engen Seitentasche ihrer Kostümjacke nach der zerknitterten Karte.

»Ja, hab ich«, sagte sie und schickte ein vages Lächeln hinterher.

Ihr blieb das Gefühl eines Fehlschlags, als sie ging. Ein Gefühl, das sie ärgerte, weil es sinnlos war und sich trotzdem nicht vertreiben ließ. Den Gastgeber konnte sie nirgendwo erblicken. Aber sie mußte sich auch nicht verabschieden. Er würde sie nicht vermissen. In der Vorhalle kam sie an dem prominenten Gast vorbei, der von mehreren Leuten umringt war. Sich selbst sah sie wie in einer kurzen trickhaften Filmszene hereinkommen und wieder weggehen, als wäre es eine einzige Bewegung gewesen.

Es dämmerte schon, als sie zu Hause ankam und ihre Wohnungstür aufschloß. Drinnen empfing sie stickige Stille und eine tiefgraue Dunkelheit, in der alle Gegenstände verschwommen und unverläßlich aussahen, wie von fremder Hand für ihre Heimkehr zu einem Bild oberflächlicher Bekanntheit zurechtgerückt. Hier bin ich wieder, dachte sie und tastete nach dem Lichtschalter. Und ja, da im Flurspiegel stand sie, die Frau in dem tomatenroten Seidenkostüm, die vor zwei Stunden mit unbestimmten, abwegigen Erwartungen hier aufgebrochen war und nun belehrt zurückkehrte. Das erste, was sie jetzt tun wollte, war, dieses Bild demontieren und sich ihre Alltagskleider anziehen. Außerdem hatte sie Hunger.

Mit einem Wurstbrot in der Hand ging sie in ihr Arbeitszimmer, wo nebeneinander der aufgeschlagene Roman und unter einem von der Ostsee mitgebrachten Feuerstein ihre angefangene Übersetzung lagen. Kauend schaltete sie den Computer an und suchte in dem Buch die markierte Textstelle, bei der sie angelangt war. Noch im Stehen tippte sie einen ersten Satz, zog dann ihren Stuhl heran und setzte ihre Arbeit fort.

Es war fast Mitternacht, als sie aufhörte. Ihr Tagespensum hatte sie geschafft.

Vier Tage danach fand sie in ihrem Briefkasten einen auffälligen querformatigen Umschlag, auf dem in einer großen, schwungvollen Schrift ihr Name stand. Auf seiner Rückseite trug er in geschwungener Schmuckschrift nur die gedruckten Buchstaben HJB. Es schoß ihr durch den Kopf, daß dies Heinrich-Johannes Bühl heißen könnte. Und obwohl es im Augenblick nichts gab, was ihr unwahrscheinlicher erschien, bestätigte es sich, als sie in der Küche das feste, dicke Papier des Umschlags mit einem Messer aufschlitzte und im Briefkopf seinen Namen las.

Er schrieb, er habe leider erst nachträglich erfahren, daß sie am vergangenen Sonnabend auf derselben Party wie er gewesen sei. Er bedauere sehr, diese einmalige Gelegenheit, sie kennenzulernen, verpaßt zu haben, denn seit Jahren sei er ein Bewunderer ihrer Gedichte. Er habe sie zwar gesehen, als sie nach dem Konzert die Party verlassen habe, und sich gleich nach ihr erkundigt, aber da sei es leider zu spät gewesen, sie anzusprechen. Anknüpfungspunkte hätte es genug gegeben. Vor kurzem habe er, ebenfalls zufällig, ihre warme, lebendige Stimme im Radio gehört, als sie neue Gedichte vorgelesen habe. Das habe seine alte Faszination vertieft, und er hoffe deshalb sehr, daß er sie dafür gewinnen könne, die versäumte Begegnung irgendwann nachzuholen. Sie solle sich aber keinesfalls von ihm bedrängt fühlen, denn er habe volles Verständnis dafür, wenn sie Begegnungen mit ihren Lesern nicht wolle. Wenn sie sich aber mit dem Gedanken befreunden könne, bitte er sie um eine kurze Mitteilung, wann er sie anrufen dürfe, um Zeitpunkt und Ort eines möglichen Treffens mit ihr zu verabreden. Den neuen Gedichtband habe er heute schon bei seinem Buchhändler bestellt. Er werde ihn morgen bekommen und lesen, in der Vorstellung, wieder ihre Stimme zu hören.

Unter dem Brief standen, etwas abgesetzt, ein kurzer Gruß und sein Name.

Sie fand diesen Brief, trotz seiner geradezu zeremoniellen Höflichkeit, außerordentlich bedrängend und legte ihn zur Abkühlung, wie sie sich sagte, erst einmal für einige Tage beiseite. Schließlich aber siegten die Neugier und ihre geschmeichelte Eitelkeit. Sie teilte Bühl ihre Telefonnummer mit und bat ihn um einen Anruf in den nächsten Tagen, am besten am späten Nachmittag. Als ihr Telefon zur entsprechenden Zeit läutete, zögerte sie abzuheben, denn inzwischen hatte sie Bühls Brief noch zweimal gelesen und ein seltsames Gefühl von Unwirklichkeit gehabt. Aber das war wohl ein Ausdruck ihrer Hemmung, die sie manchmal überkam, wenn sie aus ihrer Einsiedlerexistenz heraus Kontakt zu fremden Menschen aufnehmen mußte. Erst nach dem fünften Läuten hob sie ab.

»Ja?« sagte sie.

Eine sanfte Männerstimme antwortete: »Oh, das klingt aber defensiv. Hier spricht Heinrich-Johannes Bühl. Habe ich Sie gestört?«

»Nein, nein«, sagte sie. »Ich hab Ihren Anruf erwartet. Aber ich bekomme manchmal unangenehme Anrufe. Deshalb bin ich vorsichtig.«

»Das verstehe ich gut«, sagte er. »Ich hoffe, mein Anruf zählt nicht zu dieser Kategorie.«

»Natürlich nicht«, antwortete sie, in dem Gefühl, daß sie ausführlicher hätte antworten sollen, lockerer und entgegenkommender. Aber sie brachte nur noch ein »Absolut nicht« heraus.

Sanft und beruhigend kam er ihr entgegen. »Anfangs ist es immer ein bißchen schwierig, solange man sich noch völlig fremd gegenübersteht.«

»Aber ich kenne Sie ja. Das heißt, ich weiß, wer Sie sind. Und ich hab Sie vor ein paar Tagen ja auch gesehen.«

»Ich Sie übrigens auch«, sagte er. »Allerdings ohne es zu wissen. Erst nachträglich habe ich mir sagen lassen, wer die Dame in dem roten Kostüm war, die so früh gegangen ist.«

Er machte eine Pause, in der sie sich undeutlich und flüchtig sah, wie sie sich von Klenze verabschiedete und die Party verließ, verfolgt von Bühls Blick, den sie aber nicht bemerkt hatte. Dann fügte er hinzu: »Ihre Gedichte kenne ich ja schon lange.«

»Und? Paßt es zusammen?« fragte sie.

»Nicht auf einfache Weise. Und nicht auf den ersten Blick. Aber das finde ich interessant. Und gerade das ist glaubhaft.«

»Danke«, sagte sie.

»Ich danke Ihnen«, antwortete er. »Ich hab mich riesig gefreut über Ihren Brief, mit dem Sie mir die Tür aufgemacht haben. So habe ich es jedenfalls verstanden. Ich hoffe, das war nicht falsch.«

»Nein, natürlich nicht. Ich würde Sie auch gerne kennenlernen.«

Das war eine steife und eigentlich überflüssige Versicherung. Doch irgend etwas in seiner Art zu reden, vielleicht eine gewisse geschmeidige Formelhaftigkeit, forderte sie dazu heraus.

Sie verabredeten, daß er sie am kommenden Samstag um 18.30 Uhr besuchen werde, um anschließend mit ihr zum Essen zu gehen.

DER RÜCKZUG | (2004)

Er hatte damit gerechnet, lange warten zu müssen, aber als er in das Wartezimmer kam, saß da nur ein einziger Patient. Er grüßte ihn kurz, während er seine Überjacke an die Garderobe neben der Tür hängte, und der andere grüßte höflich zurück und schaute gleich wieder vor sich hin, wie auch er es tat, als er sich auf einen der an den Wänden aufgereihten Stühle setzte. Das Wartezimmer war ein schlauchartiger Raum, der ungefähr in gleicher Breite von einem rechteckigen Fenster mit heruntergelassener Jalousie abgeschlossen wurde. Die weißen Lamellen waren hochgeklappt und ließen ein sanftes, kontrolliertes Licht herein. Zwischen den beiden Stuhlreihen war nicht viel mehr als zwei Meter Platz, und schon das begründete ihr stummes Einvernehmen, sich gegenseitig zu ignorieren.

Die Praxis des Augenarztes befand sich im dritten Stock, und von unten drangen wie eine ständige Dünung verschwommene Straßengeräusche herauf, was den Eindruck der Stille des Raumes verstärkte. Zwei oder drei Wartende mehr hätten den Raum beherrscht, auch wenn sie geschwiegen hätten, während sie beide, die weit voneinander entfernt saßen und mit entgegengesetzter Blickrichtung auf die cremeweißen Wände schauten, zu Bestandteilen des Raumes geworden waren, darauf angewiesen, daß jemand kam, der sie aus ihrer Passivität erlöste.

Es ist wie ein Bild von Edward Hopper, dachte er: reglose Menschen, eingeschlossen in einem fremden Raum. Sie saßen in einem typischen Hopper-Bild. Der Einfall gefiel ihm, doch er konnte ihn nicht festhalten, weil ihm schräg gegenüber ein Bild hing, dessen malerische Simplizität ihn belästigte. Es zeigte acht in zwei Reihen angeordnete Herzen, in der üblichen schematischen Dreiecksform, unten spitz zulaufend, oben eingekerbt mit zwei runden Schultern. Lächerliche Lebkuchenherzen, jedes mit einer anderen leuchtenden Farbe angemalt, bis auf ein graues, das in dem verwischten grauen Hintergrund des Bildes zu verschwinden drohte. Das war offensichtlich die Bildidee, über die man nachdenken sollte. Er verspürte nicht die geringste Lust dazu und erwog, eine der bereitliegenden Illustrierten durchzublättern. Es waren wahrscheinlich die gleichen, die er aus anderen Arztpraxen kannte: die gleichen Berichte über Adelshochzeiten, die gleichen Geschichten über das Liebesleben berühmter Models, Filmstars und Popmusiker. Meistens las er die Horoskope. Obwohl er nicht an sie glaubte, probierte er die wechselnden Charakterbilder wie unterschiedliche Kostüme an sich aus. War er das? Konnte er so sein? Wer war er überhaupt? Nichts Bestimmtes, nichts Bedeutendes, eine formlose Knetmasse beliebiger, unverwirklichter Möglichkeiten. Fast alles, was er las, paßte auf ihn, allerdings nur ungefähr. Das lag wohl an ihm selbst. Er war nicht ausgeprägt genug, befand sich nicht mehr in ausgeprägten Situationen.

Noch immer starrte er widerwillig auf das Bild vor ihm an der Wand und entzifferte die blassen Schriftzüge über den ausgemalten Herzen, die er erst jetzt bemerkt hatte. Über dem roten Herzen stand »rot«, »grün« über dem grünen. Die übrigen Bezeichnungen, die er nicht lesen konnte, erschlossen sich von selbst. Mediale Verdopplung als Ironie, dachte er, und einen Augenblick lang war er bereit, dem Bild eine künstlerische Qualität zuzubilligen. Doch es waren nur billige Tricks, auf die er nicht hereinfallen durfte.

Wahrscheinlich handelte es sich um Laienmalerei oder deren ironische Imitation. Man konnte das oft nicht mehr unterscheiden. Kein Mensch konnte noch sagen, was Kunst war und was nicht. Auch er nicht, obwohl er Anfang der fünfziger Jahre einige Semester Kunstgeschichte studiert hatte. Das waren andere Zeiten mit einer anderen Kunstauffassung. Er erinnerte sich an eine Abendvorlesung im ersten Semester über »Das Bild des Menschen in der Kunst der Gegenwart«, die vom Expressionismus bis zu Picasso reichte. Sie fand im größten Hörsaal der Universität statt und war völlig überlaufen, so daß viele auf dem Fußboden oder in den leeren Fächern der Wandschränke saßen. Der Professor war ein kleiner, buckliger Mann, der mit einem schwelgerischen Tonfall über die Bilder sprach, die der Projektor schräg hinter ihm auf die Leinwand warf. Er war so klein, daß er auf eine extra für ihn bereitgestellte Fußbank steigen mußte, damit er das Katheder überragte und für alle im Saal sichtbar war. Einmal, als er sich nach einer Projektion umdrehte und mit einer seiner berühmten Bilderklärungen begann, war anscheinend das Podest umgekippt, oder er war im Eifer seines Vortrags mit einem Fuß daneben getreten. Und als hätte eine unsichtbare Instanz befunden, nun wäre es genug und die rhetorische Prachtentfaltung nicht länger zumutbar, war der Redner mitten in seinem Satz, so ruckartig wie eine an einer Schnur von der Bühne gerissene Puppe, mit einem jähen Aufschrei hinter dem Katheder versunken. Seine Assistenten und der an diesen Vortragsabenden stets anwesende Hausmeister waren sofort hingeeilt, aber es dauerte fast drei Minuten, bis der Professor, sichtbar mitgenommen, wieder hinter dem Katheder auftauchte. Alle im Saal klopften Beifall, und der Professor, gewohnt, sich durch Beifall aufbauen zu lassen, hatte seine Fassung wiedergewonnen und weitergemacht.

Er dagegen hatte den Vorfall mit heimlicher Genugtuung als Ausgleich für eine erlittene Demütigung erlebt, denn der Professor hatte ihn im Seminar wegen seiner falschen Aussprache französischer Wörter vor den anderen Studenten lächerlich gemacht. »Das ist ja grauenhaft«, hatte er gestöhnt und allgemeines Gelächter ausgelöst. Von Anfang an hatte er das Gefühl gehabt, daß der Professor ihn nicht mochte und daß es dafür unausgesprochene körperliche Gründe gab. Er selbst war groß und schwer, ein etwas übergewichtiger Athlet, der sich langsam bewegte und trotz seiner dominierenden Erscheinung gehemmt war und sich vor Zuhörern kaum äußern konnte. Da er schon in der Schule ein Außenseiter gewesen war und immer viel, geradezu süchtig gelesen hatte, wußte er meistens mehr als die anderen. Doch er konnte das nicht ausspielen, weil er in den Seminarsitzungen gewöhnlich schwieg. Wenn er gezwungen war zu reden, versetzte er sich in die Zuhörer und hörte in quälender Deutlichkeit die tonlose Heiserkeit seiner Stimme, die immer leiser und undeutlicher wurde, bis er vor lauter entsetzten Gesichtern sich dauernd räuspern und husten mußte. Man brachte ihm ein Glas Wasser, und der Dozent, um Ordnung und Normalität bemüht, übernahm das Gespräch und lenkte die Aufmerksamkeit von ihm ab.

Er war sich seiner Hemmungen vorher nicht bewußt gewesen, denn er hatte während der letzten Schuljahre seine immer stärker werdende Neigung, sich zurückzuziehen, als Ausdruck eines berechtigten Hochmuts gedeutet. Er war der Größte in der Klasse und bei weitem der Belesenste. Darauf hatte er sich gestützt. Erst die Bemerkung des Professors und das Gelächter, das sie auslöste, hatten ihn blockiert. Das zeigte sich mit Verzögerung, als er wieder einmal öffentlich reden mußte und rasendes Herzklopfen bekam, so daß er hörbar nach Luft rang. Von Mal zu Mal wurde es schlimmer. Nun konnte er sich sein Versagen nicht mehr verschleiern und begann schon im voraus darauf zu warten. Er spürte, daß alle darauf warteten und von ihm abrückten. Einmal war der Professor betont freundlich auf ihn zugegangen. Aber er war zu verkrampft gewesen, um angemessen darauf zu reagieren. Ohnmachtsgefühle und Wut hatten sich in ihm aufgestaut und auf alles ausgedehnt. Vor allem verachtete er die vielen Studentinnen, die so offensichtlich um die Gunst des Professors buhlten, entweder weil sie ihn wirklich bewunderten oder weil sie seinen Einfluß für sich nutzen wollten. Ihn dagegen, der mit ihnen in den gleichen Vorlesungen und Seminaren saß und es nicht unterlassen konnte, sie anzustarren, mieden sie wie in stummer Übereinkunft, weil er ihnen entweder langweilig oder sogar unheimlich erschien oder weil sie annahmen, daß es schädlich für das eigene Ansehen sei, häufiger mit ihm zusammen gesehen zu werden. Er erkannte das alles überdeutlich, und es leuchtete ihm sogar ein. Es war logisch, es war die natürliche Ordnung, in der sich alles bewegte. Aber für ihn war darin kein Platz. So war er mitten in der allgemeinen Kollegialität und Betriebsamkeit vereinsamt und hatte nach vier Semestern sein Studium abgebrochen.

Ein Horoskop hatte den Ausschlag gegeben, das ihm geraten hatte: »Sammeln Sie Ihre Kräfte. Wagen Sie einen neuen Anfang.« Diese Worte waren ihm seit vielen Jahrzehnten unverändert im Gedächtnis geblieben, denn sie hatten ihm die verschlossen geglaubte Tür zum Leben aufgestoßen. Er hatte eine Buchhändlerlehre gemacht und eine Anstellung in einer großen renommierten Buchhandlung gefunden. Die Kollegen hatten ihn freundlich aufgenommen. Im Gegensatz zu seinen heimlichen Befürchtungen verlief alles völlig normal.

Drei Jahre später hatte er Edith geheiratet, um die er sich besonders gekümmert hatte, als sie als neue Kollegin in seine Abteilung gekommen war. Sie war eine kleine blasse Person mit mangelnden Literaturkenntnissen, die sich seinem Bedürfnis, sie zu dominieren, nicht widersetzte. Und so paßten sie zueinander, so gegensätzlich sie auch waren: ein ungleiches, aufeinander angewiesenes Paar.

Um sie noch fester an sich zu binden, erwarb er im zweiten Jahr ihrer Ehe mit seinen Ersparnissen und einem günstigen Kredit einen feinen kleinen Buchladen, dessen Inhaber sich aus Altersgründen aus dem Geschäft zurückziehen wollte. Einige bedenkliche Mienen im Hintergrund hatte er wohl wahrgenommen. Das hatte ihn jedoch nicht beirrt. Er folgte den beiden Sätzen aus dem Horoskop, die ihn schon einmal richtig geleitet hatten: »Sammeln Sie Ihre Kräfte. Wagen Sie einen Neuanfang.«

Zur Einweihung lud er alle Kollegen in den Laden ein und erklärte ihnen, was er alles verändern und verbessern werde. Er fühlte sich dort angekommen, wo er hinwollte. Nun hatte er sein eigenes Reich, in dem ihn niemand kritisieren oder demütigen konnte. Und, was ihm noch unwahrscheinlicher erschienen war, er hatte eine Frau.

Eine Familie wurde es allerdings nicht, weil Edith zwei Fehlgeburten hatte und allmählich zu kränkeln begann. Er stellte eine zweite Kraft ein, was dringend nötig war, da er auch noch ein Antiquariat eröffnet hatte: ein mühsames Geschäft. Auch im Buchladen wuchs der Arbeitsaufwand schneller als der Umsatz und Gewinn. Das war wohl auch erwartbar gewesen und ganz normal. Das Unternehmen hatte seine Stabilitätsebene erreicht: ein Begriff aus einem betriebswirtschaftlichen Buch, der ihn beruhigt hatte. Er bezeichnete eine Umsatzgröße, bei der ein dynamisches Gleichgewicht zwischen den bestimmenden Faktoren herrschte. Mehr konnte man nicht verlangen.

Über Ediths Gesundheitszustand konnte man allerdings nicht dasselbe sagen. Sie hatte verschiedene Leiden und mußte immer wieder für Wochen in einen Kurort fahren. Dann blieb er mit Ruth, seiner Angestellten, allein zurück, und obwohl sie nicht darüber sprachen, war ihnen beiden klar, daß alles besser und entspannter lief, wenn sie zu zweit waren. Ruth war zwar keine gelernte Buchhändlerin, hatte sich aber schnell zu einer patenten, immer gutgelaunten Mitarbeiterin entwickelt, auf die er sich blind verlassen konnte. Sie war auch bei den Kunden beliebt. Edith, die wußte, daß Ruth sie im Laden hervorragend ersetzte, schickte ihr aus ihren wechselnden Kurorten immer besondere Grüße.

Er dachte manchmal, daß Ruth die bessere Frau für ihn gewesen wäre, schob den Gedanken aber immer sofort beiseite. So wie die Verhältnisse nun einmal waren, hatten solche Phantasien keine Perspektive. Schließlich wollte er die Lebensform, die er sich geschaffen hatte, nicht grundsätzlich in Frage stellen.

Eines Tages hatte Ruth ihm dann angekündigt, daß sie im nächsten Monat heiraten werde, aber weiter in der Buchhandlung arbeiten wolle. Die unerwartete Mitteilung hatte ihm einen Stich versetzt. Aber er hatte sich mit dem Gedanken getröstet, daß sie ja seine Mitarbeiterin bliebe und sich grundsätzlich nichts ändern würde. Doch anderthalb Jahre später zog sie mit ihrem Mann in eine andere Stadt.

Als sie am Tag vor dem Umzug noch einmal kam, um sich zu verabschieden, war auch Edith dabei, und sie redeten eine Weile zu dritt in quälend nichtssagenden Floskeln, während er versuchte, Ruth anzuschauen, um ihr auf diese Weise zu sagen, was er nicht sagen konnte und bis zuletzt vermieden hatte zu denken. Aber sie wich seinem Blick aus. Dann umarmten sie sich, und er spürte bestürzt, daß sie sich an ihn klammerte, bevor sie ihn abrupt losließ und sich mit Tränen in den Augen abwandte. Als die Tür hinter ihr zufiel und er allein mit Edith zurückblieb, erfaßte ihn ein Gefühl von Einsamkeit und Trostlosigkeit. Natürlich mußte er jetzt wie immer weitermachen. Doch es schien seinen Sinn verloren zu haben und nur noch anstrengend zu sein. Später dachte er, es war wie eine plötzliche Windstille in einem Boot, dessen Segel schlaff herunterhängt, so daß man rudern muß, um wieder an Land zu kommen. Noch am selben Abend sagte Edith zu ihm: »Sie war doch deine Geliebte.« Er verneinte das. Aber sie glaubte ihm nicht. Sie hatte es anscheinend die ganze Zeit vorausgesetzt, so daß er sich jetzt fragte, warum er es so zwanghaft vermieden hatte. Nun war alles vorbei, und er mußte damit leben. Er sagte nichts dazu, wenn sie das Thema wieder einmal aufbrachte, so daß sie allmählich auch davon abkam.

Er hatte jetzt wieder eine neue Mitarbeiterin, eine gelernte Buchhändlerin, einige Jahre älter als er, die aus familiären Gründen ihre Arbeit für einige Jahre unterbrochen hatte und nun wieder in den Beruf zurückgekehrt war. Er kam gut mit ihr zurecht. Allerdings wurde es mit der Zeit schwieriger, die wachsenden Unkosten zu decken. Die Ladenmiete, das Gehalt seiner Mitarbeiterin und die vielen Nebenkosten, die durch Ediths Krankheiten und ihre Kuraufenthalte entstanden, waren mit dem kleinen Laden nicht mehr zu erwirtschaften, denn in der Nähe hatte eine Buchhandelskette eine modern ausgestattete Filiale eröffnet, die ihnen den größten Teil der Laufkundschaft und auch schon einige Stammkunden abzog. Um nicht bankrott zu gehen, mußte er sich nach einer zusätzlichen Verdienstmöglichkeit umsehen.

Wie schon beim Kauf der Buchhandlung hatte er wieder Glück und konnte von einem in den Ruhestand wechselnden Kollegen, der ihn seit Jahren regelmäßig besucht hatte, zwei Verlagsvertretungen übernehmen. Damit begann der längste und letzte Teil seiner beruflichen Arbeit. Zweimal im Jahr besuchte er die Buchhandlungen seines Reisegebiets, um die Frühjahrs- und Herbstproduktion der von ihm vertretenen Verlage vorzustellen. Sein eigener Buchladen wurde von der älteren Mitarbeiterin und wechselnden Gehilfen unter seiner Oberleitung mit sinkenden Umsätzen weitergeführt. Edith fiel als Mitarbeiterin inzwischen völlig aus, denn sie hatte angefangen zu sterben.

Es hatte mit einem Sarkom im Oberschenkel begonnen, das frühzeitig erkannt worden war und als operabel galt. Aber es wuchs wieder nach und mußte mehrfach nachoperiert werden, jedesmal radikaler, mit anschließenden Bestrahlungen und Chemotherapien. Danach war Ruhe eingetreten. Die Operationswunde heilte zwar schlecht, doch der Krebs war nicht mehr zu entdecken, und die Ärzte äußerten sich mit vorsichtig eingeschränkter Zuversicht. Edith machte mehrere Kuren, um sich zu erholen.

Einmal besuchte er sie auf seiner Vertreterreise in Bad Pyrmont und ging mit ihr im Kurpark spazieren. Sie wirkte unauffällig, nicht krank und nicht gesund, nur ein wenig abwesend und geschwächt. Im Park spielte eine Big Band der Bundeswehr Evergreens im typischen Glenn-Miller-Sound. Da Edith nur mit Anstrengung und unter Schmerzen gehen und stehen konnte, hatten sie sich in eine der hinteren Reihen der aufgestellten Klappstühle gesetzt. Aber sie konnte die schmetternde Musik nicht lange ertragen und bat ihn weiterzugehen. Durch eine von Blumenbeeten gesäumte Allee waren sie auf eine große Fontäne im Hintergrund zugegangen. Dort hatte Edith sich wieder setzen müssen. Sie fanden eine freie Bank in einer der Heckennischen bei dem großen runden Wasserbecken, aus dessen Mitte die Fontäne aufstieg und in das sie rauschend zurückfiel. Sie schwiegen. Er hatte vorgehabt, mit Edith über die Notwendigkeit zu sprechen, die Buchhandlung aufzugeben, unterließ es aber, um sie nicht zu ängstigen.

»Schön ist es hier«, sagte er.

»Ja«, hatte sie geantwortet und weiter unbeweglich auf die Fontäne geblickt.

»Wasser ist beruhigend und belebend«, hatte er bemerkt, erschrocken über das Wort »belebend«, das ihm rausgerutscht war. Es schien sie aber nicht erreicht zu haben, da sie in Gedanken woanders war. Nach einer Weile fragte sie:

»Hast du mal wieder etwas von Ruth gehört?«

»Nein«, hatte er geantwortet. »Ich weiß gar nicht, wo sie jetzt lebt.«

Sie antwortete nicht darauf, schien es hinzunehmen, wie er es gesagt hatte. Dann sagte sie: »Bring mich bitte zurück. Ich muß mich hinlegen.«

Beim Abschied hatte sie ihn gefragt, wohin er jetzt fahre, und er hatte die drei nächsten Stationen seiner Vertreterreise aufgezählt: Detmold, Paderborn und Soest.

»In Soest wohnt doch meine Kusine Gerda. Du kennst sie ja. Sie hat uns voriges Jahr besucht. Ruf sie doch mal an, wenn du da bist, und lade sie zum Essen ein.«

Er erinnerte sich an eine große, kräftige Frau mit einem runden Gesicht und dicken braunen Haaren, die ihm gut gefallen hatte. Sie war Lehrerin und lebte allein. Wenn er sich richtig erinnerte, war sie geschieden. Sie hatte die ausgeprägte Selbständigkeit einer unabhängigen, schon lange auf sich selbst gestellten Frau, die gewohnt war, alle Situationen, in denen sie auftrat, mitzugestalten. Beim Abschied hatte sie ihn umarmt, was familiär und natürlich war, aber einen Nachhall in ihm hinterlassen hatte, mit dem er nicht gleich zurechtgekommen war. Es war der dunkle Druck eines ebenbürtigen Körpers, der überwältigend anders und viel gegenwärtiger war als der Körper seiner Frau.

Um so merkwürdiger fand er es, daß Edith ihm nahelegte, Gerda zu besuchen. Es hatte harmlos und selbstverständlich geklungen wie ein spontaner Einfall, mit dem sie für einen Augenblick ihre Apathie überwand und Anteil an seinem alltäglichen Leben nahm. Aber warum hatte sie sich vorher nach Ruth erkundigt, von der sie jahrelang ohne Einspruch angenommen hatte, daß sie seine Geliebte war? Es war eine Einbildung gewesen. Doch sie hatte sich anscheinend dadurch entlastet gefühlt, was auch immer es sonst für sie bedeutet haben mochte. Hatte sie mit ihrem unerwarteten Vorschlag, Gerda zu besuchen, daran angeknüpft und eine neue Stellvertreterin ausgesucht, diesmal für die Zeit nach ihrem Tod? War es vielleicht für sie eine befriedigende Vorstellung, durch eine andere Frau, die sie für ihn ausgewählt hatte, weiterhin in seinem Leben anwesend zu bleiben?

Der Gedanke elektrisierte ihn. Doch er antwortete darauf wie auf einen aus der Luft gegriffenen Allerweltsvorschlag, den er nicht ernstnahm und den er erst einmal beiseite schob, weil er für ihn keine Dringlichkeit besaß: »Ja gut, ich kann ja mal bei ihr vorbeischauen, bei Gelegenheit.«

»Tu das«, sagte sie.

Sie wirkte jetzt so müde und erschöpft, daß er sich nicht vorstellen konnte, noch gerade eben habe sie ihm etwas gesagt, das für sie die Bedeutung eines Vermächtnisses hatte. Ihm allerdings hatte sie die Augen geöffnet, die er immer, aus Disziplin oder Angst oder im Trott seiner Gewohnheiten, vor seinen eigenen Bedürfnissen verschlossen hatte. Ob sie das beabsichtigt hatte, war eine andere Frage. Vielleicht war es wirklich nur eine hingeworfene Bemerkung gewesen. Ihn hatte sie jedenfalls mit Phantasien infiziert, die er nicht mehr unterdrücken konnte.

Gerda war nicht zu Hause, als er am übernächsten Tag in Soest war und sie anrief. Er versuchte es mehrmals im Abstand von einer halben Stunde, jedesmal ungeduldiger und enttäuschter, wenn sie sich nicht meldete, und im Schatten seiner alten Erfahrungen begann er sich vorzustellen, daß sie mit einem Mann zusammen sei. Es war vermutlich einer von denen, die immer alles bekamen, was sie wollten, auch wenn sie sich nicht besonders darum bemühten, weil es für sie nicht besonders wichtig war. »Ich hätte es mir ja denken können«, sagte er sich, »bei einer Frau wie ihr.« Mehr als die Umarmung bei ihrem Abschied im vergangenen Jahr war für ihn nicht zu haben gewesen. Edith mit ihrem mageren, ständig kränkelnden Körper und ihrer blassen grauen Haut war anscheinend die Frau, die für ihn vorgesehen war. Sie war das Maß, das er sich selbst gesetzt hatte. Daß ausgerechnet sie ihn auf Gerda hingewiesen hatte, war eine Verrücktheit, mit der er nicht umgehen konnte. Aber sie ließ ihn nicht mehr los.

Bevor er sich in seinem Hotelzimmer schlafen legte, machte er noch einen Nachtspaziergang und ging an dem Haus vorbei, in dem Gerda wohnte. Im Licht einer Straßenlaterne las er ihren Namen auf dem Klingelschild: Gerda Wiegand. Aus der Anordnung der kleinen Messingschilder schloß er, daß ihre Wohnung im dritten Stock lag. Aber die ganze Fassade war dunkel, und er kam sich, während er dort stand und zu den Fenstern hochschaute, wie ein verdächtiger Fremder vor, der vermutlich aus irgendeinem Fenster auf der anderen Straßenseite schon mißtrauisch beobachtet wurde. Uneinig mit sich selbst, ging er in sein Hotel zurück. Da er befürchtete, nicht einschlafen zu können, trank er noch eine Flasche Bier aus der Minibar und nahm eine Schlaftablette. Nach dem Frühstück rief er noch einmal an, ohne daß sie sich meldete. Vermutlich war sie jetzt in der Schule. Er schrieb ihr auf einer Ansichtskarte mit dem Bild des Hotels, daß er in der Stadt gewesen sei und versucht habe, sie zu besuchen, sie aber leider nicht angetroffen habe, womit er ja wohl rechnen mußte. Diesen Zusatz hatte er eigentlich an sich selbst gerichtet. Es war ein Ordnungsruf, mit dem er sich wieder zur Vernunft brachte.

Als er drei Tage später von seiner Reise zurückkehrte, fand er im Briefkasten Gerdas Antwort. Sie schrieb, sie finde schade, daß sie sich verpaßt hätten. »Wenn du wieder einmal herkommst, melde dich bitte vorher, damit uns das nicht noch einmal passiert!«

Er las die Karte wiederholt in kurzen Abständen, und jedesmal schienen die Worte etwas anderes zu bedeuten. Mal kamen sie ihm wie schnell hingeschriebene, konventionelle Floskeln vor, die nur dazu dienten, ihr offensichtliches Desinteresse an seinem Besuch zu verdecken. Dann wieder las er aus ihnen ein Einverständnis mit seinen geheimen Wünschen heraus. Vielleicht hatte sie die Sekunden ihres Abschieds im vergangenen Jahr genausowenig vergessen wie er? Nein, das war ziemlich unwahrscheinlich. Er wollte sich das nicht einbilden. So schnell wie möglich mußte er wieder festen Boden unter die Füße bekommen. Ohnehin mußte er sich jetzt wenigstens eine Woche oder zwei um seinen Buchladen kümmern.

Langsam ordneten sich die Dinge, und seine alltäglichen Gewohnheiten gaben ihm wieder ihren unauffälligen Halt. Als er Edith von zu Hause anrief, war sie erkältet und hustete. Der Husten blieb auch, als sie nicht mehr erkältet war. Er hatte ihr sagen wollen, sie müsse sich röntgen lassen. Doch in der plötzlichen abergläubischen Furcht, er könnte dadurch ein im Dunkel lauerndes Unglück auslösen, hatte er nichts gesagt. Natürlich röntgte man sie, und im linken Lungenflügel wurde eine nebelhafte Verdichtung entdeckt. Der Krebs war zurückgekehrt.

Seit sechs Jahren war er nun Witwer und lebte in einer Mansardenwohnung von einer kleinen Rente. Vor zwei Jahren hatte er seine Reisetätigkeit endgültig aufgegeben, nachdem er sie vorher schon um ein Drittel reduziert hatte. Den Buchladen hatte er schon vorher geschlossen, im Grunde viel zu spät. Die Restbestände des Antiquariats hatte er noch eine Weile weiterverwaltet und dann verramscht. Nun lebte er nur noch von Tag zu Tag oder, mit mäßigem Appetit, von Mahlzeit zu Mahlzeit. Gleich, nach der Augenuntersuchung, würde er zu Mittag essen. Wie gewöhnlich würde er in die Metzgerei gehen, die sich auf den Verkauf von Snacks und die Ausgabe von warmen Mahlzeiten umgestellt hatte. Man konnte das Essen in einer Thermopackung mit nach Hause nehmen, um es, wie er es manchmal tat, vor dem laufenden Fernseher in sich hineinzuschaufeln. Oder man saß an einem der Einzeltische, die alle so hoch waren, daß die Köpfe der Esser dicht über ihre gefüllten Teller gebeugt waren, was den Eindruck einer allgemeinen Gefräßigkeit machte. Das Essen war gut und nicht teuer. Heute, am Freitag, würde es Rotbarschfilet und Kartoffelsalat geben. Und wenn er wollte, Salat. Als Alternative gab es wahrscheinlich die sogenannte Nudelpfanne und wie immer Linsensuppe. Vielleicht würde er Schwierigkeiten beim Essen haben, weil der Arzt die Pupillen beider Augen erweitern wollte, um die Netzhäute zu untersuchen. Die rechte Netzhaut war vor mehreren Jahren gelasert worden, weil sie sich abzulösen drohte. Seit einem halben Jahr hatte er wieder die alten Probleme. Beim Lesen verrutschten die Zeilen. Er sah Doppelbilder über- oder nebeneinander. Manchmal, wenn er nachts das Licht einschaltete, um ins Bad zu gehen oder weil er stundenlang wach lag und die Dunkelheit ihn bedrückte, sah er anschließend, wenn er das Licht wieder gelöscht hatte, in der Dunkelheit ein minutenlang anhaltendes Blitzen, was, wie er wußte, kein gutes Zeichen war.

Er sah auch schlechter. Wenn die Schrift eines Buches einen Grad kleiner als üblich war, mußte er trotz seiner Brille zum Lesen eine Lupe nehmen. Das war sehr störend, weil der Ausschnitt sich drastisch verengte und der Zusammenhang des Textes nicht mehr überschaubar war. Zur Kontrolle schaute er auf seine Hände. Die Fingernägel hätte er längst schneiden oder feilen müssen. Sie waren zu lang, und unter einigen hatten sich dunkle Schmutzstreifen gebildet, die er übersehen hatte. Vermutlich war er auch nicht gut rasiert. Das passierte ihm jetzt öfter. Manchmal war es ihm auch egal, und er rasierte sich nur alle paar Tage. Vielleicht war er dabei, ein schmutziger alter Mann zu werden. Aber das war auf jeden Fall besser, als jung zu sein und nicht ins Leben hineinzukommen, wie er es erlebt hatte.

Eine der beiden jungen Frauen, die am Empfang gesessen hatten, als er in die Praxis gekommen war, erschien in der Tür. In ihrem kurzen weißen Kittel und der weißen Hose sah sie unanfechtbar aus: eine Teilhaberin der ärztlichen Kompetenz.

»Bitte, Herr Schmidke«, sagte sie.

Der andere Mann, der still am Fenster gesessen hatte, stand auf und ging an ihm vorbei. Und bevor die Assistentin ihm folgte, sah sie zu ihm herüber und sagte: »Zu Ihnen komme ich gleich, Herr Maifelder.«

Wie unterschiedlich die Namen waren, und wie seltsam war es, daß er Johannes Maifelder hieß. Es war nur eine merkwürdige Anordnung von Buchstaben, die nichts über ihn sagte. Er murmelte den Namen meistens vor sich hin, und nur wenige fragten nach. Die Assistentin hatte beide Namen mit ihrer hellen freundlichen Stimme ausgesprochen, als wären sie ihr seit langem vertraut.

Jetzt kam sie zurück. »Dann wollen wir mal«, sagte sie und forderte ihn auf, den Kopf in den Nacken zu legen und die Augen weit zu öffnen. Sie beugte sich über ihn und tröpfelte mit einer Pipette eine kalte Flüssigkeit in die Augenwinkel.

»So, bitte die Augen schließen«, sagte sie. »Es brennt vielleicht ein bißchen.«

»Macht nichts«, hatte er geantwortet. »Kleine Schmerzen sind ein Existenzbeweis.« Anscheinend verstand sie nicht, was er meinte. »Kennen Sie nicht den Witz?« fragte er. »Wenn Sie im Alter morgens wach werden und es tut Ihnen nichts weh, dann sind Sie tot.«

»Das ist ja ein schrecklicher Witz«, sagte sie.

»Ich finde ihn gut«, sagte er. »Vielversprechend jedenfalls. Schmerzen will man ja nicht mitnehmen.«

»Das nicht«, stimmte sie ihm zu. Dann ermahnte sie ihn, die Augen geschlossen zu halten, und ging.

Er hörte jetzt deutlicher die Straßengeräusche, das pausenlose Motorgeräusch der sich in den Kreisverkehr einfädelnden Autos, das warnende Schrillen der Straßenbahn und dahinter, weiter entfernt, den viel lauteren Lärm der U-Bahn-Baustelle, vor allem des großen Bohrturms, der mit seinem spindelförmigen Bohrer tief ins Erdreich eindrang und ihn zusammen mit dem Aushub wieder hervorzog. Irgendwo wurden Metallbleche aufgeladen, die scheppernd und dröhnend aufeinanderfielen. Und in der Ferne, einige Straßen weiter, ertönte das Warnsignal eines Martinshorns. Er döste ein wenig. Dann hörte er wieder das Martinshorn, diesmal viel näher. Vielleicht war es auch ein anderer Wagen, der zur selben Einsatzstelle fuhr. In der Stadt war zur Zeit wegen der vielen Baustellen kaum ein Durchkommen. Überall gab es Absperrungen und Umleitungen, Staus und Lärm. Ihm konnte es egal sein. Er war nur noch Fußgänger und kam überall durch. Außerdem ging er immer dieselben Wege. Fast jeden Tag kam er an den beiden Schaufenstern seines ehemaligen Buchladens vorbei. Die Mieter wechselten ständig, so daß er sich manchmal wunderte, wie lange er selbst durchgehalten hatte. Aber das war in einer anderen Zeit. Jetzt standen farbige Designerleuchten in seltsamen gebogenen, gewundenen und aufgeblähten Formen in den Fenstern. Er konnte sich nicht vorstellen, wer so etwas kaufte, zumal die Sachen ziemlich teuer waren. In der ersten Zeit nach der Schließung der Buchhandlung hatte er immer einen Umweg gemacht, um nicht an den beiden Schaufenstern vorbeizukommen und sehen zu müssen, was dort jetzt zum Verkauf angeboten wurde. Inzwischen störte ihn das nicht mehr. Seine Erinnerung hing nur noch an dem Ort. Auch wenn er sich an nichts Bestimmtes erinnerte, fühlte er sich durch diesen Ort, an dem er täglich vorbeigehen konnte, verbunden mit seinem alten Leben, das nun in jeder Hinsicht zu Ende war. Vor einigen Wochen hatte er in der Zeitung zwei große Todesanzeigen und einen Nachruf auf den Professor gelesen, der ihm mit seinem Ausruf das Studium vergrault hatte. Heute sah er das anders. Denn er war auf diese Weise in ein Leben hineingekommen, das mit allen Schwierigkeiten sein eigenes geworden war. Das mögliche andere Leben, das er damals verfehlt und von dem er eine Zeitlang noch phantasiert hatte, war verblaßt.

Seine Ehe mit Edith, die ihm anfangs den Anstoß und den Schwung gegeben hatte, sich eine eigene Existenz aufzubauen, aber durch Ediths dauernde Krankheiten zu einer wachsenden Belastung und Enttäuschung für ihn geworden war, hatte durch ihr langes, sich über zweieinhalb Jahre hinziehendes Sterben eine neue Bedeutung bekommen. Obwohl er Edith nur ab und zu in den verschiedenen Kliniken und Kuraufenthalten besucht hatte und auch die längste Zeit auf Geschäftsreisen gewesen war, wenn sie wieder einmal für einen kurzen Erholungsaufenthalt nach Hause entlassen wurde, hatte er sie neu zu sehen begonnen. Sie erschien ihm jetzt manchmal als jemand, der ihm in der Kenntnis des Lebens weit voraus war. Das war für ihn zusammengefaßt in seinem letzten Besuch, als sie schon zu schwach gewesen war, um noch viel zu sagen. Er hatte sich an ihr Bett gesetzt und eine Weile ihre federleichte Hand gehalten, bevor er sie fragte: »Wie fühlst du dich, mein Schatz?« Leise und ohne daß er irgendeine körperliche Regung spürte, hatte sie geantwortet: »Ich hab keine Angst.« In der Nacht war sie dann gestorben.

Später hatte er sich gesagt, daß diese überirdische Ruhe, die damals von ihr ausging, durch das Morphium verursacht sein mußte, das man den Sterbenden gab. Aber er hatte weiter darüber nachgedacht, und seine Erinnerung war zurückgekehrt zu dem Platz bei der großen Fontäne im Kurpark von Bad Pyrmont, wo er mit ihr eine Weile auf einer Bank gesessen hatte, weil sie nach einem kurzen Weg so erschöpft war, daß sie sich ausruhen mußte. Dort hatte sie ihn gefragt, ob er wieder einmal etwas von Ruth gehört habe, was, wie ihm selber in diesem Augenblick klarwurde, nicht der Fall war. Etwas später, bevor sie ihn bat, sie in ihre Pension zu bringen, hatte sie ihm nahegelegt, auf seiner weiteren Reise ihre Kusine Gerda zu besuchen.

Inzwischen glaubte er zu verstehen, daß sie ihm mit diesem Vorschlag ein Geschenk gemacht hatte. Die Idee war wohl aus ihrer Schwäche entstanden, sich eine eigene Zukunft vorzustellen. Versuchsweise hatte sie sich gefragt, wie er ohne sie weiterleben würde, und ihm mit der Intuition eines Menschen, der frei war, über sich hinauszublicken, einen Vorschlag gemacht, der sie offenbar entlastet hatte. Sie hatte Gerda als eine mögliche Frau für ihn ausgesucht, vielleicht um ihn vor anderen, unabsehbaren Erfahrungen zu bewahren und ihm durch sie zu geben, was sie ihm schuldig geblieben war. Und dieser vielleicht nur augenblickliche Gedanke, der ihre, seine und Gerdas Situation wie selbstverständlich zusammenfügte, hatte sofort von ihm Besitz ergriffen.

Während der langen Zeit von Ediths Sterbens war Gerda seine Geliebte. Wenn er in seinem Reisegebiet unterwegs war, besuchte er sie regelmäßig, möglichst an einem Wochenende, wenn sie viel Zeit füreinander hatten. Vorher oder nachher fuhr er jedesmal zu Edith, die zuletzt in einer von ihr bevorzugten Klinik außerhalb der Stadt lag, in der ein Arzt arbeitete, den sie von früher kannte und dem sie mehr als allen anderen Ärzten vertraute. Gesund machen konnte er sie natürlich auch nicht. Er war ein unauffälliger Mann mit schütteren blonden Haaren und einer angenehmen Stimme, der nicht viel sagte und eigentlich ziemlich formelhaft sprach. Aber es schien genau das zu sein, was sie brauchte. Der Arzt kam zweimal am Tag, sprach ein paar Worte mit ihr und fühlte ihren Puls, was eigentlich nur eine fürsorgliche Berührung war, mit der er ihr offenbar das Gefühl gab, daß er mit dem kleinen klopfenden Lebensrest in ihr in Verbindung stand.

Nach Gerda hatte sie ihn nie mehr gefragt. Möglicherweise hatte er ihren Vorschlag, Gerda zu besuchen, völlig mißverstanden. Wahrscheinlich hatte sie es nur so dahingesagt.

»So«, sagte die Assistentin, »lassen Sie mal sehen.«

Sie beugte sich über ihn und träufelte wieder einige Tropfen in seine Augen. Wie durch eine beschlagene Scheibe sah er einen Ausschnitt der Wand mit dem Bild ihm schräg gegenüber. Die beiden Reihen farbiger Herzen erinnerten ihn an die Stimmungsleuchten in den Schaufenstern seines ehemaligen Ladens.

»Bitte die Augen wieder schließen«, sagte die Assistentin, als sie ging.

Er hörte wieder die Straßengeräusche, diesmal ohne das Scheppern der aufeinanderfallenden Stahlbleche und ohne die Warnsignale des Martinshorns. Vorne im Empfang waren Stimmen. Offenbar befanden sich dort außer den beiden Assistentinnen auch noch Patienten, die vor ihm dran waren und darauf warteten, aufgerufen zu werden. Er saß in diesem aparten Raum allein, weil die Präparation seiner Augen länger dauerte. Das war ihm angenehm, denn er hätte sich nicht gerne von Fremden betrachten lassen, während er mit geschlossenen Augen und zurückgelegtem Kopf wie ein wehrloser Blinder auf einem Stuhl saß.

In Gedanken kehrte er zurück zu seinem ersten Besuch in Gerdas Wohnung, über den sie sich mehrfach vorher verständigt hatten, weil es auf beiden Seiten Terminprobleme gab. Das Treffen hatte dadurch seine Beiläufigkeit verloren und war ein trotz aller Schwierigkeiten gemeinsam festgehaltenes Projekt geworden, für das sie endlich ein Datum gefunden hatten. Gerda sah attraktiv aus, war auffällig angezogen und, wie sie ihm später gestand, aufgeputscht durch die Erwartung, ihn nach ihrem Besuch im vergangenen Jahr, bei dem Edith noch dabeigewesen war, unter völlig veränderten Umständen wiederzusehen.

Es schien alles gebahnt zu sein. Von dem Moment an, da sie »Komm herein« sagte und die Wohnungstür hinter ihm ins Schloß gefallen war, hatte er das Gefühl gehabt, daß sie zwei Verschworene waren, die sich zu etwas getroffen hatten, was außerhalb von jeder denkbaren Zustimmung war und sie um so ausschließlicher verband. Um den Druck zu mindern, den er in der kleinen, mit Möbeln überfüllten Wohnung empfand, hatte er wiederholt, was er ihr ganz zu Anfang am Telefon gesagt hatte. »Es war Ediths Idee, daß ich dich besuchen sollte, wenn ich in der Gegend bin.«

»Lieb von ihr«, hatte sie gesagt. »Wie geht es ihr denn?«

Er hatte Ediths Zustand geschildert, und sie hatte ernsthaft zugehört. Dann hatte sie ihn gefragt: »Hast du ein Problem damit, jetzt bei mir zu sein?«

»Nein«, hatte er gesagt.

»Wirklich nicht?« hatte sie gefragt. Und er hatte noch einmal »Nein« gesagt.

»Ich auch nicht«, hatte sie geantwortet. »Ich hab's mir auch gewünscht, als ich hörte, daß du oft hier in der Gegend bist.«

Er sah Gerda an, die mit übereinandergeschlagenen Beinen greifbar nahe vor ihm in ihrem Sessel saß und wußte, was sie beide wußten, daß sie sich in einer eindeutigen Situation befanden. Nun konnte es nur noch in einer Richtung weitergehen. Um es zu beschleunigen, übersprang er alles, was es vielleicht noch zu erzählen gab, und sagte: »Es ist toll für mich hierzusein. Aber ich war lange nicht mehr mit einer Frau zusammen.«

»Mach dir keine Sorgen«, hatte sie geantwortet und ihn ermutigend angelächelt.

Nun war es an ihm, den Abstand, der sie trennte, zu überwinden. Doch sie saßen beide wie gefesselt in ihren Sesseln, als wären sie unter Kontrolle einer unsichtbaren Instanz, die ihnen verbot, was sie tun wollten und worüber sie sich unausdrücklich längst verständigt hatten. Er hatte dabei nicht an Edith gedacht, jedenfalls nicht in dem Sinne, daß sie ihm vor Augen kam, dort auf der Parkbank bei der Fontäne oder in ihrem Krankenbett. Eher war es so, als wäre durch ihre Abwesenheit eine Lücke zwischen ihm und Gerda entstanden, die sie erst mit etwas Eigenem ausfüllen mußten, bevor sie aufeinander zugehen konnten. Er hatte sich umgeblickt und neben sich auf einer Kommode ein Foto gesehen, in dem Gerda inmitten einer Gruppe von Schülern stand.

»Bist du das?« hatte er gefragt.

»Das war ich vor achtzehn Jahren mit meiner ersten Abiturklasse. Es war eine überdurchschnittlich gute Klasse. Mit einigen habe ich heute noch Kontakt. Die erste Abiturklasse ist immer was Besonderes.«

Er war aufgestanden, um sich das Foto anzusehen. Gerda war neben ihn getreten und hatte eine Hand auf seine Schulter gelegt.

»Das Foto ist von einem Ausflug, den ich mit der Klasse gemacht habe«, sagte sie und nannte einen Ortsnamen, den er längst vergessen oder auch damals schon überhört hatte, denn er hatte inzwischen einen Arm um ihre Hüfte gelegt. Immer noch redeten sie über das Bild, das es ihnen erlaubte, so eng beieinander stehenzubleiben. Er spürte die Wärme ihrer Hüfte in seiner Hand und hätte noch lange so verharren können.

»Ein nettes Bild«, sagte er. »Auch von dir. Besonders von dir. Aber heute gefällst du mir noch viel besser.«

»Wirklich?« fragte sie.

»Ja, wirklich. Ich bin sowieso kein Fan von jungen Frauen. Ich habe ziemlich schlechte Erinnerungen an die Studentinnen meiner Studienzeit.«

»Warum?«

»Die meisten kamen mir wie kleine egomanische Monster vor. Alle hatten sie einen Haufen von Vorurteilen, und zwar alle die gleichen.«

»Das kenn ich«, sagte sie.

Sie schwiegen einen Augenblick. Dann – im ersten Augenblick noch uneindeutig, ob sie sich wieder in ihre Sessel setzen und das Gespräch fortsetzen sollten – hatten sie sich einander zugedreht, und er hatte der Haltung ihres Kopfes, ihren Augen und vor allem ihren leicht geöffneten Lippen angesehen, daß sie ihn erwartete. Alles war auf einmal leicht.

Er blieb zwei Tage, die sie zum großen Teil im Bett verbrachten. Danach fuhr er zu Edith, die wieder in der Klinik lag und eine weitere Chemotherapie hinter sich hatte. Die Haare fielen ihr büschelweise aus. Sie war sehr schwach, mochte immer noch nicht richtig essen. Auch das Reden strengte sie übermäßig an. Es gab ja auch gar nichts zu sagen, aber fast alles zu verschweigen. Nein, er konnte ihr nicht erzählen, daß er Gerda besucht hatte, obwohl das ihr eigener Vorschlag gewesen war. Sie hatte damals nicht an die Frau gedacht, die er erlebt hatte, und zwar, wie ihm klargeworden war, in wilder Selbstbehauptung gegen alles, was er nun wieder vor Augen hatte und wovor er zurückschreckte. Noch erfüllte ihn die warme Nähe von Gerdas Körper, in den er versunken war und der ihn im Rausch und Jubel ihrer Einigkeit an sich gezogen und umschlungen hatte, während hier im Krankenzimmer Reglosigkeit und tote Stille herrschten, die Einförmigkeit leerer, vergehender Zeit und eines Rückzugs nach innen hinter geschlossenen oder blicklosen Augen.

Edith, die auf dem Rücken lag, hatte ihren Kopf ein wenig zur Seite gedreht, als er sich an ihr Bett setzte. Ihre Augen waren ausdruckslos, ohne Erwartung, und er hatte sich selbst schrumpfen gefühlt, wie angeschlossen an den Sog des Verschwindens, der den ganzen Raum und alle darin eingeschlossenen Dinge erfaßt hatte. Um sich zu behaupten, hatte er lauter Belanglosigkeiten erzählt, war aber nach einiger Zeit verstummt.

»Mußt du gehen?« hatte sie gefragt.

Er hatte auf seine Uhr geblickt, als müßte er eine fremde, neutrale Autorität zu Rate ziehen. »Ja, leider gleich. Ich hab noch einen Termin.«

Das stimmte, als er es sagte. Aber als er das Krankenhaus verlassen hatte und den Motor seines Autos anließ, änderte sich alles. Er beschloß, den Termin fallenzulassen und zu Gerda zu fahren und den Abend und die Nacht mit ihr zu verbringen. Er war sofort besessen von diesem Gedanken, der beim Umdrehen des Motorschlüssels in ihm auftauchte.

Und während er die vor ihm liegende Strecke in Gedanken überschlug und vom Parkplatz herunterfuhr, war er entschlossen, so schnell wie eben möglich zu fahren, um nichts von der Zeit, die sie füreinander haben konnten, verloren zu geben. Dabei sah er sie ständig vor sich in wechselnden Posen, die er untereinander austauschte, mehr oder minder undeutliche Phantome, punktiert von Bremslichtern und Blinklichtern, die ihn aufhielten, aber ihm auch die Lücken zeigten, durch die er sich hindurchdrängen konnte. So ist das, wenn man um sein Leben fährt, dachte er, und das Wort »Leben« nahm eine neue Bedeutung für ihn an, ohne daß er es definieren konnte, definieren wollte. Es war alles, und es war der Grund aller Gründe, und es war das Ziel.

Er fand einen Stellplatz in einem Parkhaus in der Nähe von Gerdas Wohnung, das sie ihm gezeigt hatte. »Für längere Besuche«, hatte sie gesagt. Dort hatte sie auch einen eigenen Dauerplatz. Das alles erschien ihm nun schon wie eine Einrichtung für immer. Doch zugleich fühlte er, daß er keinen Boden unter den Füßen hatte. Er wurde nicht erwartet. Er kam als ein Flüchtling. Jemand, der weglief von seiner todkranken Frau und einem Geschäft, das dem Bankrott nahe war. Jemand, der einen wichtigen Termin ohne jede Erklärung ausfallen ließ und im Verdacht stand – auch vor seinen Augen –, sein Leben nicht zu meistern und nicht mehr auszuhalten, und der sich deshalb in die Arme einer Frau flüchtete, die mit seinem Unglück und seinem drohenden Scheitern nichts zu tun hatte.

Er las die Klingelschilder und drückte den Knopf neben ihrem Namen.

»Ja bitte?« fragte sie.

»Ich bin's«, sagte er.

Sie verstand nicht. »Wer?«

»Jo«, sagte er.

Es war die Abkürzung, auf die er seinen ungeliebten Namen gestutzt hatte.

»Jo?« wiederholte sie, mit einem Ton der Überraschung.

Der Summer ertönte, und die Tür sprang auf. Er stieg eilig die drei Treppen hoch. Oben stand sie in der Tür und schaute ihm entgegen. Sie hatte Jeans und einen dunkelblauen Pullover an und trug unauffällige flache Schuhe. So hatte er sie noch nicht gesehen. Es war etwas Neues. Es machte sie noch deutlicher.

»Was ist los?« fragte sie. »Ist was passiert?«

»Ich hab's plötzlich nicht ausgehalten ohne dich.«

»Du bist ja noch viel verrückter, als ich gedacht habe«, sagte sie.

An alles, was dann folgte, erinnerte er sich nur ungenau wie an Bilder eines unterbelichteten, zerstückelten Films, der nicht von ihnen zu handeln schien, sondern von zwei nackten namenlosen Darstellern eines schattenhaften, stummen Kampfes, der hin und her schwankte zwischen Überwindung und Selbstpreisgabe und neuer Herausforderung und sich immer wieder in Nebel auflöste. Das erste, was ihm wieder genau vor Augen kam, war der weiße Bogen Papier mit dem

Wohnungsschlüssel, den sie, wie verabredet, auf seiner Seite neben das Bett gelegt hatte, als sie leise aufgestanden war, um pünktlich zu ihrer ersten Unterrichtsstunde zu kommen. Er war erst drei Stunden später aus traumloser Erschöpfung erwacht und hatte einen Augenblick Schwierigkeiten gehabt, sich zu orientieren. Was war eigentlich heute nacht in ihm aufgebrochen? Panik, Wut, Begehren, Selbstzerstörung, der Wunsch, an eine Grenze zu kommen? Nun war alles verflogen wie der Rauch eines gelöschten Feuers.

Er stand auf und ging mit dem Blatt Papier und dem Schlüssel in die Küche, wo er ein Glas Wasser trank. Dann duschte er und zog sich an. Während er im Stehen ein Honigbrot und eine Banane aß und dazu den in der Thermoskanne bereitgestellten Kaffee trank, schaute er auf den Bogen Papier mit ihrer lebhaften großen Schrift. »Bitte schließ die Wohnung ab und wirf den Schlüssel in den Briefkasten« hatte sie geschrieben. Und darunter, unterstrichen und mit zwei Ausrufzeichen versehen: »Paß auf Dich auf!!«. Er suchte seinen Stift und schrieb darunter: »Du Lebensquelle! Du Lebensgefahr!«.

Auf dem kurzen Weg zum Parkhaus sammelte er sich. Aber als er sich in sein Auto setzte, sich anschnallte und startete, fiel ihm auf, daß er alles langsam machte, als ob er die Handgriffe neu lernen müßte.

Noch einmal kam die Arzthelferin mit der Pipette und träufelte ihm etwas in die Augen.

»Das war jetzt das letzte Mal«, sagte sie.

Er hatte die Augen gleich wieder geschlossen, um in seinen Tagtraum zurückzukehren, wo jetzt vieles durcheinanderging: seine Vertreterreisen, die Buchhändler, denen er die Verlagsprogramme vorstellte, die Hotels, in denen er übernachtete, einmal eines, das vollständig von einer Hochzeitsgesellschaft belegt war, so daß man ihm, dem einzigen alten Gast, das Essen in seinem Zimmer servierte, zusammen mit einer besonderen Flasche Rotwein zu seiner Entschädigung, die, als er sie getrunken hatte, eine neblige Melancholie in seinem Kopf zurückließ, dahinter, wie ein Schattenspiel, sein flüchtiges Kommen und Gehen in Gerdas Wohnung und das endlos sich hinziehende Sterben von Edith, die den Tod inzwischen in beiden Lungenflügeln, im Magen und in der Leber und allen Lymphdrüsen des Brust- und Bauchraums in sich trug, aber in einem matten Wellenschlag scheinbarer Erholungen und neuer Zusammenbrüche immer noch weiterlebte, bis sie ihm zum Schluß sagte, was er nicht vergessen wollte, weil es in nicht absehbarer kurzer oder längerer Zeit auch für ihn wichtig war: »Ich habe keine Angst.«

Zu Ediths Beerdigung kamen nur fünf Leute, denn sie war schon so lange dem alltäglichen Leben entzogen gewesen, daß sie für die meisten schon vorher gestorben war. Einer der Trauergäste war Gerda. Es war Sommer, und sie hatte ein leichtes, sehr elegantes schwarz-graues Kostüm an und war geschminkt und frisiert, als ob sie die Hauptdarstellerin der kleinen stillen Zeremonie wäre.

Als die kleine Trauergemeinde sich auflöste, begleitete er sie zu ihrem Wagen.

»Was hast du jetzt vor?« hatte sie gefragt. »Sehen wir uns in den nächsten Tagen?«

»Ich weiß noch nicht«, hatte er gesagt.

»Wie du willst«, hatte sie geantwortet, war in ihr Auto gestiegen und an ihm vorbeigefahren, ohne noch einmal zu winken.

Die Beerdigung war der Anfang vom Ende ihrer Beziehung. Es hatte auch vorher zwischen ihnen schon momentane Gereiztheiten gegeben. Aber als hätte die stumme Anwesenheit der Sterbenden im Hintergrund den Streit unter Kontrolle gehalten, war daraus kein offener Konflikt geworden. Das geschah erst jetzt. Und ihr Allheilmittel – die nach wie vor sie verbindende, wuchernde Sexualität – konnte ihnen nicht helfen, da sie Teil ihres Konflikts war. »Wenn du immer nur kurz vorbeikommst, um mich zu ficken, dann kannst du es auch bleibenlassen!« hatte sie ihn angeschrien. Nichts überzeugte ihn so sehr von der Ernsthaftigkeit ihrer Verzweiflung und ihrer Wut, wie die für sie ganz untypische Wortwahl, mit der sie alles in den Dreck schleuderte, was am Anfang für sie beide das große leidenschaftliche Wunder gewesen war.

Ja, sie hat recht, hatte er gedacht.

Aber etwas in ihm, ein schweres Gewicht, das er wiedererkannte, obwohl er es lange Zeit vergessen hatte, hinderte ihn daran, Einspruch zu erheben und ihr vorzuschlagen, einen neuen Anfang zu wagen. Er war vor der Zeit alt geworden. Der Rückzug erschien ihm nun als das Neue, das ihm Erleichterung versprach.

War er jetzt an der Reihe? Es kam ihm so vor, als hätte er seinen Namen gehört. Doch er war noch allein, und der schmale Warteraum war, vermutlich durch die Weitung seiner Pupillen, von einem leuchtenden Nebel erfüllt. Schräg vor sich, gemildert durch den hellen Nebel, sah er wieder das Bild mit den farbigen Herzen und dem einen grauen Herzen im grauen Grund, das schon fast unsichtbar war. Das könnte meins sein, sagte er sich und spürte, daß ein Lächeln sein Gesicht überzog. Geschafft, dachte er. Niemand sucht mich, niemand findet mich. Niemand stellt mir eine Frage, niemand erwartet eine Antwort. Er fühlte keinerlei Bedürfnis, Antworten zu geben oder Antworten zu suchen. Es ging auch so weiter. Von heute auf morgen. Oder von jetzt bis gleich. Ob es am Ende das große Leuchten oder das große Gähnen war, würde sich zeigen. Vielleicht war es beides.

EIFERSUCHT | EINE MINIATUR

Als sie in ihrem dunklen Wagen saßen, hat sie gespürt, daß er wieder verstimmt war. Sie hatte mit ihm über die Party reden wollen, der einzigen, zu der sie in diesem Jahr gegangen sind, aber er hat nur einsilbig geantwortet, und für den Rest der Fahrt sind sie beide verstummt.

»Du kannst einem jeden Abend verderben«, sagt sie zu Hause, als er ihr den Mantel abnimmt und über einen Bügel hängt. Vielleicht ist es diese vertraute Geste, die sie einen leichten, versöhnungsbereiten Tonfall wählen läßt. Sie ist auf einmal müde. Sie will keinen neuen Streit. Es mag ja sein, daß er sich gelangweilt hat, während sie sich amüsierte. Morgen ist das alles längst vergessen.

Doch er sagt nach einer bedeutungsvollen Pause, in der er vielleicht mit sich selbst gekämpft hat, um es zu unterdrücken: »Jeder hat sehen können, wie du dich amüsiert hast.«

»Wir waren auf einer Party«, sagt sie. »Wovon redest du?«

»Wie du mit Herbert getanzt hast. Wie du über seine dämlichen Witze gelacht hast. Das war einfach würdelos.«

»Von welcher Würde sprichst du?« fragt sie. »Von meiner, von deiner?«

»Ich muß es dir wohl genau erklären«, sagt er. »Du hast dich vor aller Augen wie eine Nutte benommen.«

Sie sind auf dem oberen Treppenabsatz angelangt, als sie sich umdreht und wortlos die Treppe hinunterrennt. Er ist sofort bei ihr und versperrt ihr den Weg zur Haustür und hält sie mit ausgestrecktem Arm von der Garderobe weg, an der ihr Mantel hängt.

»Wo willst du hin?« fragt er.

»Ich schlaf nicht hier«, sagt sie, »nicht in diesem Haus. Ich fahre zu meiner Schwester.«

Wieder drängt sie zur Tür. Er packt sie grob am Arm, und seine klammernden Finger, die sie bis auf die Knochen spürt, geben ihr die Wut, sich loszureißen und ihn anzuschreien, daß er ein widerliches, gemeines Miststück sei.

Bis hierhin sind sie gekommen in ihrer trivialen Szene und wissen nicht weiter, weil das Textbuch, das sie im Kopf haben, an dieser Stelle gestrichen ist. Sie sind jetzt frei, alles zu sagen, jede denkbare Lüge und Beteuerung, um den Streit zu schlichten. Und wenn sie Glück haben, auch das, was ihre tiefste, verborgene Empfindung ist.

Dann endlich würde er sagen können: »Der einzige Mensch, den ich hasse in meiner Eifersucht, das bin ich selbst. Denn ich bin durchdrungen von dem Gefühl, deiner Liebe nicht wert zu sein und mir deine Verachtung verdienen zu müssen. Ich glaube daran wie an eine gerechte Strafe, die durch dich vollstreckt werden muß. Und dies allein kann uns verbinden, einig für immer in unserer verheerenden Niederlage und der gemeinsamen Gewißheit, daß jeder Schmerz, den wir uns zufügen, der Abdruck unserer unmöglichen Liebe ist.«

Und sie würde antworten: »Du legst mir deine Liebe wie ein niederdrückendes prunkvolles Gewand auf die Schultern. Manchmal aber möchte ich leicht daherkommen, nur behängt mit dem Flitterkram flüchtiger Bewunderung. Und ich hoffe, du könntest lernen, mich mit den Augen der anderen zu sehen, und mich lieben, so leichtfertig und nichtswürdig und *so* einfach, wie ich bin.«

Und vielleicht könnte er antworten: »Du hast recht, und ich verstehe dich. Und deshalb bin ich eifersüchtig auf alle, die dich nicht lieben. Denn sie sind es, an die ich dich unentwegt verliere.«

Hier ist die Lücke im Drehbuch zu Ende, der kurze Moment, in dem sie sich wortlos gegenüberstanden und jeder für sich nach einer Rettung suchte, die einen Augenblick nahe schien. Doch nun hat sie sich brüsk abgewandt und ist wieder die Treppe hinaufgegangen in ihr Zimmer. Er, immer noch auf seinem Platz, als Wächter an der Haustür, kann hören, wie sie oben den Schlüssel umdreht.

DAS SOMMERFEST | (2004)

Das erste, was sie sah, war ein Lichtstreif an der Zimmerdecke, der, schräg abknickend, die Wand herunterlief. Ab und zu huschte der Schatten eines Zweiges darüber hinweg, und sie spürte die leichte Brise, die durch das Laub der Robinie wehte. Das in den Abendnachrichten angekündigte großräumige Hoch breitete sich aus: eine gute Voraussetzung für das bevorstehende abendliche Fest.

Wie spät mochte es sein? Vielleicht so um sechs Uhr. Zu früh, um aufzustehen. Dummerweise hatte sie ihre Armbanduhr im Badezimmer liegengelassen, und das Zifferblatt des Weckers auf Rudolfs Nachttisch konnte sie nicht lesen. Sie wollte sich nicht über ihn hinwegbeugen, um ihn nicht zu wecken. Der Tag würde für sie beide anstrengend werden. Rudolf hatte am Vormittag eine Besprechung mit einem neuen Auftraggeber und nahm am Nachmittag an dem Turnier teil, das traditionellerweise das Sommerfest des Golfclubs eröffnete. Das abendliche Fest dauerte gewöhnlich bis Mitternacht und bei besonders schönem Wetter wie heute vielleicht noch eine Stunde länger.

Sie hatte versucht, sich einen ruhigen Vormittag zu reservieren, um am Abend ausgeruht und entspannt zu sein. Aber wie es immer zu sein pflegte, war wieder etwas dazwischengekommen. Wegen der kurzfristig von gestern auf heute verschobenen Anlieferung eines Biedermeiersekretärs, eines Südtiroler Bauernschranks und sechs Eßzimmerstühlen mußte sie ins Geschäft fahren, obwohl es eigentlich heute geschlossen war. Sie hatte die Möbel günstig aus einer Erbschaft erworben, wollte sie aber noch einmal genau anschauen, wegen möglicher Reklamationen. Je nachdem wie lang das dauern würde, wurde die Zeit dann schon knapp. Sie mußte das Gästezimmer herrichten und für das Wochenende einkaufen. Gegen Mittag hatte sie ihren Friseurtermin bei Frau Josten, der sich nicht mehr verschieben ließ, obwohl kurz danach Evelyn am Bahnhof eintraf. Trotz seiner alten Vorurteile gegenüber Evelyn hatte sie Rudolf gebeten, seine Schwägerin am Bahnhof abzuholen. Und er hatte das auch zugesagt. Vielleicht trug das ja dazu bei, daß sich die beiden etwas näherkamen. Das Problem war nicht Evelyn, die freundlich und ungezwungen auf alle Menschen reagierte, weil sie unterstellte, daß alle Menschen sie mochten. Das Problem war Rudolf – eine gewisse Steifheit und Strenge in seinem Wesen, die wahrscheinlich mit seiner Herkunft zusammenhing. Er war ein Mensch zwischen den Klassen, der nur auf sich selbst gesetzt hatte, mit scharfer Abgrenzung nach allen Seiten.

Sie allerdings hatte er einbezogen in seine Umgrenzung. Er war besitzergreifend und fordernd gewesen. Das war ihrem Bedürfnis, sich von ihrer Familie zu lösen, entgegengekommen. Bevor sie heirateten, hatten sie in langen Gesprächen eine weitgehende Übereinstimmung ihrer Ansichten hergestellt. Das war inzwischen undeutlicher geworden. Gewohnheiten hatten die Grundsatzgespräche ersetzt.

Warum war sie eigentlich wieder so früh wach? Sie mußte unbedingt noch zwei Stunden schlafen, um für den Tag gerüstet zu sein. Aber es hatte keinen Zweck, sich zu sagen: »Du mußt schlafen!« Besser war es, sich gleich darauf einzustellen, wach zu sein.

Sie beneidete Rudolf darum, daß er solche Schwierigkeiten nicht kannte. Er stürzte geradezu in den Schlaf, sobald er sich ins Bett legte, egal wie lange er gearbeitet hatte. Manchmal hatte sie den Eindruck, daß seine außergewöhnliche Konzentriertheit bei der Arbeit und seine Fähigkeit, minutenschnell einzuschlafen, auf demselben Persönlichkeitsmerkmal beruhten. Sie hatte sich immer gescheut, es zu benennen. Aber es schien ein leicht autistischer Zug zu sein, der ihn gegen Ablenkungen und Irritationen schützte. Manchmal war er kaum zu beeinflussen. Doch das schloß nicht aus, daß er, wenn es darauf ankam, ein geschickter Taktiker war, der es glänzend verstand, sich fremden Umständen und Machtverhältnissen anzupassen.

Sie hatte lange gebraucht, um zu begreifen, daß bei ihm das persönliche Leben und die äußere Welt schärfer und tiefer getrennt waren als bei den meisten Menschen und daß sie für ihn mal zu diesem, mal zu jenem Bereich gehörte. Als er gestern abend, nach einer kurzen Verständigung über den Ablauf des Clubfestes, wieder in sein Arbeitszimmer gegangen war, weil er noch etwas Dringendes erledigen wollte, hatte sie das Gefühl gehabt, daß sie beide etwas mehr Nähe und Austausch brauchten, bevor sie sich morgen in der Öffentlichkeit wieder als Paar präsentierten. Den ganzen Abend hatte sie herumgetrödelt, um sich abzulenken, in der Hoffnung, daß er bald Schluß machen würde mit seiner Arbeit. Schließlich war sie nach Mitternacht ins Bett gegangen, hatte noch eine Weile darauf gewartet, daß er gleich kommen werde, bis die Müdigkeit ihr wie ein Vorhang über die Augen fiel. Im Schlaf oder Halbschlaf mußte sie noch weiter gewartet haben, daß er endlich kam. Jetzt wußte sie nicht, ob sie es gesehen oder geträumt hatte, wie er lautlos ins Zimmer getreten war und den Fenstervorhang ein Stück beiseite gezogen hatte. Er war in seiner Reglosigkeit kaum von der Dunkelheit des Zimmers zu unterscheiden gewesen. Vielleicht hatte er nur nach dem Wetter geschaut.

Jetzt fiel Licht durch den Vorhangspalt. Draußen war es hell. Die Vögel zwitscherten. Er lag neben ihr, eingewickelt in seine Decke, die er bis zum Kinn hochgezogen hatte, als wollte er sich möglichst ganz von der Außenwelt abschließen. Sein unruhiger, schwerer Atem, der manchmal aussetzte und dann mit einem schnarchenden, seine Brust erschütternden Atemzug wieder begann, machte auf sie den Eindruck, als kämpfte er mit etwas, was ihn im Schlaf heimsuchte und sich an ihn klammerte, irgendein unsichtbarer Alp.

Vielleicht sah sie das nur so bedrohlich, weil sie sich Sorgen machte, Rudolf und letzten Endes auch sie beide könnten Opfer seines immer noch wachsenden beruflichen Erfolges werden. Seit er durch die Raumgestaltung einer neuen Hotelkette und einiger prestigeträchtiger öffentlicher Bauten zu einem Star der Innenarchitektur aufgestiegen war, häuften sich die Aufträge. Und da er ein Einzelgänger und Perfektionist war, der nichts aus der Hand geben wollte und sich immer noch dagegen sträubte, Atelier- und Büroräume zu mieten und ein Team aufzubauen, war er inzwischen immer häufiger gezwungen, sich nach dem Abendessen oder wenn sie von einer Einladung, einer Veranstaltung nach Hause kamen, noch einmal an die Arbeit zu setzen. Das ging oft bis weit in die Nacht hinein. Sie hatte das noch für Ausnahmen gehalten, als es schon längst die Regel war.

Nur sanft und nur selten hatte sie Einspruch erhoben, denn sie wußte, wie wichtig ihm seine Arbeit war. Seine und ihre Wertvorstellungen stimmten überein. Aber daß seine Arbeit als Innenarchitekt und ihr Antiquitätenhandel sich wunderbar ergänzten, wie alle Leute glaubten, hatte nur anfangs einige Male gestimmt. Rudolfs Experimente mit gewagten Materialkombinationen und Beleuchtungen wurden immer rigoroser und ließen kaum noch Spielraum für »Zitate historischer Raumkultur«, wie Rudolf es genannt hatte. Viel enger war er mit dem Architekturbüro verbunden, für das er die Raumgestaltung besonderer gemeinsamer Projekte entwarf. Und mit der Möbelfirma, die seine Entwürfe produzierte. Dachte sie deshalb immer häufiger an ihre gemeinsamen Anfänge?

Rudolf studierte damals Architektur und war gerade dabei, die Innenarchitektur als sein spezielles Interesse zu entdecken. Er hatte einen ausgeprägten Sinn für Materialreize, Farben und Formen. Aber sein Erfolg – das hatte sie jahrelang beobachtet – war der Erfolg einer Lebenshaltung. Am besten charakterisierte ihn ein Satz, der damals schon zum Bestand seiner Grundüberzeugungen gehörte: »Die Inspiration ist nur die Begleiterin der Kompetenz.«

Sie wußte nicht mehr, wann er das gesagt hatte. Wahrscheinlich war es Teil seiner Kritik an ihrer Art zu denken gewesen. Sie stammte aus einer Familie, in der künstlerische Kreativität als etwas Wunderbares und im Grunde Unerklärbares galt. Deshalb war Rudolfs Umkehrung der Werte ein Tabubruch für sie gewesen. Doch sie hatte sich von diesem Satz angesprochen gefühlt. Sie, die als die sechs Jahre Ältere früh für ihre kleine, von allen verwöhnte und bewunderte Schwester Evelyn Verantwortung übernehmen mußte und von den Eltern für ihre Zuverlässigkeit und ihre Vernunft gelobt worden war, hatte ihre eigenen Qualitäten immer für zweitrangig gehalten. Die Begegnung mit Rudolf veränderte ihren Blick. Sie fühlte sich durch ihn in ihren Fähigkeiten und in ihrem Wesen bestätigt, und der gemeinsame Lebenserfolg hatte ihnen recht gegeben.

Im Gegensatz zum Leben Evelyns, die nach dem Tod der Eltern ins Schleudern geraten war und auf allen möglichen Gebieten dilettiert hatte, als Model und Fotomodell, Fotografin und Sängerin in einer Amateurband, nebenbei mit einem Teeladen, den sie schludrig führte und wegen Wegbleibens der Kunden wieder schließen mußte. Sie hatte mehrere Ausbildungen angefangen und wieder abgebrochen und war auch in ihren vielen Liebschaften über romantische oder leidenschaftliche Anfänge nie hinausgelangt. In Rudolfs Augen war sie eine unreife, selbstverliebte, illusionistische Person.

Sie bereute jetzt manchmal, daß sie ihm so viel von ihrer und Evelyns Kindheit erzählt hatte, denn das hatte sein Vorurteil etabliert. Aber damals, als sie sich kennenlernten, hatte sie den Wunsch gehabt, sich ihm restlos mitzuteilen, um ganz verstanden und ganz akzeptiert zu werden. Als ihr klargeworden war, daß sein Beruf ihn immer mehr absorbierte, war auch sie in den Golfclub eingetreten, um ihm wieder etwas näher zu sein. Bei Clubfesten saßen sie jetzt häufig am Präsidententisch, im Zentrum der allgemeinen Aufmerksamkeit und der Rituale. Das verdankten sie der Tatsache, daß Rudolf ein hervorragender Golfer war. Er hatte mit der Clubmannschaft mehrere renommierte auswärtige Turniere gewonnen. Genauso entscheidend war sicherlich sein beruflicher Erfolg gewesen. Rudolf sprach nicht gerne darüber. Er hatte nie ein Wort darüber gesagt, daß seine Mitgliedschaft in dem alten, angesehenen Club für ihn als Geschäftsmann von beträchtlichem Nutzen war. Seine Abneigung gegen jede Verquickung des Privaten und des Geschäftlichen war wohl auch der Grund, weshalb es ihm nicht recht war, daß sie Evelyn zum Sommerfest eingeladen hatte. Er hatte überhaupt nicht reagiert, als sie davon gesprochen hatte. Daraufhin hatte sie selbst den Präsidenten angerufen und ihm ihren Wunsch vorgetragen, ihre jüngere Schwester zum Sommerfest mitzubringen. Der Präsident hatte überaus liebenswürdig geantwortet: »Aber natürlich! Das ist eine reizende Idee. Alle Herren werden sich freuen, Ihre Schwester kennenzulernen. Ich übrigens an erster Stelle.«

Gesellschaftlich kam sie mit dem Milieu besser zurecht als Rudolf, der überhaupt kein Gesellschaftsmensch war. Das »flockige Gerede«, wie er es nannte, und das Erzählen von Witzen und Anekdoten war nicht seine Sache. Erst recht nicht das gemeinschaftliche Lachen über menschliche Dummheiten und Irrtümer, das er die »Verbrüderung der Stammhirne« nannte. Einmal hatte sie gesehen, wie er bei einem Ausbruch allgemeinen Gelächters angewidert vor sich hin blickte: der Außenseiter und Einzelgänger, der er trotz seiner überdurchschnittlichen Erfolge auf allen Gebieten immer geblieben war.

In diesem Augenblick hatte sie sich ihm sehr nahe gefühlt und in ihm wieder den jungen Mann gesehen, der er gewesen war, als sie sich kennenlernten. Damals hatte sie gedacht, daß er ein Geheimnis in sich trug, das er selbst noch nicht kannte, und sich gewünscht, ihm zu helfen, es zu entdecken.

Er lag neben ihr wie niedergestreckt und innerlich verdunkelt. Sie hätte ihn gerne berührt und sich an ihn geschmiegt, doch sie sagte sich, daß sie ihn nicht wecken dürfe, weil er dringend seinen Schlaf brauchte. Der Tag würde ihnen beiden viel abverlangen, ihm noch mehr als ihr. Eine Zeitlang wollte sie noch neben ihm liegenbleiben. Einschlafen konnte sie wohl nicht mehr.

Als sie aufstand und im Badezimmer auf ihre dort liegende Armbanduhr blickte, war es kurz nach sieben, nicht ungewöhnlich früh, aber sie fühlte sich unausgeschlafen. Weil sie ahnte, wie verquollen sie aussah, verzichtete sie darauf, die Beleuchtung über dem Waschtisch einzuschalten, und begnügte sich mit einem flüchtigen Blick in den dämmrigen Spiegel, aus dem ihr eine graugesichtige Frau mit zerwühltem Haar entgegenschaute. Sie hatte das unangenehme Gefühl, sie sähe sich selbst aus der Zukunft an, einer Zukunft, die sie schon in sich trug. Glücklicherweise hatte sie heute den Mittagstermin bei Frau Josten, die sie wiederherstellen würde. Sie gehörte zu den wenigen privaten Kundinnen, die Frau Josten bei sich zu Hause bediente, nachdem sie vor zwei Jahren ihren Salon verkauft hatte. Der Friseurtermin war für sie jedesmal wie eine Kur. Doch um an diesem Morgen überhaupt in Gang zu kommen, brauchte sie jetzt erst einmal eine Wechseldusche.

Sie saß in der Küche bei einem schnell zusammengestellten Frühstück mit Müsli, Saft und Kaffee, als Rudolf hereinkam. Er trug den dunkelgrünen Morgenmantel mit dem schwarzen Schalkragen, den sie ihm zum Geburtstag geschenkt hatte, seine nackten Füße steckten in schwarzen Lederpantoffeln. Sie hatte so früh noch nicht mit ihm gerechnet. Er war bleich und unrasiert. Wahrscheinlich hatte ihn die innere Unruhe geweckt, die schon seinen Schlaf beherrscht hatte. Keine gute Voraussetzung für das Golfturnier am Nachmittag. Aber er würde es sich nicht nehmen lassen, dennoch daran teilzunehmen. Meistens schaffte er es doch noch, auf den Punkt wieder in Form zu kommen.

»Hast du einen Kaffee für mich?« fragte er.

»Bedien dich«, sagte sie und wies auf die Kanne, die auf dem Rechaud stand.

Er schlurfte zum Küchenschrank und kam mit einer Tasse zum Tisch zurück, um sich, immer noch stumm, den Kaffee einzugießen, einen Schluck zu trinken und sich dann zu setzen. Er wirkte, als wäre er noch nicht ganz wach.

»Ich muß gleich weg«, sagte sie.

»Wohin?«

»Ins Geschäft. Wegen einer Möbellieferung, die eigentlich für gestern vorgesehen war. Denk bitte daran, daß du Evelyn abholen mußt. Ich bin ja um die Zeit noch bei Frau Josten.«

»Ich weiß«, sagte er.

Sie hätte am liebsten gefragt, was er wisse. Denn sie hatte den Eindruck, daß er mit seiner kurzen Antwort etwas weggewischt hatte, was ihn störte. Aber sie wollte ihn nicht reizen.

»Wann mußt du weg?« fragte sie.

»In anderthalb Stunden. Es wird nicht lange dauern. Ich will mir erst einmal die Räume ansehen.«

Sie wußte, daß es für ihn darum ging, den attraktiven Auftrag für die räumliche Neugestaltung einer Bank zu bekommen. Heute fand nur eine Vorbesprechung statt. In diesem Stadium war er meistens sehr wortkarg. Er hatte es ihr auch einmal erklärt. »Man operiert am besten aus der Deckung heraus«, hatte er gesagt. Die Taktik war typisch für ihn, allerdings wohl nur deshalb erfolgreich, weil ihm schon ein besonderer Ruf vorausging. Wahrscheinlich waren die Leute nach seiner anfänglichen Wortkargheit verblüfft, wenn er nach einer Weile anfing, ihnen beredt seine Vorstellungen zu erläutern. Er konnte einfach und anschaulich sprechen, verfügte aber auch über ein Repertoire eleganter, selbstgeprägter Begriffe. Einmal, als es darum ging, einen Barockschrank in einem Hotelfoyer zu plazieren, hatte er das eine »ästhetische Nobilitierung des Raumes« genannt. Solche Formulierungen, die später in den Fachzeitschriften auftauchten, schien er nach Bedarf aus dem Ärmel zu schütteln.

Heute morgen sah Rudolf mitgenommen, geradezu zerschlissen aus, wie er dort saß und stumm vor sich hin blickte. Sein rechter Unterarm lag lahm auf dem

Tisch. Sein Zeigefinger steckte im Henkel der Tasse, in der noch ein Bodensatz Kaffee war.

»Willst du heute nachmittag wirklich an dem Turnier teilnehmen?« fragte sie.

»Ich bin gemeldet«, sagte er kurz.

Sie widersprach nicht. Es war ihr recht, daß er am frühen Nachmittag in den Club fuhr. Dann hatten Evelyn und sie den Nachmittag für sich.

Über eine Stunde später, als sie gedacht hatte, kam sie aus dem Geschäft zurück. Das Geschirr und die Reste des Frühstücks standen als Rudolfs Hinterlassenschaft auf dem Küchentisch. Anscheinend hatte er getrödelt und war dann plötzlich in Eile gewesen. Normalerweise hätte er wenigstens das Geschirr in der Spüle unter Wasser gesetzt und das Weitere ihr überlassen. Aber das war jetzt unwichtig. Hauptsache, er kam bald von seiner Besprechung zurück. Sie wusch schnell ab und räumte alles weg und ging nach oben ins Gästezimmer, um das Bett für Evelyn zu beziehen. Dann musterte sie ihre Garderobe, um für sich und für Evelyn Kleider für das abendliche Fest auszuwählen.

Kleidertausch, Kleiderwechsel war früher schon ein schwesterliches Vergnügen gewesen. Als Evelyn in finanziellen Schwierigkeiten war, hatte sich daraus ganz natürlich die Gelegenheit ergeben, ihr ab und zu ein Kleid oder ein Kostüm zu schenken. Es war leicht, Evelyn etwas zu schenken, weil sie sich so unbefangen freute. Trotz des Altersunterschieds von sechs Jahren hatten sie nahezu die gleiche Figur. Der auffälligste Unterschied war die Haarfarbe. Ihr Haar war kastanienbraun, Evelyns rotblond. Außerdem trug sie einen

Herrenschnitt und Evelyn einen Schwall weicher Locken. Auch bei der Kleiderauswahl wollte sie die Unterschiede betonen. Für Evelyn hängte sie ein weißes, tief ausgeschnittenes, reich mit Spitze besetztes Kleid beiseite. Es hatte ein romantisches, vielleicht sogar mädchenhaftes Flair, was ihrer Meinung nach vorzüglich zu Evelyns Typ paßte. Vielleicht brachte Evelyn aber auch ein eigenes Kleid mit, in dem sie sich wohler fühlte. Für sich selbst hatte sie ursprünglich ein kupferfarbenes Seidenkleid vorgesehen gehabt, das einen schmalen, vorne offenen Stehkragen hatte und einen breiten Gürtel aus demselben Stoff, der an der Hüfte in zwei Bahnen herunterfiel. Es war ein zurückhaltendes, elegantes Kleid, das ihr gut stand.

Ihre Vorliebe galt einem anderen Kleid, das sie erst vor einigen Tagen gekauft hatte, als sie es beim Einkauf von modischen Accessoires zufällig an einem Kleiderständer entdeckte. Es war ein Etuikleid aus goldfarbener Seide, in die, einige Tonstufen dunkler, große, gefüllte Rosenblüten eingewebt waren. Das Kleid war ein Einzelstück, außerhalb der aktuellen Mode. »Ein absoluter Hingucker«, hatte die Verkäuferin gesagt.

»Ja, das stimmt«, hatte sie geantwortet und weiter auf das Kleid gestarrt, bevor sie sich entschloß, es anzuprobieren, in der Erwartung, es würde ihr nicht passen. Aber es saß. Vor dem großen, bodenlangen Spiegel mit den beiden Seitenflügeln hatte sie sich hin- und hergewendet, während die Verkäuferin in abwartendem Schweigen schräg hinter ihr stand und ihr Zeit ließ, sich an den Anblick zu gewöhnen. War sie das wirklich? Das würden sich auch andere fragen, wenn sie damit beim Clubfest erschien. Rudolf vor allem. Er würde ganz sicher erstaunt sein. Vielleicht auch ein bißchen stolz.

»Es sitzt einwandfrei«, sagte die Verkäuferin. »Und es steht Ihnen hervorragend.«

»Ja«, hatte sie leise, wie für sich gesagt und sich wieder hin- und hergewendet.

»Perfekt«, sagte die Verkäuferin. »Daran würde ich nichts ändern. Natürlich gehören andere Schuhe dazu.«

Dann hatte die Verkäuferin wieder geschwiegen, um deutlich zu machen, daß sie jede Entscheidung respektiere. Schließlich hatte sie das Kleid gekauft und war auch gleich losgezogen, um die passenden Schuhe dazu auszusuchen. Rudolf hatte sie noch nichts gesagt.

Wo blieb er überhaupt? Es sollte doch nur eine kurze Vorbesprechung sein. Erreichen konnte sie ihn da nicht. Denn er stellte grundsätzlich sein Handy ab, wenn er in einer Besprechung war. Hatten sie überhaupt verabredet, daß er nach der Besprechung erst herkommen solle? Sie hatte das selbstverständlich angenommen. Doch würde er vielleicht gleich von dort zum Bahnhof fahren, um Evelyn abzuholen. Und falls er nicht anrief, würde sie nicht wissen, ob alles klappte oder etwas dazwischengekommen war. Sie befürchtete, Evelyn könnte sich ein Taxi nehmen und mit ihrem Koffer vor die verschlossene Haustür kommen. Sollte sie ihren Termin absagen und selbst zum Bahnhof fahren? Dann konnte sie auch gleich darauf verzichten, heute abend zum Fest zu gehen. Schon seit Tagen war sie nervös. Das hing mit der Spannung zwischen Rudolf und Evelyn zusammen. Vor allem aber mit ihrem nicht zu vertreibenden Gedanken, für alles verantwortlich zu sein.

Einkaufen mußte sie auch noch. Aber dafür blieb jetzt keine Zeit mehr. Sie musterte die Vorräte im Kühlschrank, als sie Rudolf zur Haustür hereinkommen hörte. Sie trafen sich im Wohnzimmer.

»Ach, da bist du ja«, sagte sie.

»Nicht unbedingt ein Grund zur Überraschung«, antwortete er.

An der Art, wie er es sagte, merkte sie, daß die Besprechung wunschgemäß verlaufen war.

»Wie war's denn?« fragte sie.

»Ich kann den Auftrag bekommen. Aber es ist nicht ganz mein Ding.«

»Warum?«

»Die Grenzen sind ziemlich eng gezogen, schon vom Zweck der Räume her. Aber darauf kann ich mich noch einstellen. Das Schlimme ist, daß zwei ältere Direktoren, die noch im Aufsichtsrat sitzen, zu ihrer Zeit eine Kunstsammlung aufgebaut haben. Sie wollen die Bilder natürlich präsentieren. Darauf kann ich mich auf keinen Fall einlassen.«

»Was sind das denn für Bilder?«

»Der übliche welk gewordene Kunstsalat von Chagall bis Paul Klee. Es ist ein Sammelsurium. Sie sind richtig stolz auf ihre Sammlung. Wahrscheinlich sind sie immer dafür gelobt worden. Ich habe ihnen gesagt, damit könne ich nichts anfangen. Der Raum solle das Kunstwerk sein, nicht die Bilder, die an der Wand hängen.«

»Und? Was haben sie geantwortet?«

»Ich glaube, sie waren ziemlich sprachlos. Aber die Jüngeren waren auf meiner Seite. Sie konnten es nur nicht deutlich zu erkennen geben. Übrigens war ich erstaunt, wie total abgeweidet die meisten dieser Bilder inzwischen wirken.«

Immer wenn er sich so abfällig über zeitgenössische Kunst äußerte, hatte sie den Eindruck, daß er das eigentlich zu ihr sagte. Er bekämpfte immer wieder ihre »naive Kunstgläubigkeit«, wie er es nannte. Es lag ihr auf der Zunge zu sagen: »Du kannst eben nichts neben dir gelten lassen.« Statt dessen sagte sie: »Du, ich muß leider weg. Und du mußt ja auch bald aufbrechen.«

»In einer Viertelstunde«, sagte er.

»Noch etwas«, sagte sie. »Ich wollte ja eigentlich einen Mittagsimbiß vorbereiten. Aber ich schaff' das nicht mehr. Geh doch mit Evelyn irgendwo eine Kleinigkeit essen. Wenn ihr dann nach Hause kommt, bin ich vielleicht schon wieder da.«

»Gut«, sagte er, »bis dann.«

Er wollte sich abwenden, merkte aber, daß sie noch etwas auf dem Herzen hatte, und schaute sie fragend an.

»Gib mir noch einen Kuß«, sagte sie.

Als er auf sie zukam, bereitwillig und stumm, und seinen Mund auf ihren Mund drückte, spürte sie erschrocken die Taubheit ihrer Lippen.

Unterstützt von Frau Jostens Händen, legte sie ihren Kopf rückwärts in die Halsmulde des fahrbaren Waschbeckens. Und um sich zu entspannen, schloß sie die Augen. Sie hatte alles geschafft. Nun konnte sie sich verwöhnen lassen. Das Wasser der Handdusche rauschte ins Becken. Frau Josten prüfte die Temperatur und durchnäßte dann ihr Haar. »Ist es so angenehm?« fragte sie. Ja, es war angenehm. Die ganze

Prozedur des Haarewaschens war angenehm. Vor allem der sanfte, kreisende Druck von Frau Jostens Fingerspitzen auf der Kopfhaut und an den Schläfen. Frau Josten nahm sich immer viel Zeit für die Kopfmassage, bevor sie die Haare ein wenig föhnte und mit dem Schneiden begann. Dabei unterhielt sie sich gerne, ohne daß ihre Konzentration nachließ. Sie wollte etwas über das Clubfest wissen, von dem sie schon gehört hatte. Ihre Fragen waren so einfach zu beantworten, daß sie die entspannte Passivität, der sie sich überlassen hatte, nicht störten. Das Kämmen und Schnipseln rund um ihren Kopf betäubten sie ein wenig, und ihre Gedanken entglitten der Situation. In diesen Minuten mußte Evelyns Zug eintreffen. Undeutlich sah sie den Bahnsteig und die Wagenkette, an der sich die Türen öffneten. Eine blonde Frau mit einer Reisetasche blickte sich beim Aussteigen auf dem Bahnsteig um. Es war Evelyn. Und irgendwo mußte auch Rudolf sein, der auf sie zukam. Das Bild löste sich auf, bevor sie sich trafen. Statt dessen sah sie das Bild ihres Hinterkopfes, das Frau Josten mit einem Handspiegel in den großen Wandspiegel projizierte, damit sie die fertige Frisur von allen Seiten betrachten konnte. Es war ihre gewohnte Frisur.

»Nicht zufrieden?« fragte Frau Josten.

»Doch, aber … ich finde mich langweilig. Kann man nicht noch etwas tun?«

»Man kann vieles«, sagte Frau Josten. »Woran denken Sie denn?«

»Ich weiß nicht. Irgend etwas Besonderes. Aber bitte keine Locken.«

»Ich könnte Ihnen ein paar Strähnen färben.«

»Ja, das wär doch was. Das sollten wir tun.«

»Dann wollen wir es auch richtig machen. Die Strähnen müssen zu Ihrer Haarfarbe passen und sich zugleich davon abheben. Aber wenn wir es im Hinblick auf heute abend ganz richtig machen wollen, dann sollten wir auch noch die Farbe Ihres Kleides bedenken. Sie haben doch sicher längst entschieden, welches Kleid Sie heute abend anziehen.«

»Sicher bin ich mir noch nicht.«

»Das sollten wir jetzt aber entscheiden«, sagte Frau Josten.

Plötzlich erschien es ihr unmöglich, das goldene Kleid mit dem Rosenmuster zu wählen, denn sie fürchtete, daß es Frau Josten nicht gefallen würde. Auch Rudolf würde es nicht mögen. Niemandem würde es an ihr gefallen. Es würde an ihr unpassend wirken wie eine entlarvende Geschmacklosigkeit. Es war ein Fehler gewesen, es trotz ihrer Bedenken zu kaufen, weil die Verkäuferin sie gedrängt hatte und sie sich im Spiegel in einer überraschenden Grandiosität erschienen war. Glücklicherweise konnte sie den Irrtum noch korrigieren.

»Ich werde ein einfach geschnittenes kupferfarbenes Seidenkleid anziehen«, sagte sie.

»Sehr gut«, sagte Frau Josten. »Das steht Ihnen bestimmt ausgezeichnet. Aber Sie haben noch an etwas anderes gedacht, glaube ich?«

»Das war nur ein spleeniger Einfall. Ich bleibe bei kupferfarben.«

»Darin kann ich Sie nur bestärken. Es wird top aussehen zu Ihren braunen Haaren.«

»Gut, ich riskiere es mit den Strähnen.«

»Dann rühre ich jetzt mal die Farbe an«, sagte Frau Josten.

Rudolfs Wagen stand in der Einfahrt, als sie nach Hause kam. Dann war Evelyn also da.

Sicher fragte sich Rudolf schon, wo sie so lange blieb. Die Prozedur war ziemlich aufwendig gewesen, weil die Tinktur mindestens eine halbe Stunde einziehen mußte, bevor man das Haar spülen, föhnen und frisieren konnte.

Als sie sich mit den in Stanniolfolie eingewickelten Strähnen im Spiegel gesehen hatte, war sie von einer leisen Panik erfaßt worden. Worauf hatte sie sich bloß eingelassen? Wie würde man es aufnehmen heute abend? Und was würde Rudolf sagen? Frau Josten hatte ihr eine Illustrierte gebracht. Sie hatte darin geblättert und das Blatt weggelegt. Und um sich dem grotesken Spiegelbild ihres Kopfes mit den abstehenden Stanniolrollen zu entziehen, hatte sie einen Moment die Augen geschlossen. Dann war Frau Josten mit Kaffee und Gebäck gekommen, und sie hatte sich von ihrer momentanen Schwäche erholt.

Als sie die Haustür aufschloß, hörte sie im Wohnzimmer Evelyns helle Stimme. Sie sprach mit Rudolf, der etwas Bestätigendes antwortete. Beide schienen sie nicht gehört zu haben, denn sie schauten ihr mit der übertriebenen Aufmerksamkeit eines Blitzlichtfotos entgegen. »Da bist du ja, Claudia!« rief Evelyn, sprang auf und umarmte sie. Einen Augenblick hielten sie einander umschlungen und tauschten Küsse aus. Dann löste sie sich und sagte: »Tut mir leid, es hat länger gedauert. Aber ich hoffe, ihr habt euch gut unterhalten.«

An Rudolf gewandt sagte sie: »Ich habe angenommen, du wärst schon weg.«

»Ich habe schon im Club angerufen. Da gab es glücklicherweise eine kleine Verzögerung. Aber jetzt muß ich sofort fahren.«

»Kommst du nach dem Turnier noch einmal her?«

»Nein, ich habe alles dabei und ziehe mich im Club um. Kommt bitte mit dem Taxi. Dann können wir heute nacht zusammen in meinem Auto zurückfahren.«

Er machte eine Pause und schaute sie an.

»Was hat Frau Josten mit deinen Haaren gemacht?«

»Ach, schau an, du hast es bemerkt.«

»Allerdings.«

»Wenn ihr die Strähnchen meint ... die finde ich super«, sagte Evelyn.

»Gewöhnungsbedürftig«, meinte Rudolf.

»Ja, dann versuch mal, dich daran zu gewöhnen«, sagte sie.

Als Rudolf gegangen war, sagte sie: »Als Innenarchitekt ist er im Augenblick ja der letzte Schrei, aber persönlich ist er konservativ bis auf die Knochen. Wie seid ihr denn miteinander ausgekommen?«

»Gut«, sagte Evelyn.

Draußen fuhr sein Wagen aus der Einfahrt. Sie hörte das sich entfernende Motorgeräusch und dachte: Er ist froh, daß er zu seinem Turnier fahren kann.

»So, nun machen wir es uns gemütlich«, sagte sie. »Ich hab seit dem Frühstück nichts mehr gegessen. Du wahrscheinlich auch nicht. Ich schlage vor, wir machen uns einen Salat und essen nachmittags ein Stück Kuchen. Abends im Club gibt es dann das große Buffet.«

Es war nicht nur die Rolle der Gastgeberin, in der sie sich reden hörte, sondern es war die vernünftige, dominante Stimme der älteren Schwester, die immer die Regie geführt hatte. Und es war, wie ihr schien, der Part der Jüngeren, der Evelyn antworten ließ: »Ich hab noch keinen Hunger. Rudolf hat mir am Bahnhof eine Elsässer Rahmschnitte spendiert. Er wollte selbst eine essen, und ich sollte ihm unbedingt Gesellschaft leisten.«

»Du, das erinnert mich an unsere Verlobungszeit und das erste Ehejahr. Da wollte er auch nie was essen, wenn ich nicht mitaß. Das hat sich aber bald verloren. Hast du eigentlich noch mal etwas von Markus gehört?«

»Nein, absolut nichts.«

»Das finde ich ja brutal.«

»Mir ist es inzwischen recht so.«

»Wirklich?«

»Ja, wirklich.«

»Im Grunde ist das ja gut so. Aber es erstaunt mich.«

Sie erinnerte sich noch sehr genau. Vor allem an die vielen Telefongespräche, die sie geführt hatten, weil Evelyn in ihrer Verzweiflung bei ihr Rat und Unterstützung gesucht hatte. Es war ein Verhältnis mit einem verheirateten Mann gewesen, das sich fast über drei Jahre hingezogen hatte. Nicht eine der vielen Liebschaften Evelyns, sondern für beide Seiten eine ernste und dramatische Geschichte. Evelyn hatte sie sogar einmal zusammen mit diesem Mann besucht, weil sie anscheinend gehofft hatte, ihn auf diese Weise noch mehr an sich zu binden. Sie war damals ziemlich aufgedreht gewesen, und ihr Begleiter hatte neben ihr still und zurückhaltend gewirkt. Man hatte ihm die Last angemerkt, die er mit sich herumtrug.

Wahrscheinlich hatte damals sein innerer Rückzug begonnen.

Sie hatte mehr Verständnis für den Mann als für Evelyn gehabt, und vielleicht hatte er das gespürt und sich durch sie bestätigt gefühlt. Sie hatte in seinem Blick seine stumme Dankbarkeit wahrgenommen. Rudolf hatte auf andere Weise zum Rückzug des Mannes beigetragen. Er war kalt und höflich gewesen und hatte durch Wortkargheit seine Ablehnung dieser Leidenschaftsgeschichte ausgedrückt, die in seinen Augen eine haltlose und unwürdige Affäre war.

Evelyn hatte das wohl alles anders und unvollständig wahrgenommen, weil sie völlig von ihren Wünschen besetzt war. Trotzdem hatte sie ihr nachträglich einen sehr persönlichen Gruß von dem Mann bestellt. Der durchs Telefon vermittelte Satz hatte sich ihr wörtlich eingeprägt: »Markus läßt dich grüßen und dir danken. Er hat gesagt, du seist eine großartige Frau, so klug, so liebenswürdig und absolut vornehm in der Erscheinung und im Wesen.« Es war das schönste Kompliment, das sie in ihrem Leben bekommen hatte. Ganz unbefangen, geradezu arglos hatte Evelyn ihr diese Worte mitgeteilt, vielleicht weil sie damit um ihre Gunst geworben hatte. Kurz danach war dann die Krise ausgebrochen, die zum Ende von Evelyns vielleicht einziger großer Liebesgeschichte geführt hatte. Es war auch ein Rückzug Evelyns von ihr gewesen. Bis heute. Bis zu dem Moment von vorhin, als sie sich zur Begrüßung stürmisch umarmt und geküßt hatten.

Es war die richtige Idee, das längst fällige Wiedersehen mit einer Einladung zum Sommerfest des Clubs zu verbinden. Denn Evelyn hatte Enttäuschung und Einsamkeit erlebt und brauchte Gesellschaft, um ihre Unbefangenheit und Leichtigkeit wiederzufinden, die sie früher überall beliebt gemacht hatten und wohl auch einen wesentlichen Teil ihrer erotischen Ausstrahlung darstellten.

So etwas konnte man nicht nachahmen. Sie konnte sich nur bewußt von ihr unterscheiden. Ihre Ehe mit Rudolf war grundsätzlicher und auch praktischer begründet als Evelyns Liebesgeschichte mit einem verheirateten Mann, der nicht wußte, was er wollte, und zweifellos an Evelyns Selbsttäuschung mitschuldig war. Ein Mann – das mußte sie manchmal denken, wenn ihr seine überraschenden Grußworte einfielen –, der vielleicht sogar besser zu ihr gepaßt hätte. Sie hätte ihm die Sicherheit geben können, um eine so einschneidende Lebensveränderung wie eine Ehescheidung durchzustehen. Wahrscheinlich hatte er das erkannt und sie auf diesem ungewöhnlichen Weg wissen lassen, daß sie die Frau war, die er sich wünschte. Das waren seltsame Gedanken, die sie immer gleich wegschob, weil sie sie nicht gebrauchen konnte. Sie waren wie ein kurzer Wink aus einem anderen Leben, das vielleicht ihr Leben hätte werden können, wenn einige Umstände – sie konnte nicht sagen, welche – ein wenig anders gewesen wären. Sie machte keinen Versuch, sich dieses mögliche andere Leben vorzustellen. Aber sie hatte sich gesagt: Für diesen Mann wäre ich die Hauptsache im Leben gewesen. Jedenfalls hat er mich das wissen lassen.

Möglicherweise hatte Rudolf etwas davon gespürt, was seine kalte höfliche Zurückhaltung erklären konnte. An Evelyn war damals wohl alles wie ein zu schnell laufender Film vorbeigezogen.

Gut, daß sie jetzt da war! Und daß das Abholen am Bahnhof geklappt hatte. Wenn nicht, wäre das eine schlechte Voraussetzung für ihr Wiedersehen und das Sommerfest gewesen. Aber nun konnten sie sich gemeinsam darauf freuen. Auch Rudolf hatte sich wohl entschlossen, seine alten Vorurteile zu begraben.

Evelyn hatte ihr den Abzug eines alten Fotos mitgebracht, das sie selber nicht mehr besaß, weil sie es irgendwann zerrissen hatte. Es zeigte sie beide beim gemeinsamen Musizieren. Evelyn spielte Geige, und sie saß am Klavier. Es war eine von den Eltern arrangierte Szene. Sie hatte nach ihrem Auszug aus dem Elternhaus das Klavierspiel aus Mangel an Gelegenheit aufgegeben. Aber auch in dem Bewußtsein, daß ihr die Begabung fehlte, um über ein gefälliges Allerweltsgeklimper hinauszukommen. Evelyn hatte die Geige gehaßt. Statt dessen hatte sie ihre hübsche Stimme entdeckt und gelegentlich, aber auch nur kurze Zeit, in einer Amateurband gesungen, solange nämlich ihr Verhältnis mit dem Saxophonisten der Band gedauert hatte.

Sie schaute auf das Foto, das sie in der Hand hielt. Beide sahen sie so starr aus, als spielten sie nicht, sondern posierten für den Fotografen. Wahrscheinlich hatte ihr Vater sie so hingestellt und mehrfach ihre Haltung korrigiert.

»Wir sehen nicht gerade beschwingt aus«, sagte sie. »Ich mag es eigentlich gar nicht anschauen. Aber unsere Eltern fanden es wohl schön. Ich sehe sie jetzt als ganz fremde Menschen.«

Evelyn blickte vor sich hin, als erinnerte sie sich an etwas Bestimmtes. Schließlich sagte sie: »Wer ich eigentlich bin, weiß ich auch nicht.«

»Dieses Gefühl kenne ich.«

»Du? In deinem festgefügten Leben! Das verstehe ich nicht.«

»Ja, dann ...«, sagte sie, »lassen wir das Thema besser.«

Aus irgendeinem Grund versuchte Evelyn, sie zu provozieren. Wenn sie sich längere Zeit nicht gesehen hatten, gab es häufig so ein Geplänkel. Sie mochte das überhaupt nicht. Es war ein unehrlicher Ausdruck von verborgener Rivalität und ein lästiger Zwang, dem man unversehens nachgab, so wie man unwillkürlich mit der Zungenspitze immer wieder über eine wunde Stelle im Zahnfleisch fährt. Bevor es so weiterging, mußte man entschlossen damit Schluß machen.

»Ich verstehe im Augenblick nur eins«, sagte sie. »Auch in einem total mißglückten Leben muß man ab und zu etwas essen.«

»Das ist auch mein Motto«, sagte Evelyn.

»Also gehen wir jetzt erst mal in die Küche.«

Anschließend gingen sie nach oben und musterten die Kleider für das Fest. Evelyn hielt sich das weiße Kleid mit den Stickereien und dem tiefen Rückenausschnitt vor und betrachtete sich im Spiegel. Sie hatte auch ein eigenes Kleid dabei. Es war schlichter und anspruchsloser als das weiße, wäre aber für ein Sommerfest auch brauchbar gewesen. Weniger für einen gemeinsamen Auftritt, der die Blicke auf sich zog. Dazu mußten sie ebenbürtig gekleidet sein.

»Willst du das weiße nicht einmal anprobieren?« fragte sie.

»Nein, ich glaube nicht. So seh ich mich nicht.«

»Ach, ich fand, es sei wie für dich gemacht.«

»Es ist mir zu mädchenhaft. Und zu romantisch.«

Sie hängte das Kleid wieder in den Schrank zurück.

»Zeig mir doch mal dein Kleid«, sagte sie.

Noch irritiert, daß ihr Konzept für den gemeinsamen Auftritt fehlgeschlagen war, zeigte sie Evelyn das kupferfarbene Seidenkleid mit dem Stehkragen und dem breiten Stoffgürtel und erntete lebhafte Zustimmung: es passe zu ihr, sei elegant, und die gefärbten Haarsträhnen seien das Tüpfelchen auf dem i.

»Zieh es doch gleich mal an«, sagte Evelyn.

»Nein, warum? Wir ziehen uns doch in einer guten Stunde sowieso um. Erst müssen wir uns mal um dich kümmern. Und ich muß auch noch für das Wochenende einkaufen.«

Evelyn schien unsicher zu sein, faßte den kupferfarbenen Seidenstoff an, zog noch einmal das weiße Kleid ein Stück heraus, schob dann beide Kleider auf der Stange beiseite und blickte auf das am Rand hängende goldfarbene Kleid mit dem Rosenmuster.

»Was ist das hier?« fragte sie und zog einen Ärmel ins Licht, um den Stoff zu zeigen.

»Das? Das Kleid hab ich mir vor einiger Zeit gekauft, finde aber, daß es nicht zu mir paßt.«

»Das würde ich gerne mal anziehen«, sagte Evelyn.

»Ja gut, dann zieh es an. Ich muß aber jetzt weg.«

»Du mußt weg?«

»Ja, ich muß noch einkaufen. Ich sagte es doch schon. Aber probier das Kleid ruhig einmal an. Ich bin in einer Dreiviertelstunde wieder da.«

Als sie aus dem Zimmer ging, sah sie noch, daß Evelyn sich wieder dem Kleid zuwandte und es aus dem Schrank nahm, und ein verworrenes Gefühl von Ohnmacht und Neid überschwemmte sie. Es ist mein Kleid, dachte sie. Aber sie hat recht, es sich zu nehmen, denn ich habe ja nicht den Mut dazu gehabt. Ich hatte ja schon Angst vor Frau Jostens Ablehnung. Ich konnte mich nicht dagegen behaupten. Evelyn wird es sich wahrscheinlich nehmen. Auch wenn mir das nicht gefällt – sie ist im Recht.

Während sie ihren Einkaufswagen an den Regalen des Supermarktes vorbeischob und ihn mehr oder minder zufällig mit Waren füllte, auf die ihr Blick fiel, sackte ihre Stimmung ab. Der Gedanke, mit Evelyn zum Sommerfest gehen zu müssen und stundenlang unter Menschen zu sein, die in Festlaune waren oder jedenfalls so taten, belastete sie. Vor allem irritierte sie das Gefühl, daß sie nicht mehr wußte, wie sie aussah mit ihren gefärbten Haarsträhnen. Nein, sie hatte keine Lust mehr auf dieses Fest. Doch absagen wegen Kopfschmerzen und Rudolf und Evelyn allein gehen lassen konnte sie auch nicht. Darüber brauchte sie erst gar nicht nachzudenken. Sie mußte sich aufraffen und gleich, wenn sie zurückkam, sich zusammen mit Evelyn für das Fest zurechtmachen. Aber zunächst mußte sie sich jetzt auf das Einkaufen konzentrieren, weil sie ihren Einkaufszettel vergessen hatte. Hatte sie schon alles? Was fehlte noch? Sie schob ihren Wagen an den Regalen entlang, langte hier- und dorthin, unfähig nachzudenken.

Sie war gerade dabei, ihre Einkäufe auszupacken, als Evelyn in die Küche kam. Sie hatte das goldene Kleid angezogen und präsentierte sich darin. Die Art, wie sie dastand und lächelte – eine Hand mit dem Handrücken auf die Hüfte gestützt und einen Fuß etwas vorgeschoben –, hatte etwas Triumphierendes, war aber wahrscheinlich nur die übermütige Parodie einer typischen Modelpose. Evelyn fühlte sich offensichtlich wohl in diesem auffallenden Kleid. Das gab ihrem Auftritt die Überzeugungskraft. Das Kleid wirkte an ihr wie eine Inszenierung, die verborgene Möglichkeiten ihrer Person hervortreten ließ. Das hatte sie wohl geahnt und so spontan nach dem Kleid greifen lassen. Sie hätte das nicht gedacht. Aber es war ein Glücksgriff gewesen.

»Das Kleid steht dir ausgezeichnet«, sagte sie, und das Bewußtsein, gerecht zu sein, beruhigte sie.

»Du brauchst natürlich noch Schmuck und die richtigen Schuhe. Die habe ich aber auch. Hoffentlich passen sie dir.«

Mit Eifer hatte sie sich der perfekten Aufmachung Evelyns gewidmet und dann die gleiche Sorgfalt auf ihre eigene Erscheinung verwandt.

»Ich glaube, wir haben unsere Höchstform erreicht«, sagte sie mit einem Blick in den Flurspiegel, als sie das Haus verließen, um mit dem Taxi in den Club zu fahren.

»Ich freu mich vor allem darauf, wieder einmal zu tanzen«, sagte Evelyn.

Der Taxifahrer, ein junger Mann, war ausgestiegen und hielt die Wagentüren auf.

»Da war ich eben schon einmal«, sagte er, als sie ihm die Adresse nannten.

Als sie ausstiegen, war schon fast der ganze Parkplatz zugeparkt. Rudolf erwartete sie bereits auf der Vortreppe. Er war im weißen Dinnerjackett und sah frisch und belebt aus.

»Wie ist das Turnier gelaufen?« fragte sie.

»Bestens«, sagte er.

Es mußte hervorragend für ihn gelaufen sein, wenn er sich so knapp ausdrückte. Genauer konnte sie ihn nicht befragen, weil Evelyn sich für Rudolfs ungewohnten Anblick begeisterte.

»Du siehst toll aus«, sagte sie. »Dafür hat sich meine Reise ja schon gelohnt.«

Einen Augenblick zögerte er, bevor er eine für ihn erstaunlich lockere Antwort gab.

»Du bekommst auch ein signiertes Foto.«

»Bitte im Silberrahmen«, sagte sie.

»Ich glaube, es ist ein Fotograf da, der ein Gruppenfoto von uns machen kann.«

»Unbedingt«, sagte Evelyn. »Schöner als heute kommen wir nicht mehr zusammen.«

»Kann sein«, sagte er, wobei er sie beide mit einem anerkennenden Blick streifte. Das war wieder seine trockene und beiläufige Art, Komplimente zu machen. Sie mochte das. Es brachte einen nicht in Verlegenheit wie die sonst üblichen Übertreibungen. Rudolf schien von Evelyns Erscheinung beeindruckt zu sein. Sie sah in dem goldenen Kleid mit dem Rosenmuster wie eine Verkörperung des Sommers aus. Sie selbst war wohl auch gut bei ihm angekommen, trotz der gefärbten Haarsträhnen. Vielleicht hatte er die gar nicht mehr bemerkt.

Drinnen herrschte das Gedränge und Stimmengewirr einer unüberschaubaren Gesellschaft, die sich auf verschiedene, ineinander übergehende Räume verteilte und ein ziemlich gemischtes Bild abgab. Viele Männer trugen wie Rudolf ein weißes oder cremefarbenes Dinnerjackett zu einer schwarzen Hose und eine schwarze Fliege zum weißen Hemd. Andere bevorzugten Smokings in verschiedenen Variationen der klassischen Form, vor allem bei den Revers. Die jüngeren Männer waren in leichten schwarzen oder schwarzgrauen Sommeranzügen erschienen und hatten sich mit gestreiften Krawatten beflaggt. Einige hatten sich auch für dunkelblaue Blazer und etwas spektakulärere Krawatten entschieden. Die Damen trugen in der Mehrzahl Cocktailkleider. Aber auch lange Abendkleider waren zu sehen. Da es sich nicht, wie im vergangenen Jahr, um ein fünfzigjähriges Clubjubiläum, sondern um ein normales Sommerfest handelte, hatte es offenbar eine verbreitete Unentschiedenheit gegeben, wie streng man die Garderobeanweisung »black tie« auf der Einladung zu verstehen hatte. Vielleicht war das gemischte Bild auch das Anzeichen einer beginnenden gesellschaftlichen Disharmonie, die mit der wachsenden Mitgliederzahl zusammenhing.

Der Gesamteindruck war trotzdem festlich, auch wegen der weißgedeckten Tische mit dem üppigen Blumenschmuck in den Farben des Clubs. Manche Gäste hatten schon an einem der numerierten Tische Platz genommen. Die meisten standen noch in Gruppen beieinander, saßen an der Bar oder waren durch die geöffneten Flügeltüren auf die überdachte Veranda hinausgetreten, wo schon die Tische für das Buffet aufgebaut waren. Die Glyzinien, die sich an den vier Ecksäulen hochrankten, waren natürlich längst verblüht, aber das weiträumige Wiesen-und-Busch-Gelände des Golfparks leuchtete im Licht der Abendsonne.

»Hier auf der Terrasse wird nachher getanzt?« fragte Evelyn.

»Ja. Wenn das Buffet abgeräumt ist, kommt die Band. Und dann ist die Terrasse zum Tanzen da.«

»Traumhaft dieser Blick. Da möchte ich jetzt einfach hinauslaufen.«

»Aber dazu mußt du golfen lernen.«

»Ich stell mir was ganz anderes vor.«

Rudolf, den irgend jemand auf das Turnier angesprochen und in ein Gespräch verwickelt hatte, trat zu ihnen.

»So, wir müssen zu unserem Tisch.« Zu Evelyn gewandt sagte er: »Wir sitzen am Präsidententisch.«

»Muß ich da einen Hofknicks machen?« fragte sie.

»Look pretty«, sagte er.

In dem kurzen Moment, in dem sie die beiden so vertraut und schlagfertig miteinander reden hörte, entglitt ihr das Bild, das sie sich von ihnen gemacht hatte. Irgend etwas mußte sich heute vormittag verändert haben. Ihre Sorgen wegen der alten unterschwelligen Spannung zwischen den beiden waren gegenstandslos geworden. Auch Rudolfs unverhohlene Bedenken gegen ihre Idee, Evelyn zum Sommerfest des Clubs einzuladen, hatten sich in nichts aufgelöst. Es schien ihm zu gefallen, mit zwei Frauen hier aufzutreten. Und anscheinend war das auch ein starker Auftritt. Denn als sie rechts und links von ihm an den Präsidententisch traten, erhoben sich alle Männer gleichzeitig von ihren Plätzen, und die Damen setzten ein freundliches Lächeln auf. Der Präsident begrüßte sie mit einem Handkuß und bedankte sich bei ihr für die gute Idee, ihre reizende Schwester zum Fest mitzubringen. Damit wandte er sich an Evelyn, sagte, daß er, und nicht nur er, sich freue, sie kennenzulernen. Er hoffe, daß sie sich heute abend nicht langweile.

»Die Sommerfeste unseres Clubs haben einen guten Ruf. Denn bei uns gibt es nicht nur Golfspieler, sondern auch viele gute Tänzer. Und die Band von heute abend hat sich schon mehrfach bei uns bewährt.«

»Ich bin auf alles gefaßt«, sagte Evelyn.

»Großartig«, antwortete der Präsident.

Die allgemeine Vorstellung ging weiter, eine umständliche Abwicklung von Verbeugungen, Händedrücken und mehr oder minder gemurmelten Namen, die Evelyn, soweit sie es beobachten konnte, in unanfechtbarer Anmut überstand. Schließlich hatten alle ihren Platz gefunden. Sie saß zwischen Rudolf und dem Präsidenten, Evelyn ihr gegenüber zwischen einem Chirurgen der örtlichen Klinik und dem Inhaber einer Getränkefabrik, die beide zu den sogenannten old boys gehörten, weil sie alte Mitglieder und Förderer des Clubs und dazu auch beachtliche Golfspieler waren. Prosecco und Champagner wurden gebracht. Der Präsident begrüßte die Runde mit erhobenem Glas. Man trank sich zu. Und in dem kurzen Schweigen, das folgte, hörte sie, wie der Chirurg Evelyn fragte: »Spielen Sie auch Golf?«

Am ganzen Tisch konnte man dank ihrer hellen Stimme Evelyns Antwort hören:

»O nein, dazu bin ich zu ungeschickt und zu faul.«

»Das glaubt Ihnen hier keiner«, sagte der Präsident. »Wir kennen ja Ihre Schwester, die in erstaunlich kurzer Zeit eine gute Golferin geworden ist.«

»Ich war nie so vermessen, mir meine große Schwester zum Vorbild zu nehmen. Nicht wahr, Claudia?«

»Ein schwieriges Problem«, sagte sie. »Wir halten uns nämlich beide für unvergleichlich.«

»Und doch ist da eine unverkennbare Ähnlichkeit«, sagte die Frau des Präsidenten. »Finden Sie nicht?«

»Ich kann das selbst nicht beurteilen«, sagte sie. »Am besten fragen Sie mal meinen Mann.«

»Da bin ich überfragt«, sagte Rudolf. »Ich bin wohl zu nahe dran. Außerdem ...« – er machte eine Pause – »möchte ich mich aus Gründen der gebotenen Neutralität nicht festlegen.«

»Das ist die hohe Schule der Diplomatie«, lächelte der Präsident.

Sie blickte zu Evelyn hinüber und fing ein herausforderndes Blitzen in ihren Augen auf, das sofort wieder erlosch. Oder hatte sie das mißverstanden und es war ein Blick verschwiegener schwesterlicher Kumpanei gewesen, ein rasches Signal ihrer Zufriedenheit darüber, daß sie beide im Mittelpunkt der Unterhaltung standen?

Egal, dachte sie. Rudolfs Parole »Look pretty« war die beste Empfehlung, um den Abend durchzustehen. Zunächst kam jetzt die Eröffnungsrede des Präsidenten, der vertraulich lächelnd zu ihr gesagt hatte »Nun muß ich meines Amtes walten« und zum Mikrofon gegangen war. Hinter ihm schloß man die Vorhänge zur Terrasse, wo schon die Schüsseln für das Buffet aufgetragen wurden. Der Präsident blickte sich kurz um und sagte dann in einem scherzhaften Ton: »Jetzt müssen Sie zuerst ein paar Worte ertragen. Aber den Silberstreif der Hoffnung haben Sie ja nun schon gesehen.«

In einem offiziellen Ton begrüßte er dann die alten und die vielen neuen Clubmitglieder und die zahlreichen Gäste des Abends, hob auch einige Namen hervor und bekränzte sie mit ehrenden Bemerkungen, erwähnte dann »die Gunst des Wettergottes«, der dem Club wieder einmal einen herrlichen Sommertag für das voraufgegangene Turnier und nun auch noch diesen wunderschönen lauen und stimmungsvollen Abend für das diesjährige Sommerfest beschert habe. Er ließ sich einen Augenblick Zeit, damit sich der Eindruck seiner Worte vertiefte. Danach wurde er ernst und sprach über »den eklatanten und nachgerade grotesken Widerspruch«, daß alle alten und natürlich die neuen Golfclubs immer größeren Zulauf hätten und Golf dabei sei, zu einem echten Volkssport zu werden, aber immer noch Vorbehalten der Neidgesellschaft ausgesetzt sei und als Elitevergnügen verfemt werde.

»Dabei«, sagte er, »übersehen unsere Kritiker geflissentlich, daß die Stifterfamilien, die unseren Verein gegründet haben und in schwierigen Zeiten am Leben erhalten und beim Wiederaufbau großzügig gefördert haben, sich nicht minder großzügig an vielen gemeinnützigen Projekten beteiligen. Nein, hier besteht kein grundsätzlicher Widerspruch. Der existiert nur in einigen vernagelten Köpfen. In Wirklichkeit gibt es ein fruchtbares Nebeneinander und Miteinander verschiedener und vielfältiger Interessen. Golfspieler sind positiv denkende und auf vielen Feldern tätige Menschen.

Das belegt unsere wachsende, sich gerade in den letzten Jahren ständig erneuernde und differenzierende aktive Mitgliederschaft, zu der auch immer mehr Frauen gehören. Das war zwar immer unsere Stärke. Aber unsere Frauenpower hat zugenommen. Und so können wir zuversichtlich sagen: Unser Club hat Geschichte, aber er ist nicht Geschichte.«

Er machte eine Pause. Erst wurde an einzelnen Tischen etwas zaghaft, dann überall geklatscht.

»Ich will das jetzt nicht im einzelnen ausführen«, fuhr er fort. »Aber ich erlaube mir, noch darauf hinzuweisen, daß wir mit unserem Golfpark eine wunderbare Naturoase geschaffen haben, wo sonst höchstwahrscheinlich die übliche Naturzerstörung durch Zersiedelung, gewerbliche oder industrielle Nutzung oder landwirtschaftliche Monokulturen nicht zu verhindern gewesen wäre. Ich möchte unsere Kritiker fragen, ob sie, einmal abgesehen vom Segelsport, irgendeine Sportart nennen können, bei der Natur und menschliches Spiel so harmonisch koexistieren wie beim Golf.«

Wieder wurde geklatscht. Besonders begeistert klatschte Evelyn, und die Gattin des Präsidenten nickte ihr freundlich zu. Der Präsident wartete ab und wechselte dann über zu den komischen Mißverständnissen, die über das Golfspiel im Umlauf seien. Mark Twains Definition, Golf sei ein verdorbener Spaziergang, sei ja weithin bekannt. Doch neulich – es könne sein, daß es an der Bar gewesen sei – habe er die Theorie vernommen, daß es sich beim Golfspiel um eine alte keltische Form ritueller Landvermessung handele. »Na ja«, sagte er, »vielleicht entwickelte sich damals die Technik des langen Drives. Es gab ja noch Land im Überfluß. Da kann man sich vieles vorstellen.« Realer, aber verstörender sei für ihn die Beschreibung des Golfspiels durch seine Frau: »Man prügelt mit einem großen Stock einen wehrlosen kleinen Ball.«

Überall im Saal wurde gelacht. Am Tisch klatschten alle der lächelnden Präsidentengattin mit ausgestreckten Händen ihren Beifall zu. Der Präsident wartete, bis der Beifall abgeflaut war. Dann sagte er: »Wie soll ich das verstehen? Sind Sie etwa alle derselben Meinung?« Und als müßte er weiteren möglichen Entgleisungen vorbeugen, sagte er: »Ich glaube, es besteht kein Bedarf nach weiteren Definitionen.« Als Widerspruch laut wurde, hielt er eine hohle Hand hinter sein rechtes Ohr, als könnte er nichts verstehen. Schließlich hob er beide Hände, um die Zurufer zu beschwichtigen, und sagte: »Also gut, ich schlage vor, wir machen einen Wettbewerb: ›Definition des Golfspiels‹. Die besten Definitionen werden dann beim nächsten Sommerfest vorgelesen.« Es gab allgemeine Zustimmung. Als spräche er mit sich selbst, murmelte der Präsident ins Mikrofon: »So kommt man auf Ideen.« Und dann, wie erwachend aus einem Augenblick der Nachdenklichkeit, sagte er: »Eine poetische Formulierung muß ich noch nachtragen. Der Autor will nicht genannt werden, was ich bedauere, aber verstehe. Er hat gesagt: ›Man muß sein Herz weit vorauswerfen, wenn man ein fernes Ziel erreichen will‹. Kardiologisch ist das nicht korrekt. Aber das ist es doch, was man beim Drive empfindet, nicht wahr?«

Wieder wurde anhaltend geklatscht. Der Präsident wartete ruhig ab, daß er weiterreden konnte. Er hatte offenbar einen Abschnitt in seiner Rede erreicht. Aber vielleicht ließ er sich auch absichtlich Zeit, weil hinter dem Vorhang auf der Terrasse hektisch gearbeitet wurde, wie bei einem Bühnenumbau. Gut, daß es weitergeht, dachte sie. Gut, daß man dann seinen Platz vorübergehend verlassen konnte und nicht so eingeengt in dieser kleinen Tischgesellschaft festsaß, in der man sich sofort isoliert fühlte, wenn man eine Weile nicht am Gespräch teilnahm. Evelyn saß wie eingerahmt zwischen dem Chirurgen und dem Fabrikanten, die sich ihr beide zuwandten. Auch die Präsidentengattin neigte sich der Gruppe zu. Sie dagegen hatte rechts neben sich den leeren Stuhl des Präsidenten, und links von ihr saß Rudolf, der noch kein Wort zu ihr gesagt hatte. Schaute er zu Evelyn auf der anderen Tischseite hinüber? Sie wußte es nicht. Alle saßen jetzt wieder stumm da, denn der Präsident hatte angefangen, über das heutige Turnier zu sprechen, das in seinen Augen dank herausragender sportlicher Leistungen ein schöner Erfolg war, dem in der Clubgeschichte ein eigener Platz gebühre. Der Präsident erging sich nun in Einzelheiten, bei denen sie nicht mehr zuhörte. Sie wußte, daß Rudolf wieder unter den Gewinnern des Tages war, sonst hätte er nicht »Bestens« gesagt, als sie ihn nach dem Ausgang des Turniers gefragt hatte. Nun kam es ihr so vor, als müßte sie mechanisch einem erwartbaren Ergebnis applaudieren. Sie hatte keine Lust dazu. Es ist nicht mein Tag, dachte sie. Auch wenn es wieder einmal Rudolfs Tag war. Sie hätte sich gerne mit ihm einig gefühlt, aber sie hatte keinen Kontakt zu ihm. Wie vergangene Nacht, als sie, noch halb schlafend, gesehen hatte, wie er am Fenster stand und hinausschaute, vielleicht nur, um das Wetter zu betrachten, aber so in sich verschlossen, als wäre sie nicht da.

Die Stimme des Präsidenten hob sich, um die Sieger des heutigen Turniers zu ehren. Entgegen der Gewohnheit begann er mit dem zweiten Preis, denn da gab es zwei Sieger, die exakt das gleiche Ergebnis erreicht hatten, so daß der Preis geteilt werden mußte. Glücklicherweise handelte es sich bei den beiden Siegern um ein Ehepaar, das vor zwei Jahren schon einmal bei einem Mannschaftswettbewerb ausgezeichnet worden war. Die beiden sahen wie Zwillinge aus, als sie die Glückwünsche entgegennahmen. Sie waren fast gleich groß, waren ähnlich gekleidet und lächelten auf dieselbe Weise, als ihnen der Präsident die Hände schüttelte und irgend etwas zu ihnen sagte. Man konnte annehmen, er hätte zu ihnen gesagt: »Setzt euch wieder auf eure Plätze.« Denn so gehorsam wie einträchtig gingen sie, allgemein beklatscht, nebeneinander zu ihren Stühlen zurück. Das gleichförmige Lächeln haftete noch auf ihren Gesichtern und verschwand erst, als der Präsident, der ihnen freundlich nachgeschaut hatte, zur Verleihung des sogenannten Bruttopreises überging.

»Gewonnen hat den Wettbewerb wieder einmal unser As Rudolf Stadelmann«, sagte der Präsident. »Wir haben uns ja schon an seine Erfolge gewöhnt. Aber dieses Mal hat er mit dem selbst für ihn fabelhaften und für den Club historischen Ergebnis von einem Schlag über par das Silber abgeräumt.«

Der Präsident bat Rudolf, nach vorne zu kommen und die Trophäe in Empfang zu nehmen, und zog ihn in ein kurzes Gespräch über seine Technik und das Geheimnis seiner Erfolge.

»Wir wissen ja alle«, sagte er, »du schlägst schnurgerade, zielstrebige Drives und ziehst zum Putten extra die Handschuhe aus. Aber andere tun das auch. Also kann es nicht alles sein.«

»Ich rede mit dem Ball«, antwortete Rudolf.

»Ich hoffe, das ist keine Beeinflussung von Abhängigen«, sagte der Präsident und löste damit allgemeines Gelächter aus. Dann fügte er hinzu: »Wir werden das in die Regeln aufnehmen und noch genauer definieren.«

Er schüttelte Rudolf die Hand. Der hob den Pokal hoch, um ihn rundum zu zeigen, und kehrte, von allen beklatscht, zum Tisch zurück. Der Präsident wies mit geöffneter Hand hinter ihm her, als wollte er allen zeigen: Da geht der Sieger! Dann neigte er sich zum Mikrofon und sagte: »Nur noch ein letzter Satz, dann sind Sie alle erlöst: Das Buffet ist eröffnet!«

Der Vorhang zur Terrassenfront wurde aufgezogen, und wie eine perfekte Illusion stand draußen hinter einer langen Barriere weißgedeckter, mit Schüsseln, Platten, Wärmepfannen und Tellertürmen beladener Tische der Chef des Clubrestaurants mit seiner steilen Kochmütze, flankiert von zwei jungen Frauen, die über ihren langärmeligen weißen Blusen grüne Schmuckwesten mit silbernen Knöpfen trugen. Weder der Koch noch die beiden Frauen bewegten sich, was im Saal Laute des Erstaunens und Beifall auslöste. Dann drangen, noch vor den Essern, einige Leute mit Fotoapparaten gegen das Bild vor. Die drei Figuren hinter dem Buffet hatten diesen Angriff wohl erwartet und waren immer noch erstarrt.

Neben ihr hatte der Präsident wieder seinen Platz eingenommen. Er sprach mit seiner Frau. Ihr gegenüber brach Evelyn, begleitet von dem Chirurgen und dem Fabrikanten, zum Buffet auf. »Wollen wir auch gehen?« fragte sie Rudolf, der gerade die Glückwünsche von Leuten entgegengenommen hatte. »Gleich«, sagte er, »wenn es nicht mehr so voll ist.« Er nahm das unterbrochene Gespräch wieder auf. Der Präsident war immer noch im Gespräch mit seiner Frau. Rudolf stand auf, als zwei ältere Herren auf ihn zukamen, die ihr beide bekannt erschienen. Einer war ihrer Erinnerung nach ein Bankdirektor, mit dem er geschäftlich mehrfach zu tun hatte. Sie scherzten miteinander. Geschäftsgespräche waren in dieser Situation tabu, aber man pflegte die Kontakte.

Wo war Evelyn? Ungefähr in der Mitte des Buffets entdeckte sie zwischen dem weißen Dinnerjackett des Chirurgen und dem schwarzen Smoking des Fabrikanten das goldene Kleid. Es leuchtete unübersehbar in der langen Reihe vorgebeugter Rückenfiguren, die sich an den Schüsseln und Platten des Buffets vorbeischoben und ausgewählte, persönlich bevorzugte Speisen auf ihre Teller luden. Das war mein Kleid, dachte sie, aber nun gehört es ihr. Alle sehen es an ihr. Es ist ganz und gar ihr Kleid geworden, so selbstbewußt, wie sie es trägt. Sie selbst hätte das nicht fertiggebracht. Also mußte sie froh sein, für das Kleid eine gute Verwendung gefunden zu haben: eine so unbefangene hübsche Person wie ihre Schwester, die alle Menschen für sich einnahm. Wie ein Anhauch aus der Vergangenheit überkam sie wieder das demütigende Gefühl einer alten, unauflöslichen Benachteiligung, das sie nur verleugnen und verbergen, aber nicht widerlegen konnte, obwohl bei einem Vergleich der Lebensumstände von Evelyn und ihr alles für sie sprach. Sie war es schließlich, die ihrer Schwester großzügige Geschenke machte und ihr in schwierigen, meistens von ihr selbst verschuldeten Situationen immer wieder geholfen hatte. Evelyns Selbstbewußtsein, ihre Fähigkeit, blind zu glauben, daß sie etwas Besonderes sei, war davon nie angefochten worden. Das war gut für sie beide. Es gab ihnen Sicherheit. Ihr Gefühl, für Evelyns unruhiges, chaotisches Leben mitverantwortlich und zuständig zu sein, bestand daneben weiter. Sie schaute immer wieder nach ihr, ob sie bei ihr zu Hause anrief oder sie wie jetzt beobachtete, wie sie plaudernd, einen mit Vorspeisen beladenen Teller in der Hand, zwischen ihren beiden Begleitern vom Buffet zurückkehrte und sich wieder ihr gegenüber an den Tisch setzte.

»Habt ihr noch keinen Hunger?« fragte Evelyn.

»Du siehst doch: Rudolf redet. Und ich wollte das Gedränge abwarten. Was hast du denn Schönes mitgebracht?«

»Erst mal die Vorspeisen. Das reicht mir schon fast.« Sie blickte auf ihren großen flachen Teller mit dem Clubwappen und zeigte darauf herum, als machte sie ihr ein Angebot: »Tomaten mit Mozzarella, gefüllte Artischockenböden, Champignons, Roastbeef. Das hier ist geräucherte Lachsforelle. Ich glaube, ich überschlage das Hauptgericht und räubere anschließend das Dessert.«

»Und was gibt es als Hauptgericht?«

»Geflügel und Wildragout hab ich gesehen. Püree und Spätzle.«

»Ich glaube, ich fange gleich damit an und laß die Vorspeisen weg.«

»Du kannst auch vorher eine Lauchcremesuppe nehmen.«

»Das habe ich zum Beispiel vorgezogen«, sagte der Chirurg. »Übrigens gibt es auch eine gut bestückte Käseplatte. Nur Wein fehlt uns noch.«

»Der ist im Anmarsch«, sagte der Präsident und hob die Hand, um den Getränkekellner herbeizuwinken.

»Dann gehe ich mal«, sagte sie.

Als sie zurückkam, waren Rudolf und auch der Präsident mit seiner Frau gerade zum Buffet gegangen. Sie hatte, in dem Gefühl, den ganzen Tag noch nichts Vernünftiges gegessen zu haben, das Ragout mit Spätzle und Preiselbeeren gewählt und ließ sich dazu einen roten Ahrburgunder einschenken. Evelyn und der Chirurg tranken ihr zu. Rudolf kam mit der Lauchcremesuppe zurück, der Präsident und seine Frau mit den Vorspeisen.

»Ich muß von Amts wegen alles würdigen«, sagte er.

»Das ist immer deine Entschuldigung«, sagte seine Frau.

»Wie ist dein Ragout?« fragte Rudolf.

»Sehr gut.«

»Unser Koch ist bekannt dafür«, bemerkte der Präsident.

»Dann werde ich mich wohl gleich anschließen«, sagte Rudolf.

Er löffelte seine Suppentasse aus und ging damit zum Buffet zurück, wo er, der Turniersieger, sofort wieder angesprochen wurde. Sie selbst hatte ihm noch nicht gratuliert. Aber das konnte sie immer noch tun. Sie mußte ihm ihr Interesse an seinem Sieg zeigen. Am besten, wenn sie wieder zu Hause waren. Oder um es genauer zu sagen, wenn Evelyn ins Gästezimmer gegangen war und sie beide im Schlafzimmer allein waren. Dann konnte sie sagen: »Es wird ja schon langweilig, daß immer du gewinnst.« Doch sie war sich nicht sicher, ob er das als Kompliment verstehen würde. Vor nicht allzu langer Zeit hatte er einmal zu ihr gesagt: »Du bist die Meisterin der vergifteten Bewunderung.« Das hatte ihr gefallen. Solche Formulierungen bewunderte sie an ihm und forderte sie heimlich heraus. Es war eine komplizierte Form von Vertrautheit, die sich mit den Jahren zwischen ihnen entwickelt hatte. Sie ließ einfache, direkte Äußerungen von Zuneigung kaum noch zu. Beim Präsidenten und seiner Frau schien das ähnlich zu sein. Jedenfalls wenn sie in Gesellschaft waren. Wie es zu Hause war, wußte man nicht. Das Private war eine Dunkelkammer. Nicht immer nur für die anderen. Die Dunkelkammer der Sprachlosigkeit.

Als er mit dem Ragout zurückkam, sagte sie: »So ist das heute abend mit uns: Du kommst, ich gehe. Ich hole mir jetzt den Nachtisch.«

»Nichts dagegen einzuwenden«, sagte er. »Der Ahrburgunder ist gut?«

»Mir schmeckt er.«

»Ich glaube, ich probiere den Württemberger Royal …« Er blickte auf die gedruckte Karte.

»Vom Weingut Hohenlohe.«

»Respekt, Respekt«, sagte sie. »Du bist ja auch Turniersieger.«

Er antwortete nicht. Sie wußte, daß sie ihm mit dieser Bemerkung auf die Nerven gegangen war. Sie war ihr gegen ihre Absicht unterlaufen. Um davon abzulenken, sagte sie: »Wenn getanzt wird, kümmer dich bitte um Evelyn.«

»Wieso?« fragte er. »Sie hat doch jede Menge Zuspruch.«

»Ich weiß nicht. Das sieht wohl nur so aus.«

»Du definierst Gesellschaft«, sagte er. »Gesellschaft ist eine Ansammlung von Leuten, die nach was aussehen.«

»Und wenn sie nach nichts aussehen?«

»Kann man sich täuschen.«

»Gut, dann geh ich jetzt zum Dessert. Dann weiß ich wenigstens, was ich sehe.«

In die Cremes der Dessertschüsseln waren schon tiefe Krater und Schluchten gegraben, als sie sich einige Löffel braune und weiße Mousse und etwas Bayrische Creme auf ihren Teller lud. Evelyn, die ihr mit ihrem Teller entgegengekommen war, als sie zum Buffet ging, hatte sich großzügiger bedient. Sie hatte das mit einem Seitenblick wahrgenommen, den sie im selben Augenblick schäbig und beschämend fand. Es war lächerlich, wie sie immer auf alles achtete und moralisch bewertete, was Evelyn tat.

Was ich nicht verstehe, ist Einfachheit, dachte sie. Ich suche immer nach Gründen und Motiven. Evelyn ist immer sie selbst. Sogar wenn sie sich verstellt.

Während sie ihr Dessert löffelte, hastig, als müßte sie eine Spur beseitigen, wurden auf der Terrasse schon die Reste der Vorspeisen und der Hauptgerichte abgebaut.

»Gleich kommt die Band«, sagte der Präsident.

»Bin gespannt«, sagte sie und schob den letzten Rest Creme in den Mund.

»Tanzen Sie gerne?«

»Ja, doch, aber leider viel zu selten.«

»Man sieht Ihnen und Ihrer Schwester an, daß Sie gute Tänzerinnen sind.«

»Für meine Schwester stimmt das auch.«

»Verehrte, ich werde nicht zulassen, daß Sie Ihr Licht unter den Scheffel stellen, und bitte Sie im voraus um den ersten Tanz.«

»Gerne. Aber was sagt Ihre Frau dazu?«

»Sie hat eine Knieoperation gehabt und findet, daß ich mich bewegen soll. Aber ich sollte wohl Ihrem Mann den Vortritt lassen?«

Eigentlich wäre das richtig, dachte sie. Aber mit dem forschen Tonfall lächelnder Koketterie sagte sie: »Kommt überhaupt nicht in Frage. Ich bin für freien Wettbewerb, und den haben Sie gewonnen.«

»Jetzt sind die Maßstäbe aber sehr hoch. Ihr Mann ist der Turniersieger.«

»Und Sie sind der Präsident. Das weiß ich zu schätzen. Übrigens, das wollte ich Ihnen noch sagen: Sie haben eine brillante Rede gehalten.«

»Danke. Das freut mich«, sagte er. »Sie werden es nicht glauben, aber ich habe immer ein wenig Lampenfieber.«

»Das macht es vielleicht gerade so gut.«

»Möglich. Aber mit dem ersten Satz muß man seine Sicherheit finden. Das ist auch wichtig für das Publikum.«

»Das stimmt«, sagte sie. »Man will sich beruhigt zurücklehnen können, weil man spürt, daß nichts schiefgehen kann.«

»War das denn so?« fragte er geschmeichelt.

Und während sie antwortete: »Ja, durchaus. Ganz stark sogar«, fuhr es ihr durch den Kopf, daß diese Art von nachdrücklicher Bestätigung das war, was Männer bei ihr suchten und was sie ihnen instinktiv gab. Auch Rudolf hatte das in seinen Aufstiegsjahren im Überfluß von ihr bekommen. Doch inzwischen schien er weniger darauf angewiesen zu sein. Das zeigte sich nicht als Zurückweisung, nur als eine zunehmende Unempfindlichkeit oder eine nachlassende, schematischer werdende Reaktion, die verschiedene, in den jeweiligen Situationen liegende Ursachen haben mochte und mit den Jahren auch normal war. Vielleicht hatte sie sich von diesem Fest einen neuen Impuls für ihre Ehe versprochen. Nun erschien ihr das Fest als eine zähe Masse, in der sie sich schwerfällig bewegte.

Aber es war noch lange nicht zu Ende. Jetzt begann erst die Musik und, worauf die meisten, nicht nur Evelyn warteten, das Tanzen.

Sie wollte mit dem Präsidenten flirten, den sie anscheinend, ohne es darauf angelegt zu haben, auf sich aufmerksam gemacht oder sogar herausgefordert hatte, als sie mit ihm über die Einladung von Evelyn gesprochen hatte. Wahrscheinlich würde Rudolf verärgert sein, wenn sie den ersten Tanz nicht mit ihm machte, hier vor diesem an allen Neuigkeiten interessierten Publikum, das sie beobachten und über alles reden würde. Vielleicht war es aber gar nicht so schlecht, ihn etwas zu irritieren. Schockieren wollte sie ihn nicht. Deshalb sagte sie ihm, als der Präsident zu den Musikern gegangen war, um sie zu begrüßen und anzukündigen:

»Du, ich werde den ersten Tanz mit dem Präsidenten machen. Er hat mich gerade darum gebeten.«

»Ach ja?« sagte er, und ein schiefes, ironisches Lächeln verzog sein Gesicht: »Dann will ich für dich hoffen, daß er passabel tanzen kann.«

»Ist nicht so wichtig«, sagte sie.

Er zuckte mit den Achseln, und sein Gesicht verschloß sich zu einem Ausdruck von Desinteresse und Ablehnung, während die Stimme des Präsidenten mit künstlicher Begeisterung die Band ankündigte, die, wie er sagte, »zur allgemeinen Einschwingung in den musikalischen Teil des Abends« mit einem langsamen Walzer beginnen werde.

»Liebe Freunde, liebe Gäste«, sagte er mit aufmunternder Stimme, »die Diamonds bitten zum Tanz!«

Gleich mit dem ersten Takt sah sie ihn auf sich zukommen: eine fremde, zielstrebige, nicht aufzuhaltende Gestalt, die ein werbendes Lächeln ihr entgegentrug. Rudolf hatte sich abgewandt. Um das zu respektieren, vor allem aber um sich selbst einen unangenehmen, verkrampften Augenblick zu ersparen, ging sie dem Präsidenten ein paar Schritte entgegen und ließ sich von ihm auf die Terrasse führen, wo gleichzeitig andere Paare eintrafen, auch Evelyn mit dem Chirurgen und der Fabrikant mit seiner Frau, wenn es denn seine Frau war, und mit den ersten Schritten kam dieses wiegende Gehen zu zweit in Gang, das ihr in diesem Augenblick außerordentlich befremdlich erschien.

Allmählich gewöhnte sie sich. Der Präsident führte sie exakt, mit der hölzernen Steifheit eines älteren Mannes. Es störte sie, daß er anhaltend redete und sie nötigte, dauernd, wenn auch nur lakonisch, auf ihn einzugehen. Als sie zum Tisch zurückkamen, war Rudolf verschwunden. Dann entdeckte sie, daß er mit dem Mann an der Bar stand, der schon vorhin ziemlich lange mit ihm geredet hatte. Sie fürchtete, daß er sich von ihr und dem Fest zurückgezogen hatte, und ein Gefühl aus Trotz und Ärger kam in ihr auf, hinter dem sie wie einen dunklen Grund eine nicht mehr zu ändernde Enttäuschung ahnte, vor der sie Angst hatte.

Sie trank ihren Rotwein aus und schob dem vorbeikommenden Getränkekellner ihr leeres Glas hin, damit er es wieder füllte, und nahm gleich einen neuen Schluck. Wenn ich das Glas mit einem Zug austrinke, werde ich betrunken sein, dachte sie. Der Gedanke war nicht nur abschreckend. Eine dunstige Undeutlichkeit in ihrem Kopf würde alles einebnen, alles verhüllen, und ihre mühsam unterdrückte Müdigkeit würde sich Bahn brechen. Vielleicht konnte sie sich dann verabschieden, ein Taxi nehmen und nach Hause fahren. Evelyn konnte sich an ihrer Stelle um Rudolf kümmern, was ihr im Augenblick als kein schlechter Gedanke erschien.

Als der nächste Tanz begann, stand unerwartet der Chirurg neben ihr und verbeugte sich stumm. Da er nichts sagte, ging sie ebenfalls stumm, als folgten beide einer unwidersprechbaren Weisung, neben ihm zur Tanzfläche, wo er seinen Arm um sie legte. Er tanzte ähnlich steif wie der Präsident, hielt sie aber viel enger umfaßt. Er studiert mich, dachte sie. Er probiert mich aus. Und in einem Bedürfnis nach Vergeltung und wiedererwachtem Trotz ließ sie sich willig auf das intime körperliche Gedränge ein. Vielleicht konnte Rudolf sie sehen. Wenn ja, dann war ihr das nur recht. Sie schob ihre Hand, die leicht auf dem Oberarm des Mannes lag, bis auf seine Schulter hoch, als wollte sie sich dort, dicht neben seinem Hals, festhalten, um ihn noch näher an sich zu ziehen.

Neben ihr tauchte Evelyn mit einem jüngeren Mann auf, der sie von einem entfernten Tisch aus erspäht haben mußte und vielleicht durch den halben Saal auf sie zugeeilt war. Im Vorbeikommen sah sie, wie sie mit ihrem Partner ein paar Worte wechselte und lächelte. Dann waren sie hinter ihr verschwunden, und das fremde Gewühl umschloß sie. Wo Rudolf geblieben war, wußte sie nicht. Einen Moment lang sah sie wie ein Stilleben ihr halbgeleertes Rotweinglas auf dem Tisch stehen und etwas davon abgesetzt den Präsidenten, der sich mit seiner Frau unterhielt. Immer noch eng umschlungen vom Arm ihres Tanzpartners, glitt sie an der Band vorbei, wo der Saxophonist gerade seinen Oberkörper zurückwarf und mit hochgerissenem Instrument eine Kadenz in den Raum schmetterte, die den Tanz beendete. Alle klatschten. Die meisten Paare blieben stehen und warteten auf den nächsten Tanz. Sie hatte alles Interesse verloren. Doch da sie nicht allein am Tisch sitzen wollte, ließ sie sich auf den nächsten Tanz ein, entschloß sich aber, etwas mehr Distanz zu halten. Als der Chirurg sie nach dem Tanz zu ihrem Platz brachte, saß Rudolf dort.

»Amüsierst du dich?« fragte er.

»Es geht. Ich bin etwas müde.«

»Aber wir müssen auch einmal tanzen.«

»Was heißt ›müssen‹?« fragte sie.

»Je nachdem«, sagte er. »Zwang oder Drang.«

»Ich akzeptiere beides«, sagte sie.

Der nächste Tanz war ein Swing. Sie sah, daß der Chirurg fragend zu ihr herüberblickte, und schüttelte den Kopf. Dann ging sie mit Rudolf zur Tanzfläche.

»Wie lange haben wir nicht mehr zusammen getanzt?« fragte sie.

»Keine Ahnung.«

»Schlimm genug.«

»Das sehe ich auch so«, sagte er und legte seinen Arm um ihre Taille. »Machen wir es also wieder gut.«

Wie einen frischen Luftzug spürte sie ihre Erleichterung. Wir verstehen uns noch immer, dachte sie.

Sie tanzten drei Tänze hintereinander, bevor sie zu ihrem Platz zurückkehrten. Wenn es nach ihr gegangen wäre, hätte sie immer weiter getanzt. Doch Rudolf, bei dem sich wohl die Anstrengung des Turniers bemerkbar machte, schien es erst einmal zu reichen.

»Ich fühle mich so entspannt«, sagte sie. »Die letzten Wochen waren eine einzige Hetze. Das ist auf die Dauer nicht gut für uns.«

»Ja«, sagte er.

»Wir müßten einfach mal wieder für zwei oder drei Wochen verreisen.«

»Aber dann staut sich alles wieder, wenn wir zurückkommen.«

»Trotzdem. Zwischendurch muß man Kraft schöpfen, damit man noch weiß, woran man ist.«

»Weißt du es nicht mehr?«

»Nicht immer.«

»Wir sind das, was wir uns erarbeitet haben. Anders als durch harte Arbeit war es für uns nicht zu haben. Auch dieses Fest hier nicht.«

»Ich weiß«, sagte sie. »Aber muß es immer in derselben Weise weitergehen?«

»Frag mich was Leichteres«, sagte er.

Sie spürte seine untergründige Ungeduld, konnte es aber nicht lassen, ihn wieder darauf hinzuweisen, was für sie das Kernproblem war: »Du mußt dir Hilfskräfte anschaffen, ein Team tüchtiger Mitarbeiter, sonst übernimmst du dich.«

Er antwortete nicht.

Sie suchte seinen Blick, der irgendwo in den Saal gerichtet war, und um ihn zurückzuholen und zu beschwichtigen, sagte sie: »Ich will das jetzt nicht diskutieren. Aber du wirst bald gezwungen sein, darüber nachzudenken.«

Wieder schwieg er. Dann sagte er, als wollte er ihre kritischen Einwände wie nebenbei wegwischen und das Gespräch beenden: »Ich delegiere doch bereits eine Menge Arbeit an die Firmen, mit denen ich zusammenarbeite.«

Der Druck des ungelösten Problems lag wieder bei ihr. Sie wußte, daß sie nicht mehr viel sagen durfte, fühlte sich aber verpflichtet, seine letzte Bemerkung nicht unkommentiert stehen zu lassen, und sagte leise, als spräche sie nur noch für sich und böte ihm an, es zu überhören: »Gebessert hat das bisher nichts.«

Sie hatte nicht damit gerechnet, daß er noch einmal antworten würde. Doch er sagte in einem Ton, der Selbstbeherrschung und Verständnisbereitschaft signalisierte, aber weitere Einwände ihrerseits ausschloß: »Du siehst immer nur einen Aspekt der Sache.«

Sie schaute ihn eindringlich an und hoffte, daß er erkennen würde, was sie ihm auf diese stumme Weise zu übermitteln versuchte: daß sie noch so viel zu sagen hatte, weil sie fürchtete, daß seit einiger Zeit in ihrem gemeinsamen Leben etwas grundsätzlich falsch lief, und sie Angst hatte, daß er es aus irgendeinem undurchschaubaren selbstzerstörerischen Grund nicht sehen und nicht hören wollte. Sie hatte das Gefühl, bis zum Rand von ihrer Einsicht in die zunehmende Falschheit ihres Lebens erfüllt zu sein, ohne es ihm klarmachen zu können. Und so sagte sie nur: »Entschuldige, ich nerve dich.«

Etwas schien er zu ahnen von dem Aufruhr ihrer Gefühle, ihrem inneren Druck. Oder er hatte sich nur versöhnen lassen durch ihre Entschuldigung, die für sie die Vergeblichkeit ihrer Einwände besiegelte und so wohl auch von ihm verstanden und angenommen worden war, denn er sagte: »Ist ja gut.«

Dann griff er nach seinem Weinglas und forderte sie durch seine Geste auf, auch ihr Glas zu heben und mit ihm zusammen einen Beruhigungs- und Verständigungsschluck zu trinken.

»No problems after eleven o'clock«, sagte er.

Danach saßen sie schweigend nebeneinander und schauten auf die Tanzfläche, wo im Trubel der Paare ab und zu die lockigen Haare und das goldene Kleid Evelyns zu sehen waren. Sie wirkte heiter und beschwingt und wurde anscheinend ständig zum Tanz aufgefordert. Nur in kurzen Tanzpausen war sie ihnen gegenüber am Tisch zu sehen gewesen.

»Du mußt endlich auch mal mit Evelyn tanzen«, sagte sie.

»Ich weiß. Aber es ist ja schwer, an sie heranzukommen, so gefragt, wie sie ist.«

Sie sagte es zwar nicht, aber sie konnte ihn verstehen. Der offensichtliche Andrang von allen Tischen in der Nähe war für einen Mann wie Rudolf Grund genug, sich zurückzuhalten, zumal Evelyns gleichbleibende Freundlichkeit und Lebhaftigkeit den Eindruck erweckte, daß alle Männer, die sich um sie bemühten, für sie austauschbar waren. Im Grunde blieb sie immer bei sich. Und Rudolf, der ähnliche Tendenzen hatte, spürte das vielleicht. Obwohl sie nicht glaubte, daß er es erkannte, denn er neigte eher dazu, subtile Probleme anderer Menschen, die ihn betreffen und irritieren konnten, zu übersehen.

»Hör mal«, sagte sie, »ich muß dir das doch nicht erklären. Wenn sie gleich zum Tisch zurückkommt, machst du ihr ein Zeichen. Dann brauchst du dich nicht anzustellen. Sie wartet doch bestimmt darauf.«

»Danke«, sagte er. »Schick mir deine Rechnung.«

»Wie bitte?« fragte sie.

»Für die Beratung«, sagte er.

»Was bist du bloß für ein spitzfindiger Idiot.«

Er grinste. Es gefiel ihm, wenn sie auf diese Weise antwortete. Es war so, als begegneten sie sich auf einem schmalen Grat und prüften gegenseitig ihre Standfestigkeit. Aber in diesem Augenblick wurden sie von zwei Personen, die an ihren Tisch kamen, auseinandergerissen. Die eine war ein grauhaariger Clubkamerad, der zum Vorstand gehörte und irgend etwas mit Rudolf besprechen wollte. Die andere, die einige Sekunden später auftauchte, war der Fabrikant, der sie um den nächsten Tanz bat. Wie praktisch, dachte sie, dann brauche ich nicht dumm daneben zu sitzen, wenn die beiden ihre Interna bereden.

Der Fabrikant war ein kleiner kompakter Mann, gerade so groß wie sie. Aber es stellte sich heraus, daß er vorzüglich tanzte. Das gab ihr Sicherheit, als sie an dem Chirurgen vorbeikamen, der eine andere Frau im Griff hatte und dabei zu ihr hinüberschaute. Kurz danach trafen sie auf Evelyn und einen ihrer vielen Partner. Sie veranlaßte den Fabrikanten, dicht neben den beiden zu tanzen, damit sie miteinander reden konnten. Und war es Verlegenheit oder Freude – sie hörte sich zu ihrer eigenen Überraschung in ungewohnter Zärtlichkeit sagen: »Hallo Schwesterlein, lange nicht gesehen! Wie geht's dir, mein Schatz?«

»Wunderbar!« antwortete Evelyn.

Etwas Besseres war ihr wohl nicht eingefallen. Aber das Wort stimmte. Sie sah wunderbar lebendig aus.

»Rudolf will auch gleich mit dir tanzen«, sagte sie noch und dirigierte ihren wendigen Tänzer in eine andere Richtung.

Rudolf saß wieder allein am Tisch, als sie zurückkam. Anscheinend hatte es sich nur um eine wichtigtuerische Belanglosigkeit gehandelt, die da so eilig besprochen werden mußte. Er hielt es auch nicht für nötig, ihr davon zu erzählen. Die Band hatte eine Pause angekündigt, aber die Musiker waren bei ihren Instrumenten geblieben. Sie tranken etwas und redeten miteinander, vielleicht verständigten sie sich darüber, was sie gleich spielen wollten. Draußen war es seit einiger Zeit dunkel. Im Hintergrund der beleuchteten Terrasse konnte man einige schwarze Baumwipfel vor dem Dunkelblau des Nachthimmels sehen. Die Luft war immer noch lau. Die Getränkekellner brachten vor allem Mineralwasser und mit einem Schuß Sekt gemischte Obstsäfte an die Tische. Evelyn war nicht an den Tisch zurückgekommen.

Vielleicht war sie nach dem Ende des Tanzes allein oder mit ihrem Partner ein Stück in den Golfpark hinausgegangen, den sie bei ihrer Ankunft so bewundert hatte.

Doch nun sah sie, daß Evelyn bei den Musikern stand und eifrig mit ihnen redete. Sicher erzählte sie ihnen, daß sie eine Zeitlang in einer ähnlichen Band gesungen hatte. Sie hing an diesen Erinnerungen. Es war für sie eine glückliche Zeit gewesen. Das Ende der Band, an dem sie anscheinend nicht schuld gewesen war, hatte sie mehr geschmerzt als das Scheitern all ihrer anderen Unternehmungen.

Schade, dachte sie, die Pause wäre für Rudolf eigentlich eine gute Gelegenheit gewesen, um mit Evelyn zu sprechen und den nächsten Tanz zu verabreden. Aber sie wollte ihm damit nicht schon wieder auf die Nerven gehen. Er wußte ja selbst, was fällig war. Man durfte ihn nicht drängen. Dann tat er alles, was getan werden mußte, so wie heute morgen, als er Evelyn an der Bahn abgeholt hatte.

Die Pause dauerte ziemlich lang. Sie glaubte schon Unruhe im Saal zu spüren, ein Ansteigen des Stimmenpegels, das ihr bedrohlich erschien, weil Evelyn und die Musiker unbeirrt weiterredeten. Aber jetzt schienen sie an ein Ende zu kommen. Sie schienen sich auf etwas geeinigt zu haben. Tatsächlich ging der Saxophonist, der offenbar der Bandleader war, ans

Mikro, spielte einen kurzen musikalischen Tusch, der das Stimmengewirr allmählich verstummen ließ, und sagte dann: »Bevor wir mit dem zweiten Teil beginnen, kann ich Ihnen eine erfreuliche Mitteilung machen. Die meisten von Ihnen werden ja bemerkt haben, daß wir heute nicht in voller Stärke auftreten konnten, weil unsere Sängerin leider erkrankt ist. Nun hat sich ein glücklicher Zufall ergeben: Wir haben unter unseren Gästen eine Jazzsängerin, die sich bereit erklärt hat, auch ohne vorherige Probe ihr Lieblingslied für uns zu singen. Es handelt sich um einen Evergreen, den wir glücklicherweise auch präsent haben. Also haben wir beschlossen, es miteinander zu versuchen. Als Künstlernamen hat unsere Sängerin schlicht ihren Vornamen genannt, unter dem sie auch bekannt geworden ist. Es singt …« – er machte eine Pause, bevor er im plakativen Stil eines Entertainers in den Saal rief – »Evelyn!«

Fassungslos vor Schreck sah sie, wie Evelyn, empfangen vom Beifall und Rufen der Überraschung, mit wenigen Schritten aus dem Hintergrund hervortrat, nach mehreren Seiten lächelte und nickte und sich fragend nach den Musikern umblickte, die, wie es ihr, der erstarrten ohnmächtigen Zuschauerin, von ihrem Platz aus erschien, in götzenhafter Gleichgültigkeit hinter ihren Instrumenten saßen.

Mein Gott, was machte Evelyn da? Und was machte man mit ihr? Wollte man sie vor diesem Publikum der Lächerlichkeit preisgeben? Der Auftritt des Ansagers war ihr wie eine verhohlene Parodie erschienen und würde sich für alle nachträglich als bewußte Parodie herausstellen, wenn Evelyn versagte. Bei diesem Gedanken spürte sie schon die Scham voraus, die sie überkommen würde, wenn der Auftritt schiefging und zu einer viel erzählten ironischen Anekdote im Club werden würde. Sie konnte sich auch die verständnisvollen, begütigenden Worte mancher Leute vorstellen und die kalte Wut, mit der Rudolf auf die Blamage reagieren würde.

Evelyn war jetzt zum Mikrofon gegangen und hatte es auf ihre Höhe eingestellt, was ja eigentlich einer der Musiker für sie hätte tun sollen. Aber das schien sie nicht zu irritieren. Sie nickte, als wollte sie sagen, »So, wir können anfangen«, und sagte mit ihrer klaren ruhigen Stimme ins Mikrofon: »Das Lied, das ich jetzt für Sie singen werde, hat den Titel ›As Time Goes By‹. Es handelt davon, daß es einige Dinge im Leben gibt, die wichtig sind und bleiben werden, auch wenn die Zeit vergeht.«

Sie nickte den Musikern zu, die daraufhin einsetzten, während sie, in sich gekehrt oder lauschend, vor sich auf den Boden blickte. Ihre Hände, die sich vor ihrem Leib gegenseitig festhielten, verrieten ihre Spannung.

Es war ein Slow, mit dem typischen weichen und schleppenden Rhythmus, den der Baß vorgab und der von den Tongirlanden des Klaviers umspielt wurde und sich immer mehr anreicherte, als die anderen Instrumente dazukamen, zuletzt, weich und dunkel, das Saxophon. Die Band spielte zur Einstimmung die ganze Melodie des Songs durch, um dann zum Anfang zurückzukehren und in der Wiederholung, ein wenig gedämpfter, der Stimme den Vortritt zu lassen.

Evelyn hatte bei den letzten Takten ihre Hände gelöst und sich aufgerichtet. Und nun sang sie. Sie hatte keine große Stimme, aber eine, die hell, weithin verständlich und einfach war, ohne jeden eitlen Schnörkel und ohne Getue. Das Lied, das sie so natürlich sang, schien Ausdruck ihrer persönlichen Erfahrung zu sein. Das spürten die Leute, und sie hörten ihr zu. Sie hatte ihnen etwas mitzuteilen, das vielleicht viele vergessen hatten, weil es von den Dringlichkeiten des Tages überlagert und allmählich verschüttet worden war, aber für sie, so natürlich und überzeugend, wie sie davon sang, auch in seiner Alltäglichkeit das Wichtigste im Leben darstellte. Sie drängte es jedoch niemandem auf. Sie erinnerte nur daran:

»You must remember this
A kiss is still a kiss
A sigh is just a sigh
The fundamental things apply
As time goes by

And when two lovers woo
they still say, ›I love you‹
On that you can rely
No matter what the future brings
As time goes by«

Evelyn hatte die beiden Strophen ruhig stehend gesungen. Nun versetzte ein Wechsel des Rhythmus sie in eine sanft wiegende Schwingung. Auch der Text änderte sich, als habe er eine höhere Stufe der Gewißheit erreicht.

»Moonlight and love songs
Never out of date
Hearts full of passion
Jealousy and hate
Woman needs man
And man must have his mate
That no one can deny«

Der Gesang brach ab. Einige Takte lang übernahm die Band allein die Führung. Und wie sie es offensichtlich verabredet hatten, winkte Evelyn den Saxophonisten zu sich, und gemeinsam sangen sie die Schlußzeilen des Songs:

»It's still the same old story
A fight for love and glory
A case of do or die!
The world will always welcome lovers
As time goes by«

Als sie endeten und sich lächelnd die Hand gaben, brach der Beifall los. Sie verbeugten sich gemeinsam. Dann wies der Saxophonist auf Evelyn und zog sich zu der Band zurück. Evelyn verbeugte sich mehrmals und winkte dann die Musiker zu sich, die sich hinter ihr aufstellten und ebenfalls mit hochgehobenen Händen ihr Beifall klatschten. Es war die große Schlußzeremonie einer glücklichen Premiere. Neben ihr klatschte Rudolf wie die anderen ringsum. Über seine Schulter hinweg sagte er »Großartig«, blickte wieder nach vorne und klatschte weiter. Evelyn, die im Halbkreis von den Musikern umgeben war, schaute jetzt zu ihnen herüber und winkte. Sie konnte es nur undeutlich sehen, weil ihre Augen voller Tränen standen. Peinliche Tränen, die sie verstohlen mit dem Handrücken aus den Augenwinkeln wischte, die aber immer wieder nachflossen. Evelyns Gesang und ihr unerwarteter Erfolg hatten so viel Widersprüchliches und Verwirrendes in ihr aufgewühlt, daß sie sich im Augenblick nicht unter Kontrolle hatte. Gut, daß Rudolf nicht mehr da war. Er hatte nur kurz gesagt »Ich geh jetzt mal zu ihr rüber« und war verschwunden.

Inzwischen nahmen die Musiker wieder bei ihren Instrumenten Platz, und der Bandleader sagte durchs Mikrofon, auf mehrfach geäußerten Wunsch würden sie den soeben gehörten Slow noch einmal spielen. Diesmal allerdings ohne Text, nur zum Tanzen. »Ich hoffe, Sie können sich alle noch mal in die Stimmung einfühlen. Viel Vergnügen mit ›As Time Goes By‹!«

Von allen Seiten eilten Paare zur Terrasse. Wahrscheinlich waren Rudolf und Evelyn dabei, aber sie konnte sie nicht entdecken. Auch sie wurde aufgefordert und zögerte einen Augenblick. Aber sie wollte nicht alleine am Tisch sitzen bleiben und ließ sich in das Gedränge auf der Terrasse begleiten. Ihr Tanzpartner gehörte zum Club. Sie kannte ihn nur vom Sehen und war nicht daran interessiert, ihn kennenzulernen. Am liebsten wollte sie nur stumm mit ihm tanzen und nur für sich sein oder außerhalb von sich. Aber er sagte, um eine Unterhaltung bemüht und wohl auch, weil er wirklich beeindruckt war: »Ich fand diesen spontanen Auftritt ganz hervorragend.«

»Und warum?« fragte sie.

»Ich glaube, was das Publikum begeistert hat, das war die von ihr verkörperte Botschaft, daß Liebe etwas Einfaches und Leichtes ist. Das hat allen gefallen.«

»Ja, das stimmt.«

Nach einer Weile fragte sie: »Aber ist Liebe denn etwas Leichtes?«

»Eher nicht«, meinte er. »Aber während sie gesungen hat, konnte man es glauben.«

Ich konnte es nicht glauben, dachte sie. Es ist mir nicht gegeben, es zu glauben. Vielleicht weil ich es nie erlebt habe. Oder habe ich es vergessen?

In einer Lücke des Gedränges entdeckte sie Rudolf und Evelyn, die sich ähnlich eng umfaßt hielten, wie sie und der Chirurg es getan hatten. Doch es hatte nichts Gewaltsames. So wie sie es gesehen hatte, waren sie wie miteinander verschmolzen. Und es war nicht nur die Enge auf der überfüllten Tanzfläche, die sie dazu nötigte.

Um nicht mit ihnen zusammenzutreffen, bemühte sie sich, ihren Partner unauffällig an den Rand der Tanzfläche zu lenken. Er spürte es und gab nach. Es war kein schwerfälliger Mensch, aber sie hatte für ihn keine Aufmerksamkeit. Eine innere Stimme versuchte ihr einzureden, daß alles gut gelaufen sei. Die Spannung zwischen Rudolf und Evelyn hatte sich aufgelöst. Alles hatte sich genau so entwickelt, wie sie es gewollt hatte. Nur daß ihr eigener Platz momentan nicht mehr so deutlich war, wie sie es für ihre eigene Sicherheit brauchte. Es war wohl einfach ein momentaner Mangel an Bestätigung, der es ihr nicht erlaubte, den Abend so zu genießen wie alle anderen. Es war eine Schwäche, die sie nicht bei sich dulden wollte.

Als der Tanz zu Ende war, wollte ihr Partner sie zum Tisch zurückbringen, aber sie sagte, daß sie ein Stück in den Golfpark hineingehen wolle, um Luft zu schnappen.

»Darf ich Sie begleiten?« fragte er.

»Danke«, sagte sie, »ich möchte lieber alleine gehen.«

»Verstehe«, sagte er.

»Nein, Sie verstehen es nicht. Sie können es doch gar nicht verstehen.«

»Natürlich nicht«, sagte er.

»Bitte entschuldigen Sie mich. Es tut mir leid.«

Abrupt wandte sie sich ab und ging eilig den dunklen rutschigen Grashang hinunter. Hinter ihr, nun schon ferner gerückt, begann wieder die Musik. Als sie sich umdrehte, sah sie oben auf dem Hügel das Clubgebäude und das Gedränge der Tanzenden auf der erleuchteten Terrasse geschrumpft zu einem kleinen seltsamen lärmenden Bild in dem weiten Nachtdunkel, das sie umgab. Verloren in diesem Anblick, stand sie da, bis sie mit kurzer Verzögerung begriff, daß die Musik zu Ende war und die meisten Tanzenden wieder ins Haus zurückgingen. Ein einziges Paar kam den Hang hinunter. Wenn das Rudolf und Evelyn waren, dann wollte sie ihnen nicht begegnen. Mehr als diesen einen Gedanken erlaubte sie sich nicht. Sie wollte sich auf nichts Weiteres einlassen, sondern ihnen nur aus dem Weg gehen.

In einem weiten Bogen umging sie das Haus und sah auf dem Parkplatz, wie einige Gäste in ihre Autos stiegen und wegfuhren. Das Zuschlagen der Türen, das Anspringen der Motoren und das Aufleuchten der

Scheinwerfer gaben dem Aufbruch eine merkwürdige Entschlossenheit. Überall waren schon Lücken in den Reihen der geparkten Autos entstanden. Aber als sie über die Vortreppe in das Haus zurückkehrte, schlug ihr wieder Musik entgegen. Rudolf und Evelyn waren nirgendwo zu sehen. Vielleicht tanzten sie wieder. Viele Tische hatten sich gelichtet, und die Getränkekellner schienen sich zurückgezogen zu haben. Die Frau des Präsidenten, die ohne ihren Mann am Tisch saß, der wieder irgendwo in ein Gespräch verwickelt war oder einen letzten Pflichttanz absolvierte, lächelte ihr einladend zu: »Setzen Sie sich doch ein bißchen zu mir.«

»Gerne«, sagte sie.

»Langsam löst sich hier alles auf!« sagte die Frau des Präsidenten. »Das ist immer eine eigenartige Stimmung. Als junges Mädchen und auch noch als junge Frau fand ich das schrecklich traurig, weil ich einfach nicht loslassen wollte. Es war eben nie genug.«

»Und wie finden Sie es jetzt?«

»Auch ein wenig traurig, aber nur in einem ganz allgemeinen Sinn. Weil eben immer alles zu Ende geht. Für mich ist das wie ein Theaterstück, das ich kenne, das mich aber immer wieder interessiert.«

Sie machte eine Pause, die von ihrem Lächeln ausgefüllt war. Dann sagte sie: »Ich habe immer sehr gerne getanzt. Genauso wie mein Mann. Jetzt trage ich ein Abendkleid, um meine Kniemanschette zu verbergen.«

»Aber das Kleid steht Ihnen gut.«

»Na ja, na ja. Ich bleibe nicht mehr lange vor einem Spiegel stehen. Lieber sehe ich mir Frauen wie Sie und

Ihre Schwester an. Der Auftritt Ihrer Schwester war der Höhepunkt des Festes. So viel Charme sieht man selten. Wo ist sie denn geblieben?«

»Ich glaube, sie tanzt gerade mit meinem Mann.«

»Ja, so sind die jungen Frauen. Es ist ihr Vorrecht, so ein Fest auszukosten. Wie ich es beobachtet habe, hat sie keinen Tanz ausgelassen. Ich hatte übrigens auch eine jüngere Schwester. Sie ist vor zwanzig Jahren bei einem Autounfall umgekommen.«

»Ach, das ist ja schrecklich.«

»Es war ein riesiger Schock. Zumal wir nicht genau wissen, wie oder warum es passiert ist.«

»Hatten Sie denn Grund, an etwas anderes als an einen Unfall zu denken?«

»Ja und nein. Aber eigentlich nicht. Sie war übrigens nicht allein im Wagen. Es war noch ein Mann bei ihr. Ein verheirateter Mann. Der hat den Unfall auch nicht überlebt.«

»Ach so.«

»Ich habe lange nicht an sie gedacht. Aber Ihre Schwester hat mich wieder an sie erinnert. Nicht von der äußeren Ähnlichkeit her, sondern im Wesen. Sie hatte auch diesen besonderen Charme, diese Leichtigkeit. Sie nahm das Leben wie ein Fest, jedenfalls in den guten Zeiten.«

Ihre Gedanken schienen auf Erinnerungspfade geraten zu sein. Sie blickte vor sich hin. Ihr Gesicht erschlaffte, und feine Falten zeigten sich um Mund und Augen. Dann sagte sie: »Nachträglich fragt man sich, ob man etwas versäumt hat. Aber das ist Unsinn. Ich habe es nur gedacht, weil wir uns manchmal gestritten haben. Sie konnte auch ein Biest sein, manchmal, wenn sie fand, daß ich zu streng mit ihr war. Nachträglich denke ich, wir hatten immer beide recht und beide unrecht.«

Wieder lächelte sie. Ein Lächeln, das alles, was sie gesagt hatte, zusammenfaßte und überbrückte. Es schien zu heißen: So ist das Leben nun mal. Da kann man nichts machen.

Plötzlich kam ein neuer lebhafter Ausdruck in ihr Gesicht.

»Dahinten sehe ich gerade Ihren Mann und Ihre Schwester«, sagte sie unvermittelt.

Sie blickte sich um und sah Rudolf und Evelyn von der Terrasse her auf sich zukommen und wandte sich sofort wieder ab. Ihre Stimme klang belegt, als sie sagte: »Nun haben sie wohl genug getanzt.«

»Immerhin, nun sind sie ja pünktlich wieder da. Im Unterschied zu meinem Mann, der natürlich tausend gute Gründe hat, überall herumzuschwirren. Never mind. Schön, daß wir uns ein bißchen unterhalten konnten.«

»Das finde ich auch«, sagte sie mit dem Ton der Überzeugung und spürte, wie sich ihre Verspanntheit löste.

»Wir sollten allmählich mal ans Aufbrechen denken«, sagte Rudolf, als er zu ihr trat. Trotz dieser lässigen Formulierung merkte sie, daß er ungeduldig war. Vielleicht nur, weil er etwas, das er sich vorgenommen hatte, immer sofort verwirklichen wollte. Ihr war das diesmal recht, denn sie war müde. Und sie versprach sich noch ein paar beruhigende gemeinsame Minuten vor dem Einschlafen. Wie der aufgewühlte Bodensatz in einem Glas würden die Aufregungen des Abends zu

Boden sinken, und dann würde alles wieder an seinem gewohnten Platz sein.

Bis auf ein paar einsilbige Bemerkungen, die Rudolf über das Fest und die Leute machte, und einige kurze Ergänzungen von ihr verlief die Heimfahrt schweigsam. Evelyn, die auf dem Rücksitz saß, sagte nichts. Als sie ins Haus traten und in der Diele und im Wohnzimmer das Licht einschalteten, hatte sie das Gefühl, daß sie das Haus aus seinem Schlaf rissen und einen Anspruch anmeldeten auf die Fortsetzung des unterbrochenen Lebens. Aber das schien unmöglich zu sein. Sie mußten erst einmal eine Nacht schlafen, um dann am nächsten Morgen weiterzumachen wie vor dem Fest. Auch Evelyn schien das zu spüren, denn sie sagte gleich: »Ich geh schon mal hoch.« Zum Gästezimmer, das sie wie immer bewohnte, gehörte eine eigene Dusche. Das Badezimmer blieb Rudolf und ihr vorbehalten, und da sie nie zu zweit hineingingen, ließ er ihr wie gewohnt den Vortritt.

Sie war fast eingeschlafen, als er kam und sich neben sie ins Bett legte. Wartete er darauf, daß sie etwas sagte oder ihm ein Zeichen gab, daß sie noch nicht schlief? Er rührte sich nicht, lag anscheinend auf dem Rücken. Nicht seine gewohnte Einschlafhaltung. Vielleicht dachte er noch über das Fest nach, erinnerte sich an Einzelheiten. Ihre Augen waren ihr schon zugefallen, und sie hatte keinen Grund, sie zu öffnen. Wenn er jetzt nicht mehr reden wollte, war es auch gut so. Denn nun hatten sie ja Zeit. Morgen war Sonntag. Dann konnten sie ausschlafen. Nein, das war falsch. Es war ja schon Sonntag. Der Sonntag hatte längst begonnen, als sie nach Hause kamen. Die Nacht hatte kein Datum. Nur die Tage. Die Tage und die Festtage und die Feste. Sie war auf einem Fest, wo sich alles drehte, und wußte nicht, wie sie dahingekommen war. Alles drehte sich um sie herum. Aber sie hatte keine Haare auf dem Kopf. Keine Haare! Du hast ja keine Haare mehr, sagte Rudolf. Das stimmte doch nicht! Das war nicht immer so, hing nur von den Umständen ab. Sie mußte ihm das dringend erklären. Doch sie konnte ihn nicht finden, weil er sich verflüchtigt hatte.

Ruckartig wurde sie wach und drehte sich zu ihm hin. Streckte einen Arm nach ihm aus. Er war nicht da. Ach so, dachte sie. Das war der Traum. Wie eng sie auch im Traum miteinander verbunden waren. Sie hatte im Schlaf gespürt, daß er nicht neben ihr lag, und hatte angefangen, ihn zu suchen. Das wollte sie ihm gleich erzählen, wenn er aus dem Badezimmer kam. Er war doch im Badezimmer? Nein, das verwechselte sie. Er war nach ihr ins Badezimmer gegangen und dann ins Bett gekommen. Sein Platz neben ihr fühlte sich noch warm an. Also mußte er gerade eben ins Badezimmer gegangen sein. Vielleicht weil er nicht schlafen konnte oder sich nicht gut fühlte. Die Nachtarbeit, das Turnier und das Fest, das alles zusammen hatte ihn überanstrengt. Das mußte irgendwann Folgen haben. Aber hätte er sie nicht geweckt, wenn es irgend etwas Bedrohliches gewesen wäre? Vielleicht nicht. Nicht sofort. Vielleicht hatte er gedacht, es würde gleich besser. Wenn es nur ein Schwindel, eine vorübergehende Übelkeit war, würde er ja gleich zurückkommen und sich wieder hinlegen.

Sie wartete. Das Bild eines gestürzten Mannes, der neben der Badewanne auf dem Fliesenboden lag, trat ihr vor Augen. Es war ein ungenaues graues Bild, aber ein Ausdruck des Schreckens, der sie aus dem Bett trieb.

Das Badezimmer war dunkel. War er nach unten gegangen, in die Küche oder in sein Arbeitszimmer? Sie beugte sich über das Treppengeländer und lauschte. Im Treppenhaus und im Erdgeschoß herrschten reglose Dunkelheit und Stille. Trotzdem ging sie die Treppe hinunter, um nachzuschauen, ob er vielleicht in der Dunkelheit gestürzt war. Alle Räume, durch die sie ging, sahen geordnet und aufgeräumt aus, als wären alle Spuren seiner Existenz sorgfältig beseitigt worden. Sie sträubte sich gegen weitere abenteuerliche Vermutungen und beschloß, wieder ins Bett zu gehen. Als sie lag, bereit nachzudenken, obwohl sie ohne Anhaltspunkte war, kam ihr der Einfall, daß Rudolf vielleicht das Haus verlassen hatte, weil er nicht schlafen konnte. Er war im Garten. Oder ging um den Block herum. Das war immerhin möglich, auch wenn er das noch nie getan hatte. Sie schaute auf den Wecker. Es war kurz vor zwei. Wahrlich Zeit zu schlafen, auch für ihn, nach einem so langen, anstrengenden Tag. Also warum blieb er nicht im Bett liegen?

Es gab noch eine weitere Möglichkeit. An die mußte sie jetzt denken, obwohl sie sich dagegen wehrte: Er war in Evelyns Zimmer!

Das war unfaßlich, aber alles sprach dafür. Sie konnte nichts mehr dagegen ins Feld führen, was gleich wahrscheinlich war. Dennoch entglitt es ihr wieder, als ob es nur ein Hirngespinst wäre, eine fremde Geschichte, die man irgendwann gehört hatte, eine Geschichte weit außerhalb des eigenen Lebens.

Ich muß es mir trotzdem vorstellen, dachte sie, um es zu überprüfen.

Er hat also neben mir gelegen und darauf gewartet, daß ich einschlafe. Eine Weile hat er auf meine Atemzüge gelauscht. Dann ist er leise aufgestanden und hat sich über den Flur in Evelyns Zimmer geschlichen. Die Tür war vermutlich nur angelehnt, weil sie ihn erwartet hat.

Doch wann und wie konnten sie gemeinsam diesen Gedanken gefaßt haben? Während des Festes hatten sie nicht nebeneinandergesessen und hatten nur nach Evelyns Auftritt einige Male miteinander getanzt. Ziemlich zärtlich zwar, wie sie beobachtet hatte. Aber konnte daraus in so kurzer Zeit ein solcher Entschluß entstehen? Selbst wenn es sich bei dem Paar, das nach einem Tanz den dunklen Hang bei der Terrasse heruntergekommen war, um die beiden gehandelt haben sollte, blieben doch nur wenige Minuten, in denen sie miteinander allein gewesen waren. Vielleicht hatten sie sich geküßt, leidenschaftlich vielleicht. Doch reichte das aus, um sich einig zu werden, alles hinter sich zu lassen und das ganze bisherige Leben zu zerstören?

Nein, sie mußte es sich anders vorstellen. Sie hatten nichts verabredet. Der Gedanke war allein in ihm entstanden. Und nicht schon während des Festes, sondern erst, als er wie immer neben ihr im Bett lag und sich an alles erinnerte. Oder noch später, als er noch einmal ins Badezimmer gegangen war. Vielleicht war er erst da von der Vorstellung erfaßt worden, daß Evelyn nur eine Tür weiter im Bett lag. Von da an mußte jeder andere Gedanke in ihm verstummt sein. Ohne weitere Überlegung war er die paar Schritte durch den dunklen Flur zu ihrem Zimmer geschlichen. Langsam und lautlos hatte er die Türklinke heruntergedrückt und war in das dunkle Zimmer geschlüpft. Und sie? Sie war wach. Sie hatte geahnt, daß so etwas geschehen würde. Und sie waren sich sofort einig gewesen wie vorher schon beim Tanzen, wie vielleicht, ohne es je gewußt oder gar beschlossen zu haben, immer schon.

Jetzt waren sie also zusammen. Wenige Meter von ihr entfernt und doch unendlich weit von ihr weg geschah etwas, was sie so nie erlebt hatte und nie erleben würde. Die beiden hatten etwas gefunden, was sie verband und wovon sie ausgeschlossen war, nicht einmal durch die beiden, sondern von vornherein, durch sich selbst. Sie fror wie im Schüttelfrost. Ihre Zähne schlugen aufeinander. Schauer überliefen sie und ließen sie am ganzen Leibe zittern, als ahmte ihr gedemütigter, verstoßener Körper die Liebeserregung des Paares nach.

Sie setzte sich auf und schlug ihre Arme um sich. Ich will das nicht, ich will das nicht, sagte sie zu sich selbst. Dann legte sie sich wieder hin und wickelte sich fest in ihre Decke ein. So kann niemand an mich heran, dachte sie.

Sie lag jetzt still da, als wäre ihre Erregung verflogen. Und solange sie sich nicht bewegte, würde sie ruhig bleiben. Aber wieder regten sich die Gedanken, obwohl es eigentlich nur eine Frage war. Wie ist es möglich?, dachte sie. Sie wußte keine Antwort darauf, außer: Was geschieht, das ist auch möglich gewesen. Vorstellen wollte sie sich nichts mehr. Sie wartete nur noch darauf, daß Rudolf zurückkehrte und etwas sagen würde, was vielleicht eine neue unerwartete Erklärung war. Doch sie wollte sich keine falschen Hoffnungen machen.

Als er schließlich kam, waren fast anderthalb Stunden vergangen. Leise, ohne Licht zu machen, kam er herein und vermied jede überflüssige Bewegung, als er sich neben sie ins Bett legte und sich nicht mehr rührte. Sie wartete einen Augenblick, unschlüssig, ob sie sich schlafend stellen sollte oder nicht. Dann fragte sie: »Wo kommst du her?« »Ich war im Badezimmer«, sagte er.

Er log also. Sie hatte ihn entlarvt, und sie konnte es ihm beweisen. Sie hatte ihn ja vergeblich im Badezimmer und im ganzen Haus gesucht und dann fast eine Stunde auf ihn gewartet. Und nun versuchte er sie auf diese dummdreiste Weise zu beschwindeln. Vielleicht war es keine wörtliche Lüge, weil er tatsächlich noch ins Badezimmer gegangen war, um sich zu waschen und den fremden Geruch an sich zu tilgen, bevor er sich wieder zu ihr ins Bett legte. Dieser neue Gedanke verschlug ihr die Sprache. Doch so mußte es gewesen sein.

Nein, sie durfte jetzt noch nichts sagen. Erst mußte sie wissen, was sie selber wollte. Daß er sich bemühte, sie zu täuschen, bedeutete, daß sie noch im Spiel war und mitbestimmen konnte, wie es weiterging. Es war ein Vorteil, daß er nicht wußte, was sie wußte und woran er mit ihr war. Die Taktik hatte sie von ihm gelernt. »Man muß aus der Deckung heraus operieren«, hatte er gesagt. Die Regel wollte sie nun auf ihn anwenden. Sie mußte abwarten, wie sich die Dinge entwickelten und was sich dabei alles zeigen würde. Der

Gedanke, daß sie Zeit hatte, bis eine Entscheidung anstand, beruhigte sie ein wenig.

Sie lag noch lange wach, während er neben ihr in einen tiefen Schlaf fiel. Die Atemstörungen, die er manchmal hatte, stellten sich wieder ein, ohne daß er davon erwachte. Sie hörte es mit einer neuen Gleichgültigkeit. Es geht mich nichts an, dachte sie.

Sie lag noch lange wach. Mehrmals kam es ihr so vor, als zöge der Schlaf ihr seine schwarze Kappe über die Augen. Jedesmal ging dann in ihrem Kopf ein grelles Licht an und beleuchtete die Situation, ohne daß sich etwas klärte. Allmählich überwältigte sie ihre Erschöpfung.

Als sie Stunden später wach wurde und Rudolf nicht mehr neben ihr lag, regte sie das nicht auf. Es war nur ein Vorgang innerhalb der neuen Situation, die sie beobachten wollte. Sie ging ins Badezimmer, duschte und zog ihren Bademantel über, um nach unten zu gehen. In der Küche fand sie Reste eines Frühstücks und ein unbenutztes Gedeck, auf dem ein Zettel in Rudolfs Handschrift lag: »Guten Morgen. Wir haben schon gefrühstückt und sind spazierengegangen. Bis nachher!«.

Er fühlt sich sicher, dachte sie. Beim Frühstück hat er ihr bestimmt erzählt, daß alles gutgegangen sei und ich nichts gemerkt hätte. Nun konnten sie wieder über sich selber reden. Bei ihm konnte sie sich das vorstellen. Bei Evelyn nicht. Doch alles, was man sich vorstellte, konnte falsch sein. Das immerhin wußte sie jetzt wieder.

Sie trank eine Tasse lauwarmen Kaffee, aß ein Honigbrot und einen Apfel, räumte den Frühstückstisch ab und ging nach oben, um sich anzuziehen. Während sie die Betten machte, hörte sie in der Diele Rudolfs und Evelyns Stimmen, die von ihrem Spaziergang zurückkamen. Sie waren ziemlich lange fort gewesen, wie ein miteinander vertrautes Paar, das nun zu ihr wie zu einer freundlichen Gastgeberin zurückkehrte. Mechanisch ging sie die Treppe hinunter und traf die beiden im Wohnzimmer an in derselben Situation wie vor weniger als vierundzwanzig Stunden, als sie von Frau Josten zurückgekommen war. Nur daß Evelyn ihr nicht um den Hals fiel, sondern den Blick vor ihr senkte. Was war das anderes als ein unfreiwilliges Schuldbekenntnis? Rudolfs Bemühen, sich normal und unbefangen zu benehmen, drückte das gleiche aus. Beide waren anscheinend überzeugt, daß sie nichts wußte, hatten aber Angst, sich verdächtig zu machen. Sie sah das mit einem kalten Interesse und spürte, wie ihre bloße Anwesenheit die beiden unter Druck setzte. Sie fragte, wie der Spaziergang gewesen sei, und Rudolf, der gewöhnlich auf solche Fragen mehr oder minder formelhaft antwortete, erzählte mit unglaubwürdiger Ausführlichkeit, brach dann aber unvermittelt ab und sagte: »Übrigens: Evelyn muß um halb eins fahren.«

»Ach, davon habe ich nichts gewußt«, sagte sie und wendete sich Evelyn zu: »Ich habe angenommen, du bleibst heute noch.«

»Leider muß ich weg«, sagte Evelyn. »Ich hab einen Anruf bekommen von einem Kollegen, der mit mir etwas besprechen will.«

»Was für ein Kollege?« fragte sie.

»Von meiner ehemaligen Band.«

»Rudolf fährt dich sicher gerne zum Bahnhof«, sagte sie und ging aus dem Zimmer. Sie konnte die Verlogenheit, zu der sie sich gegenseitig gezwungen hatten, nicht mehr aushalten.

Bevor sie zum Abschied hinunterging, packte sie das goldene Kleid in eine Plastiktüte, um es Evelyn mitzugeben. Die wehrte sich dagegen. Aber sie bestand energisch darauf, daß sie es mitnehmen solle. »Ich möchte nicht, daß es in meinem Schrank herumhängt«, sagte sie. Erst als Rudolf vermittelte: »Nun nimm es doch«, gab Evelyn nach. Es kam noch zu einer kurzen beklommenen Umarmung, dann waren sie weg.

Sie wußte nicht, ob sie gewonnen oder alles verloren hatte, als sie allein im Haus zurückblieb. So wie die beiden sich verhalten hatten, wollten sie offenbar, daß es so weiterging wie bisher. Vor allem Rudolf und sie selbst hatten Grund, es zu wollen und nicht alles zu gefährden, was sie gemeinsam erreicht hatten. Für Evelyn sah es vermutlich anders aus. Immerhin hatte sie nun das goldene Kleid. Und wenn der Kollege, den sie treffen wollte, keine Erfindung war, konnte sie vielleicht wieder singen.

Nein, es sah nicht gut aus für Evelyn. Es war etwas kaputtgegangen, mit Folgen, die noch keiner von ihnen übersah. Doch sie brauchte diesen Abschied nicht zu beschönigen. Sie brauchte keine Rücksichten mehr zu nehmen. Das jedenfalls war ihr Gewinn.

Als Rudolf zurückkam und in die Einfahrt fuhr, wuchs ihre Spannung wieder. So wie er die Haustür aufschloß, ins Zimmer kam und sich in einen Sessel warf, wirkte er auf sie wie ein Schauspieler, der mit einem Ausdruck betonter Selbstbehauptung die Szene betrat.

»Der Zug war fast besetzt, aber sie hat noch einen guten Platz bekommen«, sagte er. »Ich schlage vor, wir gehen irgendwo essen.«

Nicht sie antwortete, sondern eine flache Stimme, die sich aus einem Vorrat einfacher Formeln bediente.

»Wenn du Hunger hast – gut. Zum Kochen ist es ohnehin zu spät.«

Er schlug ein Restaurant in der Nähe vor, in das sie oft gegangen waren, und als sie zögerte, ein Waldlokal in der Umgebung, das seit einiger Zeit ein Geheimtip war. Er fand, sie sollten es unbedingt einmal ausprobieren. Warum also nicht jetzt? Wäre das nicht ein schöner Ausklang des Festes?

Sein Eifer und seine Beflissenheit lähmten sie. Er schien geradezu überzuquellen von dem Bemühen, sie für etwas zu gewinnen, das sie sich nicht vorstellen konnte, weil es zu einem anderen Leben gehörte.

Nicht so schnell, dachte sie, nicht so schnell.

Eigentlich hätte sie sagen müssen: Ich will erst wissen, was geschehen ist. Und warum es geschehen konnte oder sogar geschehen mußte. Und wer wir all die Jahre über gewesen sind. Aber sie wußte nicht, ob es in ihrem Interesse lag, das aufzudecken. Sie fühlte sich leer und unfähig, irgend etwas zu entscheiden. Er wußte ja auch nicht, woran er mit ihr war, solange sie schwieg. Blind traf er die Wahl: weitermachen, erst einmal weitermachen – traf diese Wahl einfach für sie mit. Was das auf die Dauer bedeutete, wußte sie nicht. Vielleicht kann ich mich einmal rächen, dachte sie. Wenn es dann noch wichtig ist.

ZIKADENGESCHREI | NOVELLE (1995)

Ihr Ferienquartier, ein hauptsächlich von Deutschen und Schweizern bewohnter Bungalowpark südlich von Tarragona, nahe bei der Ortschaft Hospitalet de l'Infant gelegen, hieß Playa d'Or. So stand es in großen goldenen Buchstaben beiderseits der von Palmen flankierten Einfahrt auf den Pfeilern der weißgekalkten Umfassungsmauer, die das Grundstück zur Straße hin abschloß. Die beiden Torflügel der Einfahrt waren weit geöffnet, doch im langsamen Heranrollen konnte Böhring nicht erkennen, wie sich die Zufahrtsstraße innerhalb des Grundstücks fortsetzte. Sie schien in der Tiefe zu verschwinden oder plötzlich zu Ende zu sein, wie das letzte Stück einer Sprungschanze, in dessen luftiger Verlängerung als eine unerwartet nahegerückte Verheißung sich ein blauer Streifen Meer zeigte. Hinter der weißen Mauer erblickte er, versteckt zwischen Baumkronen, die flachen hellroten Ziegeldächer einiger tiefer gelegener Häuser, was auf ihn den Eindruck einer abgewandten Welt machte, in der niemand auf sie wartete. Und nur weil Ina sagte »Das ist es! Das muß es sein!«, stoppte er den Wagen nicht.

Hinter ihnen wachte Julia auf, die seit Tarragona auf dem Rücksitz gedöst hatte, weil die Landschaft sie nicht interessierte. Sie ließ das Seitenfenster herunter, um besser hinaussehen zu können, und während sie den abschüssigen Fahrweg zum Parkplatz der Wohnanlage hinunterrollten, maulte sie: »Ist ja alles menschenleer.«

Während der Reise hatte Julia immer wieder mit solchen mürrischen Bemerkungen gegen den Urlaub zu dritt rebelliert, und Ina hatte sanft und beschwichtigend geantwortet. Doch ihre Antworten waren allmählich kürzer geworden.

»Die Leute sind bestimmt alle am Strand«, sagte sie.

»Aber es parken fast keine Autos hier«, warf Julia ein.

Ja, es war ziemlich leer hier. Aber vielleicht machten manche Leute auch Ausflüge in die nähere Umgebung oder waren zum Einkaufen nach Hospitalet gefahren, dachte er und hörte im Aussteigen, daß Ina genau das zu Julia sagte.

»Wir müssen heute auch noch dahin«, fügte sie hinzu.

»Ich will aber erst schwimmen«, sagte Julia.

Was Ina antwortete, noch immer in demselben beruhigenden und abweisenden Ton, konnte er nicht mehr verstehen. Er fühlte sich unbehaglich. Denn er hatte darauf bestanden, daß Julia nicht allein zu Hause blieb, nicht jedenfalls schon in diesem Jahr, erst im nächsten, wenn sie ihr Abitur gemacht hatte und vielleicht schon studierte. Es hatte darüber keinen Streit gegeben, nur eine längere Unentschiedenheit und eine leichte Störung des Einklangs zwischen ihm und Ina, die sich vielleicht gewünscht hatte, nach so vielen Jahren wieder einmal mit ihm allein zu verreisen. Warum hatte er das nicht gesehen? Warum hatte er sich nicht lösen können von der jahrelangen Gewohnheit des Urlaubs zu dritt?

Er ging zum Büro des Verwalters hinüber, um ihre Ankunft zu melden und die Schlüssel ihres Bungalows abzuholen. Eine junge Trau empfing ihn, offenbar eine Deutsche.

»Hatten Sie eine gute Reise, Herr Böhring?« fragte sie.

Ja, das konnte er bestätigen. Sie hatten die Reise in drei Etappen gemacht und immer in Orten mit besonderen Sehenswürdigkeiten übernachtet. Jetzt brauchten sie erst einmal einige ruhige Tage.

»Da sind Sie bei uns richtig«, sagte die Empfangsdame. Gegenwärtig sei gerade eine Übergangszeit. Deshalb seien nicht so viele Gäste da. »Habe ich schon bemerkt«, antwortete er. »Aber gut, dann tritt man sich am Meer nicht auf die Füße.«

»So voll wird's bei uns nie«, lächelte sie.

»Sind Sie die ganze Saison hier?« fragte er.

»Das ganze Jahr. Ich bin hier verheiratet.«

»Ach, dann wissen Sie ja hier Bescheid.«

»So ziemlich«, nickte sie. Bevor er weiter fragen konnte, reichte sie ihm, zusammen mit den Schlüsseln, eine Informationsmappe. Darin finde er alles Wichtige: Restaurantadressen, Arztpraxen, die Öffnungszeiten der Geschäfte und des Supermercado, die Tage, an denen Markt in Hospitalet sei, und die nächstgelegenen Ausflugsziele. Böhring hätte gerne ein wenig länger mit dieser Frau geplaudert, wollte aber Ina und Julia nicht warten lassen. Als er zurückkam, standen sie beide neben dem Wagen und blickten ihm entgegen, ob einträchtig oder nicht, konnte er nicht erkennen. Als sei es eine Beute, die er gerade gemacht hatte, hob er die Schlüssel und winkte damit.

Wie im Prospekt beschrieben, lagen die Bungalows und Häuser von Playa d'Or in drei Reihen übereinander an einem erst ziemlich steil abfallenden, dann sanft zum Strand hin auslaufenden Hang, eingebettet in die üppige Vegetation der Mittelmeerländer: gärtnerisch inszenierte Palmen und Zypressen, Strauchkiefern und Lorbeerbüsche, auf terrassenartig angelegten Beeten die steifen graugrünen Lanzenblätter der Agave, Büschel von Ziergras mit weißlich befahnten Rispen und allerlei Steingartengewächse. Vor dem weißen Putz der Hausmauern leuchtete überall das Blaurot der Bougainvillea.

Sie hatten einen Bungalow am oberen Hang gemietet, der zwei Schlafzimmer und einen großen Wohnraum mit dazugehöriger Küchenbar besaß, außerdem ein kleines Bad und eine Abstellkammer. Vor dem Wohnraum befand sich eine überdachte Terrasse mit offenen Rundbogen, die durch Brüstungen aus durchbrochenen Steinen zu einem geschlossenen Raum verbunden waren. Dieser Vorbau stand wie ein Altar sechs Stufen hoch auf einem Sockel aus grob verfugten Bruchsteinen über dem abfallenden Hang. Er war von einem kleinen Vorgarten umgeben, hinter dem der Plattenweg vorbeiführte, auf dem sie ihr Gepäck vom Parkplatz heraufgeschleppt hatten. Die Veranda war der erste Raum, den sie betraten. Im Vorbeigehen sah Böhring die leichten Möbel aus Peddigrohr, auf denen helle Sitzkissen lagen, und dachte, während er den Wohnraum aufschloß: »Hier draußen werden wir oft sitzen.«

Im Haus staute sich stickige, warme Luft, durchsetzt von Ausdünstungen chemischer Reinigungsmittel, so daß sie gleich im Wohnraum ihr Gepäck absetzten und überall die Fenster aufrissen. Böhring schloß auch die Hintertür auf und sah, etwa zehn Meter entfernt, die von Strauchkiefern und Lorbeerbüschen halbverdeckte weiße Außenmauer des Wohnparks. Dahinter mußte irgendwo die kleine Landstraße verlaufen, auf der sie das letzte Stück gekommen waren. Anscheinend wurde sie wenig befahren, denn er hörte nichts. Nachts würden sie hier wahrscheinlich Ruhe haben. Er fand Ina und Julia in der Veranda, wie sie den Hang hinunterblickten, und stellte sich dazu. Die mittlere, doppelstöckige Hausreihe lag ein ganzes Stück tiefer am auslaufenden Hang und verdeckte die Bungalows der ersten Reihe und den Übergang zum Strand, von dem nur kleine Ausschnitte zwischen den Dächern erschienen. Aber das Meer war in voller Breite zu sehen, bis hin zu den kastenförmigen Apartmenthäusern und der Mole von Hospitalet. Es lag ruhig und glatt unter einem wolkenlosen Himmel. Hier und da glitzerte es. Sein Blau, aus helleren und dunkleren, scheinbar unveränderlichen Streifen zusammengesetzt, sättigte sich gegen den hellen Himmel des Horizonts fast zu einem Schwarz. Eine Weile rührte sich keiner von ihnen. Schließlich sagte Ina, stellvertretend für sie alle: »Ich glaube, hier können wir es aushalten.«

Sie ging in die Küche, um Kaffee zu kochen. Julia verschwand in ihr Zimmer und packte wohl ihren Koffer aus. Böhring stand noch da und betrachtete die Szenerie, in der Erwartung, daß sich etwas in ihm regte. Er kannte diese innere Lähmung, die ihn manchmal an fremden Orten überfiel. Aber er vergaß sie auch immer wieder und war befremdet und ärgerlich, wenn er sie wieder bei sich bemerkte. Nun, es würde auch wieder verschwinden. Er brauchte eben etwas mehr Zeit als seine Frau, um sich in eine neue Umgebung einzuleben. In den nächsten Tagen wollte er das alles fotografieren.

Nach dem Kaffeetrinken in der Veranda brachen sie zu einem Erkundungsgang auf. Julia hatte sich umentschieden und wollte nun doch lieber mitkommen, anstatt gleich zu schwimmen. Hintereinander, er am Anfang, Julia in der Mitte, gingen sie erst ein Stück auf dem Plattenweg unterhalb der Bungalows entlang und dann auf den unregelmäßigen Stufen einer Bruchsteintreppe den Hang hinab. Auf den Abstellplätzen zwischen den beiden Hausreihen parkten etliche Autos im Schatten der Bäume, und in einer Einfahrt war ein Boot aufgebockt. Aber außer einem Mann in Shorts, der einen roten Gartenschlauch aus seinem Haus herausgeleitet hatte und den Vorgarten besprengte, war niemand zu sehen. Ina und Julia, die einen Augenblick zurückgeblieben waren, kamen munter plaudernd das letzte Treppenstück herunter und erzählten, sie hätten einen Gecko beobachtet. Er sei überhaupt nicht scheu gewesen und sogar noch ein Stück auf sie zugekrochen, um sie zu beäugen.

Der Mann mit dem roten Gartenschlauch hatte sie als Deutsche erkannt und sagte: »Guten Tag.« Es schien nebenbei zu bedeuten, daß er sie hier als Neuankömmlinge begrüße. Ohne stehenzubleiben, grüßten sie besonders freundlich zurück. Der Mann war vermutlich einer der Hauseigentümer, denn von den Mietern wurde nicht erwartet, daß sie sich um die

Gärten kümmerten. Auch Böhring waren vor Jahren spanische Ferienwohnungen zum Kauf angeboten worden. Aber er war mißtrauisch gewesen, und Ina hatte zu seiner Erleichterung gesagt, sie wolle ihren Urlaub nicht jedes Jahr am selben Ort verbringen. Doch jetzt, als sie an dem Mann vorbeigekommen waren, hatte er ihn um die gemächliche Ruhe und Selbstverständlichkeit beneidet, mit der er sich beschäftigte, weil er offenbar hier zu Hause war. Er hatte etwas Sinnvolles zu tun und brauchte die Tage nicht mit lauter Urlaubsvergnügungen auszufüllen. Er wußte, was Ina dazu sagen würde, wenn ihm einfiele, mit ihr darüber zu reden. Sie würde die Therapeutin herauskehren und ihm vorhalten, daß er sich nicht entspannen könne. Aber auch sie hatte ihr Vorhaben. Sie wollte die Recherche von Marcel Proust in diesem Urlaub lesen, auf jeden Fall mehrere Bände, um sich eine Vorstellung vom Ganzen zu bilden.

»Mal sehen, wie weit ich komme«, hatte sie gesagt.

Um zum Strand zu gelangen, mußten sie auf einem behelfsmäßigen Übergang aus Bohlen und Brettern eine morastige Mulde durchqueren, die zu einem sumpfigen Schilfgürtel gehörte, den sie von der Veranda aus nicht gesehen hatten. Es war ein Stück übriggebliebener dichter graugrüner Wildnis, die sich unterhalb der Landschwelle, an deren Hang der Wohnpark lag, nach beiden Seiten ausdehnte. Neben dem Steg lagen die frei verlegten Rohre einer Wasserleitung. Wie sich herausstellte, war es die Zuleitung zu zwei Süßwasserduschen, die neben dem Übergang in einer Wasserlache standen und ständig tropften.

»Seltsam, wie primitiv das hier ist«, sagte Ina. »Wo doch der Wohnpark so gepflegt ist.«

»Es hat wohl nicht mehr gereicht«, sagte er. »Aber der Strand ist doch schön breit.«

Es waren auch Leute hier, fast ausschließlich Gruppen oder Paare, die untereinander deutlichen Abstand hielten. Die meisten hatten Liegestühle mitgebracht und Sonnenschirme aufgestellt. Nur einige jüngere Frauen lagen ausgestreckt auf ihren Badetüchern. Im Wasser waren, umgeben von schimmernder Helligkeit, die Köpfe von zwei Schwimmern zu sehen. Weiter weg spielte eine Gruppe von Leuten mit einem aufgeblasenen blau-weißen Plastikball, den sie sich gegenseitig über eine ausgespannte Leine hinweg zuschlugen. Es war ein tapsiges, langsames Spiel, aber vielleicht tilgte auch die Entfernung die Heftigkeit der Bewegungen und ließ sie wie ein gestikulierendes Waten und Taumeln erscheinen, über dem der große Ball plump hin- und herschwebte.

»Laßt uns bitte hier rübergehen«, sagte Julia.

Aus irgendeinem Grund hatte sie eine Abneigung gegen den Badestrand und wollte lieber in Richtung Hospitalet gehen, wo niemand lagerte oder herumging und anscheinend auch niemand den Strand aufräumte. Zwischen dem Gelände des Wohnparks und den ersten Häusern der Stadt erstreckte sich ein von Buschwerk durchsetztes Brachland. Dort, an der Grundstücksgrenze von Playa d'Or, hatte man mit einer neuen Urbanisation begonnen. Bisher standen nur einige Rohbauten. In den nächsten Jahren würde die Lücke der Bebauung wohl geschlossen werden. Tiefe Treckerspuren liefen durch den Sand. Bauschutt lag herum neben dem Aushub der Baugruben und aufgestapelten Steinen und Gerüstteilen. Der Wind hatte leere aufgerissene Zementsäcke über den Strand geweht. Nicht weit davon kam aus dem Brachland ein Bach herunter, verzweigte sich über den Strand und breitete sich hier und da in versickernden Lachen aus.

»Wenn das bloß keine Abwässer sind«, sagte Julia.

»Das kann ich mir nicht vorstellen«, meinte Ina. »Da hätte die Verwaltung von Playa d'Or längst Einspruch erhoben.«

Anscheinend hatte sie recht, denn etwas weiter aufwärts sahen sie einen Hund aus dem träge fließenden Wasser trinken. Er streunte mit zwei anderen, offenbar verwilderten Hunden in der Nähe des Bauplatzes herum. Als sie weitergingen, kam das kleine Rudel hinter ihnen her, blieb aber sofort stehen, wenn sie sich umdrehten.

»Die sehen ja total abgemagert aus«, sagte Julia.

»Wer weiß, wo die herkommen«, sagte Ina.

Jemand, der vor kurzem in Spanien gewesen war, hatte ihr erzählt, daß manchmal Touristen ihre Hunde bei der Abreise am Strand zurückließen. Aber das war wahrscheinlich doch nur ein Gerücht.

Julia beugte sich vor und versuchte, die Hunde anzulocken. Die wichen ein Stück zur Seite aus, schauten noch einmal zu ihnen hin und verzogen sich.

»Wie scheu die sind«, sagte Julia. »Die haben schlechte Erfahrungen gemacht. Ich trau' den Leuten ja alles zu. Auch denen hier in den schicken Bungalows.«

Ina antwortete nicht darauf. Sie schien ein wenig erschöpft zu sein und ruhte sich aus, indem sie auf das Meer blickte.

Sie gingen am Rand des Wassers zurück, wo der Sand fester war. Die Sonne stand inzwischen ein Stück weiter im Westen, und das Meer hatte sich in ein silbriges Leuchten verwandelt. Es nippte mit kleinen, matten Wellen am Land. Um diese Zeit schienen sich die Leute auf den Abend vorzubereiten, denn der Badestrand hatte sich fast geleert. Sie wollten schnell ihre Koffer auspacken und dann nach Hospitalet zum Einkaufen und zum Essen fahren.

Als sie aus Hospitalet zurückkamen und ihre Einkäufe ins Haus trugen, war es schon dunkel, und aus dem buschigen Gelände jenseits der Umfassungsmauer, aber auch aus den Bäumen und Sträuchern in der Nähe drang pausenlos das schrille Zirpen der Zikaden. Ina und Julia waren mit ihren Einkaufsbeuteln schon vorgegangen, während Böhring den Karton mit den Rotweinflaschen und den beiden Fünfliterflaschen mit Tafelwasser noch einmal absetzte, um den Wagen abzuschließen und einen Augenblick den durchdringenden Schwirrgeräuschen zu lauschen, die um ihn herum die Dunkelheit erfüllten. Es kam ihm so vor, als öffneten sich seine Ohren und er könne allmählich das An- und Abschwellen weit entfernter Lärmwellen verfolgen, die wie Fieberschauer das abendliche Land durchzogen. Aber ganz in der Nähe, dicht an seinem Ohr, war ein anderes Geräusch: der hohe insistierende Ton von Stechmücken, die seinen Kopf umschwirrten. Er versuchte, sie mit der Hand wegzuwedeln, doch sie waren gleich wieder da, und während er den Karton ins Haus trug, spürte er, wie er am Nacken und im Gesicht mehrfach gestochen wurde.

»Komm schnell rein und mach die Tür zu!« rief Ina aus dem Flur, als er mit der Schulter die Tür aufstieß und sich mit seiner sperrigen Last ins Zimmer drängte. Aus dem Badezimmer hörte er Julia rufen: »Hier sitzen sie überall an den Wänden!«

Böhring stellte den Karton ab und packte die Flaschen aus.

»Die schönen Sommerabende in der Veranda müssen wir uns wohl abschminken«, sagte er.

»Unseren Wein können wir doch auch hier trinken«, antwortete Ina.

»Sicher«, sagte er und trat ans Fenster, an dessen Glas zahllose geblendete kleine Fliegen und Nachtfalter auf und ab flügelten, und als er die Außenbeleuchtung einschaltete, sah er im Lichtschein die tanzenden Mücken. Die Zikaden konnte er nicht mehr hören, weil Ina und Julia alle Fenster geschlossen hatten. An den Zimmerdecken hingen überall die Mücken mit dem Rücken nach unten an ihren dünnen Beinen und warteten darauf, daß das Licht gelöscht wurde. Vor dem Schlafengehen mußten sie die alle totschlagen.

»Soll ich den Wein aufmachen?« fragte Ina.

»Ich mach es gleich«, sagte er.

Plötzlich schwirrte aus dem Dunkel ein großes heuschreckenartiges Insekt heran, prallte vor ihm gegen das Fenster, rutschte ab und verschwand wieder.

»Was war das?« fragte Ina.

»Ach, irgendein Tier, das gegen die Scheibe geflogen ist.«

»Du bist ja richtig zusammengezuckt«, sagte sie.

Julia kam herein und sagte, sie habe die Mücken im Bad mit heißem Duschwasser von den Wänden und von der Decke gespritzt und jetzt wolle sie mit der Fliegenklatsche auf Jagd gehen. Sie hörten sie nebenan in den Schlafzimmern, wie sie vor sich hin fluchte und klatschend gegen die Wände schlug. Ich sollte ihr eigentlich helfen, dachte Böhring. Aber er war auf einmal todmüde. Drei Tage Autofahrt lagen hinter ihnen, die als ein Gewirr von undeutlichen Bildern in seinem Kopf nachflackerten, ein Gedränge, das ihm die niedrigen, kleinen Räume zu eng erscheinen ließ, in denen sie, hinter geschlossenen Türen und Fenstern, die Nacht verbringen mußten.

Sie fanden in ihren Urlaubsrhythmus, indem sie den Gewohnheiten früherer Seeurlaube folgten, nach denen der Vormittag für den Strand bestimmt war und der Nachmittag zur Disposition stand. Morgens frühstückten sie in der Veranda und gingen dann, bepackt mit ihren Badetaschen, einem Sonnenschirm und drei Liegestühlen, die sie in der Abstellkammer entdeckt hatten, die lange Bruchsteintreppe hinunter, um irgendwo auf dem Badestrand ihr Lager aufzuschlagen. Gegen Mittag, wenn es am Strand zu heiß wurde, schleppten sie alles wieder zum Haus hoch. Böhring, der sich am Strand langweilte, ging meistens schon früher, so daß Ina und Julia außer ihren Badetaschen und Liegestühlen auch den Sonnenschirm tragen mußten. Sie hatten ihm aber versichert, das sei kein Problem für sie. Er müsse nicht extra wieder zum Strand herunterkommen, um sie abzuholen.

Beide waren sie sportlich, und wenn sie nebeneinanderstanden, sah er, wie ähnlich sie sich im Grunde immer noch waren. Beide waren sie auch ausgezeichnete

Schwimmerinnen, und bei ruhigem Wasser wagten sie sich gemeinsam ziemlich weit hinaus. Böhring hatte früher immer mitgehalten. Aber vor zwei Jahren war er beinahe in einem österreichischen See ertrunken, weil er sorglos und unbedacht weiter als sonst hinausgeschwommen war und, als er wendete, um zum Ufer zurückzuschwimmen, angesichts der Strecke, die vor ihm lag, plötzlich in Panik geraten war. Anstatt ruhig zu atmen, hatte er zu hecheln begonnen und keine Kraft mehr in den Armen gehabt. Er hatte um sich geschlagen und Wasser geschluckt, war aber von einem heranpreschenden Motorboot gerettet worden.

Seitdem traute er sich nur noch so weit hinaus, daß er im Notfall mit zwei, drei Schwimmstößen wieder Boden unter den Füßen hatte, und versuchte sich einzureden, es sei im Grunde gleichgültig, ob man in der Nähe des Ufers oder weiter draußen schwimme. Aber er wußte, daß es nicht stimmte und er etwas verloren hatte. Ina und Julia hatten ihm angeboten, ihn beim Schwimmen in ihre Mitte zu nehmen, damit er seine Angst überwinden könne, aber er hatte in sich das leise Nachbeben der Panik gespürt und den Vorschlag abgelehnt. So blieb er im Liegestuhl zurück und wartete, bis Ina und Julia von ihrem morgendlichen Schwimmausflug zurückkamen, um dann allein ins Wasser zu gehen und in der Nähe des Ufers sein Pensum zu absolvieren.

Wenn er zurückkam, war Julia meist fortgegangen. Sie hielt Ausschau nach den Hunden. Oder sie ging in die andere Richtung, wo einige Surfer ihren Lagerplatz hatten. Ina traf er immer lesend an. Sie blickte erst von ihrem Buch auf, wenn er schon vor ihr stand.

»War es gut?« fragte sie, und er sagte: »Ja«, ohne daß sich eine Unterhaltung ergab, weil sie sich gleich wieder ihrem Buch zuwandte.

Sie sah streng aus, wenn sie sich konzentrierte, und in ihrer Nähe spürte er, wie unruhig und zerfahren er war. Wenn er verstohlen zu ihr hinüberblickte, hatte sich ihre Haltung nicht verändert. Ihre Beine lagen nebeneinander auf dem Fußteil des Liegestuhls, und ihr Blick war auf das aufgeschlagene Buch gerichtet. Sie hielt das Buch mit beiden Händen und stützte ihre Ellbogen auf die Lehnen. Er verstand nicht, wie sie es fertigbrachte, kaum daß sie hier waren, sich wieder aus der Umgebung zu lösen und in die ganz andere Welt und Zeit eines Romans zu versenken. Aber er fragte sie das nicht, denn er kannte ihre Antwort: »Hier habe ich endlich einmal Zeit dazu.«

Nach einer Weile stand er auf und klappte seinen Liegestuhl zusammen.

»Gehst du?« fragte sie, und er antwortete: »Ja, ich will mich ein bißchen umschauen.«

»Ich will gleich noch einmal schwimmen«, antwortete sie.

Sobald er allein war, minderte sich der Druck. Er stieg die Bruchsteintreppe hoch und überlegte, mehrmals stehenbleibend, was er alles fotografieren wolle, am besten am Nachmittag, wenn das grelle Licht wieder etwas weicher wurde. Seinem Partner Fritz Kramer, mit dem er gemeinsam ein Architekturbüro betrieb, wollte er Aufnahmen von den doppelstöckigen Turmhäuschen der mittleren Hausreihe schicken, die wegen ihrer runden Treppentürme und der schmalen Bogenfenster einen sehr spanischen oder eigentlich maurischen Eindruck auf ihn machten. »Das sind doch noch Häuser«, wollte er dazu schreiben, anspielend auf ein Gespräch, in das sie manchmal hineingerieten, wenn sie sich von der täglichen Routinearbeit und den Kompromissen mit den Auftraggebern abgenutzt fühlten. Er jedenfalls neigte dann zu resignativen Kommentaren und dem sich wiederholenden Motiv: Was wir bauen, sind eigentlich gar keine Häuser.

Sie hatten zusammen Architektur studiert, er damals mit der Vorstellung, individuelle private Häuser entwerfen zu wollen, Umgebungen für Menschen, die darin lebten oder vielleicht sogar durch das Haus zu leben lernten. »Das Haus als Lebensentwurf und Wunschform« hatte er es in einem Konzeptpapier genannt, das er zum Abschluß des Studiums verfaßt hatte und das sogar in einer renommierten Architekturzeitschrift erschienen war. Die Zeitschrift gab es nicht mehr, aber das Heft mit seinem Aufsatz besaß er noch.

Beruflich war es anders gelaufen. Zusammen mit Fritz Kramer hatte er einen Wettbewerb für ein öffentliches Gebäude gewonnen, und der Erfolg hatte sie auf eine andere Bahn gebracht. Sie waren gefragte Spezialisten für Bürobauten und Geschäftshäuser geworden, und in den letzten zehn Jahren hatten sie sich besonders durch große spiegelnde Glasfassaden einen Namen gemacht. Das Architekturbüro Kramer & Böhring hatte Konjunktur. Im Laufe der Jahre waren sie mehrmals in größere und elegantere Räume umgezogen, und in letzter Zeit hatte Fritz Kramer wiederholt gesagt, sie müßten bald einmal daran denken, einen jüngeren Partner in die Firma hereinzunehmen, nicht nur wegen des angeschwollenen Auftragsvolumens, sondern auch, weil sie neue Impulse, neue Ideen brauchten.

Böhring hatte sich in dieser Frage bisher bedeckt gehalten, aber nach dem Urlaub mußte er Stellung beziehen. Es war abzusehen, er wußte es längst, daß er sich dem Vorschlag nicht versagen konnte. Ein neuer, jüngerer Partner, neue Impulse, neue Ideen. Er glaubte darin etwas zu hören, was sich gegen ihn richtete. In ihrer jahrzehntelangen Zusammenarbeit waren architektonische Ideen und Impulse eher sein Ressort gewesen, während Fritz Kramer, nicht ausschließlich, aber ein wenig mehr als er, das Firmenmanagement übernommen hatte.

Nein, er konnte Kramer nicht Fotos der Turmhäuschen mit einem so ungebrochen zustimmenden Satz ins Büro schicken, ohne eine ironische Antwort zu provozieren, eine dieser freundlich herablassenden Bemerkungen, die seinem Partner so leicht über die Lippen kamen. »Mein Lieber, du bist ja goldig. Das sind doch keine Häuser. Das ist spanisches Disneyland.« Etwas in dieser Art würde Fritz Kramer sagen, und er hätte damit auch recht, das sah er jetzt selbst. Er war erschrocken über sich. Immer wieder passierte ihm das. Sein Urteil schwankte, er täuschte sich, ohne das nachträglich noch verstehen zu können. Wenn er den ironischen Blick seines Partners auf sich ruhen fühlte, verschwand das, was er gesehen und empfunden hatte. Eine unsichtbare Hand schien eine Schraube anzuziehen, und alles stand wieder fest in seinen gewöhnlichen Bedeutungen. Hing das vielleicht damit zusammen, daß er nicht mehr so viele überzeugende

Ideen hatte wie früher? Und wenn ja, lag das an ihm oder an der Auftragslage, der Routine, die der geschäftliche Erfolg ihm aufzwang? Nun deutete sich an, daß ihm daraus ein Vorwurf erwuchs.

Sah er das falsch? War alles nur ein Hirngespinst seiner Unsicherheit? Seit jenen Minuten der Todesangst vor zwei Jahren, als er unter sich die Tiefe des Sees gespürt hatte und plötzlich nicht mehr schwimmen konnte, war etwas anders geworden. Ein feiner Riß lief durch seine Fundamente, den er vor den anderen verbergen mußte. Aber manchmal dachte er, daß alle anderen es längst wußten und nur er sich darüber hinwegtäuschte.

Er schloß die Tür des Wohnraums auf und ging nach hinten durch, um draußen seine nassen Badesachen über die Leine zu hängen. Dann kam er wieder nach vorne und setzte Wasser für einen Kaffee auf. Während er auf das Sieden des Wassers wartete, fiel sein Blick auf zwei kleine bräunliche Blutflecken an der Wand, in denen Reste von Mückenbeinen und Flügeln klebten, Spuren der Mückenjagd von gestern abend. In ihren Schlafzimmern sah es viel schlimmer aus. Hoffentlich bekam man das wieder weg. Es war trotzdem eine schlechte Nacht gewesen. Ina hatte sich das Laken über den Kopf gezogen. Er hatte das auch versucht, war aber mehrmals aufgewacht, weil das Laken verrutscht war und er wieder gestochen wurde. Die Mücken kamen aus dem sumpfigen Schilfgürtel unten beim Strand, und wenn sie abends durch die Verandatür oder einen Fensterspalt ins Haus schwebten, hörte man sie nicht. Einmal hatte er gesehen, wie sie lautlos wie Flugsamen aus der Dunkelheit im Lichtschein auftauchten. Es war unmöglich, das Haus ganz gegen sie abzudichten, weil die Mückendrahtfenster beschädigt waren, aber auch zu wenig Luft ins Haus ließen, und vielleicht kamen auch tagsüber aus dem nahe gelegenen Buschwerk Mücken ins Haus und versteckten sich hinter den Schränken, in den Lampenschirmen und im Dunkel unter den Betten. Man konnte sie nie alle erwischen, wenn man Jagd auf sie machte. Im Supermercado wurde eine chemische Substanz angeboten, die sich in einem kleinen elektrischen Heizkasten in ein Gas verwandelte, das angeblich die Mücken vertrieb. Aber die Frau im Verwaltungsbüro hatte davor gewarnt – das Zeug mache Kopfschmerzen und könne Übelkeit hervorrufen –, und so hatten sie davon abgesehen.

Er ging mit seinem Kaffee in die Veranda, wo das blaue Buch über Spanien auf dem Tisch lag, in dem er ab und zu las. Beim Kloster Poblet und bei Tortosa und der Ebromündung hatte er Zettel eingelegt. Das waren bequem erreichbare Ausflugsziele für die nächsten Tage, wenn es hier allmählich zu öde wurde und sie eine Abwechslung brauchten. Wenn sie erst einmal eine Woche hier waren, würde auch Ina dafür zu haben sein und ihm nicht mehr vorwerfen, daß er sich nicht entspannen könne.

Er entspannte sich nicht, wenn nichts geschah. Aber wenn er am Lenkrad saß und um ihn herum die Welt vorbeizog, schneller oder langsamer, wie er es wollte, fühlte er sich gleich besser. Das durfte er allerdings nicht sagen, wenn er nicht wollte, daß Ina zur Therapeutin wurde, die ihm seine falschen Einstellungen vor

Augen führte, doch für den berühmten Kreuzgang des Klosters Poblet und die Reste der alten Wehranlagen oberhalb des Kathedralenviertels von Tortosa würde sie zu gewinnen sein. Von einem dieser Ausflugsorte konnte er eine Ansichtskarte an Fritz Kramer schicken und Ina mit unterschreiben lassen. Auch Julia unterschrieb manchmal. So hatten sie es immer gehalten. Im Gegensatz zu Fritz Kramer, der es nach zwei gescheiterten Ehen vorzog, allein zu leben, hatte er Ina an seiner Seite oder, wie Fritz Kramer es einmal ausgedrückt hatte, seine »beiden prächtigen Frauen«. Nach dem Ende seiner zweiten Ehe hatten sie ihn öfter zu Gast gehabt, und Böhring hatte sehen können, welche Achtung Ina in den Augen seines Partners genoß. Sie hatte eine florierende therapeutische Praxis, und sie war eine gute Gastgeberin, mit der man sich unterhalten konnte. Auf Fritz Kramers Frage, wie sie das beides schaffe, hatte sie geantwortet: »Nicht, weil ich mich furchtbar quäle, sondern weil es mir Freude macht.« Darin war Julia ganz ihre Tochter. Seit Jahren war sie Klassenbeste, ohne daß sie sich dafür besonders anstrengte. Sie wollte Medizin studieren und würde bestimmt eine gute Ärztin werden.

Er schaute aus einem der Bogenfenster, um zu sehen, ob die beiden schon mit ihrem Gepäck vom Strand zurückkamen. Er wollte ihnen dann entgegengehen und ihnen einen Teil ihrer Last abnehmen. Aber sie waren noch nicht zu sehen. In der Veranda des Nachbarbungalows, der in der Richtung zur Straße und zum Parkplatz lag, hörte er die junge Frau, die vorgestern dort eingezogen war, mit ihrem vierjährigen Jungen reden. Kurz danach kam sie in den Vorgarten, hob einen kleinen roten Gegenstand auf, vermutlich ein Spielzeug, das das Kind verloren hatte. Es war eine hübsche blonde Frau, nicht viel über Dreißig, die hier allein mit ihrem Kind Urlaub machte. Sie trug hellrote Shorts und darüber ein blaues Polohemd, das wohl eher aus einer männlichen Garderobe stammte und ihr ein wenig zu weit war. Plötzlich sah sie zu ihm herüber und lächelte. »Guten Tag«, sagte er und wollte etwas über das schöne Wetter hinzufügen, aber der Himmel war nicht mehr so zartblau wie in den letzten Tagen, sondern hatte sich ins Milchigtrübe verwandelt, und der Horizont schien näher gerückt. Anscheinend änderte sich das Wetter. Unten auf der Bruchsteintreppe tauchten Ina und Julia mit ihrem Strandgepäck auf.

Nach dem Mittagessen, einer schnell hergestellten Suppe mit Brot und Käse und einer großen Schüssel Salat, zogen sie sich zu einer Siesta hinter die heruntergelassenen Jalousien ihrer Schlafzimmer zurück. Bisher hatte er in dem Dämmerlicht immer nur vor sich hin gedöst, aber diesmal merkte er, wie ihm die Lider schwer wurden und sein ausgestreckter Körper zu einer undeutlichen dunklen Masse verschmolz. Plötzlich, nach einem unwillkürlichen seufzenden Atemzug, war ihm schlecht. Ein Druck wölbte sich vom Magen in die Kehle hoch, und er glaubte, sich erbrechen zu müssen. Angst, sich zu bewegen, und ein Gefühl von Peinlichkeit hielten ihn auf dem Bett fest, und während er tiefer zu atmen versuchte, löste sich der Druck in der Kehle, aber er fühlte sich von der Übelkeit eingehüllt wie von einer dunklen gelben Wolke, aus der er nicht herauskonnte. Er wartete und konnte an seinem Hals spüren, wie sein Herz mühsam schlug, als bahne es sich einen Weg, schleppe eine Last aus der gelben Dunkelheit heraus. Das Herz war nicht er selbst. Es war ein fremdes Wesen, das sein Leben durch die Dunkelheit trug und eines Tages nicht mehr tragen konnte. Das Herz ging wie eine zu Boden gekrümmte alte Frau mit einem riesigen Bündel trockenen Holzes auf dem Rücken, und er sah zu, wie sie stolperte und stehenblieb und wieder weiterstapfte. Entfernte sie sich? Auch Ina auf dem Nebenbett war jetzt so weit entfernt, daß er sie nicht einmal hätte rufen können, wenn seine Kehle weniger zugeschnürt gewesen wäre. Er lag in einem fensterlosen Raum, dessen rotbraune Tapete in Fetzen von den Wänden herabhing, aber das Licht schwand, und er konnte bald nichts mehr sehen. Draußen, was immer das sein mochte, hörte er leise, unverständliche Stimmen. Es war ein ganzer summender Schwarm.

Als er wach wurde, fand er sich allein in der Augenscheinlichkeit eines dämmrigen Zimmers mit heruntergelassenen Jalousien, das er nicht sofort erkannte. Im Aufwachen hatte er geträumt, daß er mit einem großen schwarzen Hund auf dem Rücksitz eines Autos eingesperrt sei, und jemand hatte draußen mit den Fingerknöcheln gegen die Scheibe geklopft und ihm durch Handzeichen bedeutet, daß er in Gefahr sei. Er hatte sich nicht rühren können und fühlte die Lähmung noch, während das Traumbild zerrann.

»Wie lange habe ich geschlafen?« fragte er, als er, noch halb betäubt, zu Ina in die Veranda trat.

»Über eine Stunde«, sagte sie. »Willst du auch einen Kaffee?«

Er nickte, während er sich setzte, in dem Bedürfnis, noch einen Augenblick zu warten, bevor er wieder sprach.

»Ich habe wirres Zeug geträumt«, sagte er, »und beim Einschlafen war mir richtig schlecht.«

»Das kommt vom Wetterumschlag«, sagte sie. »Das geht auf den Kreislauf.«

Als müsse er prüfen, ob sie recht habe, drehte er sich schwerfällig in seinem Sessel um und sah, daß sich der Himmel grau bezogen hatte. Im Süden über dem Meer ballten sich dunklere Wolken zusammen.

»Wo ist Julia?« fragte er.

»Sie ist zum Strand gegangen, um die streunenden Hunde zu füttern.«

»Das sollte sie besser bleibenlassen. Das wird hier bestimmt nicht gerne gesehen.«

»Dann sag du es ihr«, sagte Ina. »Ich finde, daß es in Ordnung ist.«

»Ich ja auch«, sagte er.

Sie saßen eine Weile stumm da und tranken ihren Kaffee. Unten am Meer war Wind aufgekommen, und die bunten Dreieckssegel der Surfer glitten in schneller Fahrt, stoßend und hüpfend, über die unruhige Wasserfläche. Hier in der Veranda war es noch windstill, weil die Bungalows paarweise gegeneinander versetzt waren und sie bei Südostwind in einem geschützten Winkel saßen.

»Ich schätze, wir können heute abend nicht nach Miami Playa zum Essen fahren. Oder wir müssen halt drinnen sitzen«, sagte Ina. »Ich weiß nicht, ob das so ein großes Vergnügen ist.«

»Können wir denn nicht hier essen?« fragte er.

»Doch sicher. Ich muß nur noch mal nach Hospitalet zum Einkaufen. Kommst du mit?«

»Ja«, sagte er.

»Aber wir müssen Julia am Strand abholen. Sie wollte auch mitfahren.«

Also hatten die beiden sich schon besprochen, während er noch schlief. Sie hatten darauf gewartet, daß er bald aufstehen würde, und Julia war ungeduldig geworden und zum Strand gegangen. Ina war hiergeblieben. Vielleicht in dem Gefühl, daß sie ihn nicht allein lassen durfte. Oder einfach nur, weil sie es genoß, allein in der Veranda zu sitzen. Er wußte es nicht. Er war weit weg gewesen, unheimlich weit weg, auch von sich selbst.

Er begleitete Ina zum Strand, wo Julia, umgeben von den drei Hunden, den Surfern zuschaute. Ein kurzbeiniger, braun-weiß gefleckter Hund näherte sich ihr matt wedelnd, und sie beugte sich zu ihm herab, sagte etwas zu ihm und streichelte ihm über den Kopf. Dabei sah sie zufällig zu ihnen herüber und kam freudig auf sie zu.

»Fahren wir?«

»Ja«, sagte Ina.

»Ach, ich glaube, ich mache lieber einen Spaziergang«, sagte er.

»Wie du willst«, antwortete Ina und wandte sich zum Gehen.

Er wollte schnell sagen, er brauche noch etwas Bewegung und sie seien ja sicher bald zurück. Aber das hätte er ihr schon nachrufen müssen. Nur Julia blickte noch einmal zurück.

Die Wolkenfront, die im Süden und Südwesten über dem Meer stand, sah aus wie zerzauste graue Wolle, und außer den Surfern in ihren schwarzen Gummianzügen packten die Badegäste ihre Sachen zusammen. Auch die blonde Frau kam mit ihrem kleinen Jungen an der Hand vorbei, in der anderen Hand trug sie eine vollgepackte Badetasche. Sie sah ihn nicht und war zu weit entfernt, als daß er sie hätte ansprechen oder grüßen können.

Bisher war er immer in Richtung Hospitalet gegangen, diesmal wanderte er in die Gegenrichtung. Und er war schon etwa zwei Kilometer über das Gelände des Wohnparks hinausgegangen, ehe er einen unauffälligen Durchgang durch den Sumpfgürtel entdeckte, der nur aus einigen Lagen vorjährigen Schilfs bestand. Er setzte sich auf der anderen Seite als ein schmaler Pfad fort, der schräg den Hang hochführte. Von oben hatte man einen weiten Blick über das Meer und landeinwärts über eine Ebene mit Olivenbäumen hinweg, die in einem glasigen Licht lag, das alle Formen scharf hervorhob. Dahinter stand wie ein graublauer Riegel die Bergkette der Sierra de Balaguer. Weiter im Norden zogen langgestreckte, zerfaserte Streifenwolken über den Himmel. Das war die Bahn der Fallwinde aus den Pyrenäen zum Meer hin, wo sich die dunkle Wetterfront weiter aufgebaut und verbreitert hatte, aber noch nicht viel näher an die Küste herangekommen war. Es sah aus wie der langsame Aufmarsch zweier Wolkenheere, die sich allmählich aufeinander zubewegten, zwischen sich ein Geplänkel unbeständig hin und her springender Drehwinde, die dünneres graues Gewölk vor sich hertrieben und immer wieder auseinanderrissen, so daß Meer und Strand von dunklen Wolkenschatten und grell davon abgegrenzten Lichtflecken gemustert wurden.

Er war jetzt wieder auf der Landstraße, die hinter dem Wohnpark vorbeiführte, und schlug die Richtung nach Hospitalet ein. Hundert Meter landeinwärts sah er auf dem Bahndamm den blauen Zug aus Barcelona kommen, der nach Süden bis Valencia oder noch weiter fuhr. Es war ein eleganter Zug mit einem doppelten orangefarbenen Rallyestreifen, der unter der Fensterreihe entlanglief und die Waggons im vorderen Drittel wie eine Banderole umschloß. Der Zug tauchte dunkelblau aus dem Wolkenschatten auf und fuhr mit aufblitzenden Fenstern und leuchtend blau verwandelt in das scharfe Sonnenlicht der Ebene hinein. Böhring schaute ihm nach, bis der Zug in der Ferne, scheinbar immer langsamer werdend, zu einem dunklen Faden schrumpfte und in der reglosen Weite der Landschaft verschwand. Als er sich anschickte weiterzugehen, hatte er das Gefühl, alleingelassen zu sein. Aber das war nicht der Zug gewesen, sondern Ina, die sich schroff von ihm abgewandt hatte, als sie mit Julia gegangen war.

Sie waren noch nicht da, als er von seinem Spaziergang zurückkehrte. Er war allerdings auch kaum länger als eine Stunde unterwegs gewesen, wie er auf seiner Uhr sah. Ihm war es viel länger erschienen oder eher unbestimmt lang, und anscheinend hatte er gehofft, sie beide im Haus vorzufinden, obwohl er nicht ausdrücklich darüber nachgedacht hatte. Er merkte es nur daran, daß ihm das Haus verlassen vorkam. Die Leere und Stille der Räume, in die er hineinschaute, schienen ihn abzuweisen, und so ging er wieder in die Veranda zurück.

Der Himmel über dem Meer war dunkler geworden. Doch über den oberen Hang fiel ein schmaler Streifen einer wässrigen Helligkeit, so daß die Bungalows der oberen Reihe vom Strand aus gesehen jetzt wahrscheinlich wie grell beleuchtete Bühnenbauten erschienen. Er stand einen Augenblick an der Brüstung unter einem der Rundbogen, und als er sich abwandte, um ins Haus zurückzugehen, sah er dicht vor sich ein großes grünliches Insekt, das sich mit seinen vier dünnen Hinterbeinen an eine herunterhängende Pflanzenranke klammerte. Es war eine Gottesanbeterin. Er erkannte es an den beiden eingewinkelten borstigen Fangarmen, die es dicht an den ziemlich großen Kopf herangezogen hatte, bereit, plötzlich vorzuschnellen und ein Beutetier zu greifen. Das heuschreckenartige Tier saß wie erstarrt da, den Oberkörper ein wenig aufgerichtet. Die perligen schwarzen Augen hatten Rundumsicht, waren aber auf die raschen Bewegungen kleiner Insekten eingestellt. Nur die haarfeinen Fühler vibrierten, und die länglichen, von Luftadern durchzogenen Flügel *waren* nicht mehr fest angelegt. Aus dem Freßschlitz des flachen Kopfes schauten die hornbraunen Sicheln der Beißzange hervor.

Behutsam, damit das Tier seine Bewegung nicht spürte, zog sich Böhring zurück, um seine Kamera zu holen. Er setzte die Nahlinse auf das Objektiv und montierte das Blitzgerät. Doch als er in die Veranda zurückkam, war die Ranke leer. Die Gottesanbeterin mußte das Insekt gewesen sein, das am ersten Abend genau vor seinem Gesicht gegen das Türfenster geflogen war. Wahrscheinlich lebte sie hier beim Haus, in einer Mauerritze oder unter einem Dachziegel oder im Vorgarten in einem Erdloch unter einem Stein. Er ging nach draußen, um sie zu suchen, konnte sie aber nirgends entdecken. Es war auch dunkler geworden. Das Wolkenloch hatte sich geschlossen, und die ganze Umgebung war in ein aschiges Grau getaucht. Wind war aufgekommen, und unten am Strand liefen schaumige Wellen auf. Er ging ins Haus zurück und verstaute die Kamera in seinem Koffer, ging dann in die Küchenbar, machte sich ein Honigbrot und schaltete das Transistorradio ein. Eine Männer- und eine Frauenstimme unterhielten sich auf spanisch, dann folgte eine fade Musikeinlage, die ihm bekannt und fremd zugleich erschien. Er drehte weiter und holte den Klang eines großen Orchesters heran, der von atmosphärischen Störungen überlagert war. Sie wurden stärker. Als er weiterdrehte, steigerten sie sich zu einem Krachen. Dann durchbrach er die Geräuschwand und hörte mehrere übereinanderredende Stimmen und zwitschernde Geräusche, bis wieder der Orchesterklang auftauchte, diesmal etwas klarer und voller, irgend etwas aus der Nachromantik, das, füllig und glatt dargeboten, von einem Tonband aus irgendeinem Rundfunkstudio kam. Er hörte eine Weile zu, gegen seinen wachsenden Wunsch auszuschalten und die Unruhe, die er in sich spürte. Schließlich drückte er abrupt auf den Knopf.

Wo bleiben sie eigentlich? dachte er. Sie wollten doch nur zum Einkaufen fahren.

Er trat in die Veranda, ohne sich zugeben zu wollen, daß er nach ihnen Ausschau hielt, ging aber dann doch, weil er vom Haus aus nicht weit sehen konnte, den Plattenweg zum Parkplatz hinunter. Natürlich waren sie nicht da. Es wäre ja auch ein großer Zufall gewesen, wenn er ihre Ankunft genau abgepaßt hätte, um ihnen beim Ausladen der Einkäufe zu helfen. Der rote Opel aus Mannheim gehörte der jungen blonden Frau. Den dunkelblauen Volvo aus Basel hatte er noch nicht hier gesehen. Neue Gäste vielleicht. Er ging die Straße bis zur Einfahrt hoch und schaute in die verdüsterte Landschaft, aus der die letzten Lichtflecken verschwunden waren. Böiger naßkalter Wind kam vom Meer und blies ihm in den Rücken. Die Zikaden würden sie heute nacht nicht hören, und auch die Mücken würden sie verschonen. Auf der Landstraße näherte sich ein Auto mit eingeschalteten Scheinwerfern, das aus Hospitalet kam und vorbeifuhr. Ina will mich bestrafen, dachte er. Sie hat erwartet, daß ich sie begleite, und nun läßt sie sich Zeit mit der Rückkehr. Es war eine stumme Belehrung, wie er sie manchmal von ihr bekam. Wie er sie kannte, würde sie nicht mehr darauf zurückkommen und unterstellen, daß er sie verstanden hatte. Vielleicht hatte sie es auch schon vergessen. Aber er fühlte sich danach immer eine Zeitlang unsicher, weil er nicht erkennen konnte, ob die Spannung zwischen ihnen beseitigt war. Wenn er darüber nachdachte, kam er immer zu dem Ergebnis, daß sie fast alles anders wahrnahm als er. Er fror, war nicht warm genug angezogen für diesen durchdringenden nassen Wind. Und er wollte auch nicht hier von Ina und Julia gesehen werden, wie er nach ihnen Ausschau hielt.

Es war längst dunkel, als sie zurückkehrten, und wegen des Sturms, der inzwischen mit böigen Regengüssen die Veranda überschwemmte und wuchtig gegen die Tür des Wohnraums drückte, hatte er sie nicht kommen hören. Er saß im hinteren Teil des Wohnraums hinter den aufeinandergestapelten Gartenmöbeln, die er vor dem Wetter aus der Veranda gerettet hatte, und las, nicht besonders aufmerksam, nur um sich abzulenken, in dem blauen Spanienbuch, als sie an die Tür klopften, damit er sie hereinließ. Sie hatten beide dunkelblaue gummierte Umhänge mit eng zusammengezogenen Kapuzen an, die wenig von ihren Gesichtern freiließen, und blickten durch die verregnete Scheibe zu ihm herein, so daß er sie einen Augenblick lang verständnislos anstarrte, bevor er aufsprang und ihnen öffnete. Sie kamen schnell mit ihren vollen Einkaufsbeuteln herein und knöpften ihre vor Nässe glänzenden Umhänge auf. Die hatten sie, erzählte Ina, in Pino Alto gekauft, als sie von der Regenfront überrascht worden seien. Sie seien Schutz suchend in den kleinen Laden hineingelaufen und mit den Capes wieder herausgekommen. Ja, sie waren in Pino Alto und in Cambrils gewesen, weil sie nach dem Einkaufen beide Lust gehabt hatten, noch ein Stück die Küstenstraße entlangzufahren. Die Promenaden seien natürlich leer gewesen, aber das aufgewühlte Meer habe phantastisch ausgesehen.

Ina war dabei, die Einkäufe auszupacken und einzuräumen, als sie sagte: »Ich habe gesehen, nebenan brennt Licht. Da sind wohl Leute eingezogen.«

Ja, das hatte er auch gesehen, als er die Möbel von der Veranda hereinholte. Es waren wahrscheinlich die

Leute aus Basel, denen der dunkelblaue Volvo gehörte, der auf dem Parkplatz stand. »Die haben ja wirklich einen tollen Empfang«, sagte Ina.

Julia, die gleich ins Badezimmer durchgegangen war, kam herein, die dicken braunen Haare gebürstet und von einem weißen Stirnband zusammengehalten.

»Was sollen wir essen?« fragte sie.

Die beiden sind hereingeplatzt wie eine Explosion, dachte er, aber sie haben nicht nach mir gefragt. Er hätte ja auch nicht viel zu erzählen gehabt.

In der Nacht wurde er wach, weil unten am Strand eine Sirene wimmerte und der Sturm, der zum Orkan angewachsen war, die Luft wie mit Paukenschlägen durch die Veranda und durch die Lücken zwischen den Häusern trieb. Bei jedem dieser Windstöße schepperte der Rolladen vor der Tür des Wohnraums, und die Sirene, die kurz ausgesetzt hatte, fing wieder an mit ihrem hohen alarmierenden Geheul.

»Was ist das?« fragte Ina, die hinter ihm im Bademantel ins Zimmer getreten war.

»Ich glaube, das ist eine Einbruchssicherung bei den Neubauten. Die wird von den Windstößen ausgelöst.«

Julia war auch aufgestanden und kam schlafbleich auf nackten Füßen ins Zimmer. Sie hatte die Arme vor der Brust zusammengeschlagen und schien zu frieren.

»Das ist ja furchtbar«, sagte sie.

»Hoffentlich fliegt uns nicht das Dach weg«, bemerkte Ina.

»Durchaus möglich«, sagte er.

Das durchdringende Wimmern der Sirene hielt mehrere Minuten an, bevor es abbrach und fast sofort wieder einsetzte. »Hoffentlich stellt das bald jemand ab«, sagte Julia.

»Da ist niemand«, belehrte er sie. »Das Büro ist geschlossen, und morgen ist Sonntag.«

»Heute«, verbesserte Ina.

Es war zwei Uhr nachts, wie er sah. Sie konnten nichts anderes tun, als sich notdürftig anziehen und wieder hinlegen, um einigermaßen über die Nacht zu kommen. Der Sturm heulte an- und abschwellend um das Haus, und unten am Hang antwortete die Sirene mit ihrem Alarmgeschrei. Böhring lag angezogen auf dem Bett und lauschte in das dunkle Tosen. Er stellte sich das nächtliche Meer vor, auf dem hohe Wellenberge gegen das Land liefen und schäumend die Strände überspülten, und die Schaumflocken, die der Sturm von den Wellenkämmen abriß und zusammen mit den Regenböen ins Land hineinwehte. Er sah das dunkle Wogen des Schilfgürtels, über das der Wind wie ein Gebläse hinwegfuhr, und als ein einzelnes Bild, deutlich von allem abgehoben, die Gottesanbeterin in ihrem verborgenen Schlupfwinkel, wo sie mit angelegten Flügeln in starrer Reglosigkeit den Aufruhr zu überleben versuchte.

Am Vormittag flaute der Sturm ab, und der Regen hörte ganz auf. Hier und da öffnete sich über dem Meer ein blaues Wolkenloch. Am späten Nachmittag war fast alles Gewölk vertrieben, und der Himmel klarte zu einem weichen Abendlicht auf, das sich allmählich in das pfirsichrote Leuchten des Sonnenuntergangs verwandelte, das ruhig gewordene Meer weitflächig färbte und die Unterseite der wenigen weißen Wolken, die wie vertäut in der blauen Windstille schwebten, mit einem zarten rosigen Schimmer überzog. Böhring war in den Vorgarten hinausgetreten, um das Lichtschauspiel zu fotografieren. Schräg hinter sich, in der Veranda des Nachbarbungalows, hörte er die Stimme eines Mannes, der mit einem leichten schweizerischen Tonfall sprach, und eine Stimme, die dumpfer klang und nur kurze Antworten offenbar aus dem Inneren des Hauses gab. Er war nicht sicher, ob es Worte oder nur Laute waren. Als er sich umdrehte und ins Haus zurückging, sah er gerade noch, wie der Nachbar in eins der vorderen Bogenfenster seiner Veranda trat und zum Meer hinüberblickte, ohne ihn zu bemerken. Er hätte ihn anreden können, aber dazu ergab sich wohl bald eine bessere Gelegenheit. Wenig später hörte er, wie draußen Ina mit dem Nachbarn sprach. Er verstand nicht genau, was sie sagte, es schien sich auf die vergangene Sturmnacht und den Zustand des Strandes zu beziehen, den sie zusammen mit Julia inspiziert hatte. Dann hörte er ihr kurzes höfliches Lachen, mit dem sie die Scherze oder witzigen Bemerkungen ihres Gesprächspartners quittierte, hörte auch Julias helle Stimme und wußte, sie würden gleich angeregt hereinkommen und etwas zu erzählen haben. Wahrscheinlich war der Strand noch naß und mit großen Lachen und Pfützen übersät. In diesem Fall wollten sie morgen einen Ausflug machen. Ihm schwebten das Ebrotal und Tortosa vor.

Das Ebrotal erwies sich als eine Enttäuschung: Flaches Schilfland und morastige Tümpel wechselten ab mit langweiligen Reiskulturen und kleinen Olivenpflanzungen an den höher gelegenen Uferständen. Aber als sie flußaufwärts Tortosa erreichten, waren sie überrascht von der Bergkulisse des Monte Caro, der die Stadt um fast anderthalbtausend Meter überragte. Die Stadt, so hatte er gelesen, war im Bürgerkrieg schwer zerstört worden, aber die historischen Bauten der Altstadt waren schön restauriert. Sie besichtigten den doppelten Chorumgang der Kathedrale, den Kreuzgang und den Klosterhof und gingen anschließend durch enge Altstadtgassen, in denen auch andere Touristen mit ihren Stadtführern und Kameras unterwegs waren, zu dem Kolleggebäude, das Karl V. für die Erziehung getaufter Araber hatte errichten lassen. Die zahlreichen Skulpturen aus dunklem, verwittertem Stein stellten Fürsten des Hauses Aragón und ihre Ehefrauen dar, eine Galerie längst versunkener Macht, über die er kaum etwas wußte. Er hob die Kamera und machte einige Aufnahmen, bis Ina, wie meistens bei solchen Gelegenheiten, sagte: »Das wird doch bestimmt nichts. Kauf dir lieber eine Ansichtskarte.«

Ja, natürlich, er hatte ja vorgehabt, eine Karte aus Tortosa an Fritz Kramer zu schicken. »Gut, daß du mich erinnerst«, sagte er.

Sie besichtigten auch den berühmten Patio des Kollegs mit seinem dreistöckigen Arkadenumgang, in dessen Schatten die ehemaligen Schlafsäle der Schüler, das Refektorium, die Bibliothek, die Unterrichtsräume und die Zellen der unterrichtenden Mönche lagen. Er versuchte, sich das Leben in diesen Räumen vor Augen zu führen und es Julia zu erklären, die ihm höflich zuhörte und zu den Säulenreihen der oberen Stockwerke hochblickte, und auf einmal hörte er seine dozierende Stimme, als sei es nicht seine eigene, wie sie mehrmals sagte: »Stell dir vor«, »du mußt dir vorstellen«, und obwohl er noch einige Sätze und Zusammenhänge aus den gelesenen Büchern wiederholte, wußte er kaum noch, wovon er sprach. Eine große, laute Reisegesellschaft, die sich in den Innenhof ergoß, befreite ihn aus der Situation. Doch als sie anschließend zum Ebroufer hinuntergingen und über den Markt bummelten, fühlte er sich immer noch benommen und von sich selbst abgebracht. Was sollte er hier in diesem Lärm und dem Gedränge zwischen den Verkaufsständen, die Obst, Trauben, Gemüse, Nüsse, Olivenöl, Eier, Wein und lebendiges Geflügel in großen Körben anboten? Was hatte er überhaupt von diesem Ausflug erwartet? Warum glitt alles an ihm vorbei? Warum fühlte er sich so ausgehöhlt?

Er dachte das alles ungenau, nicht glaubend, daß es darauf eine Antwort gab, in einer Wut, von der er nicht sagen konnte, wogegen sie gerichtet war, weil sie gleich wieder auf ihn zurückschlug, ihn betäubte und niederdrückte, so daß er, langsam weitergehend, nicht merkte, wie Ina und Julia an einem der Verkaufsstände stehenblieben, und als er sich nach ihnen umschaute, hatte er sie verloren. Statt dessen starrte er in das großflächige, von einem schwarz-roten Kopftuch umrahmte Gesicht einer fremden Frau, die ihn durch die sehr dunklen Gläser einer Sonnenbrille anzusehen schien, so bannend und fest, daß er erst im zweiten Augenblick erfaßte, was dieses Gesicht wie eine Maske jäher Wut erscheinen ließ: Der linke Mundwinkel war hochgezerrt und entblößte einige speichelnasse Zähne. Wie versteinert durch eine unerwartete Bedrohung, starrte er auf die bleckende Grimasse, nicht anders, als habe er in der Stille, die zwischen ihnen herrschte, ein Fauchen gehört – da hatte sich die Frau brüsk von ihm abgewandt. Wie eine Spiegelfechterei sah er die unversehrte Seite ihres Gesichtes: ein schönes, kraftvoll gezeichnetes Profil, das zu ihrer Größe und stolzen Haltung paßte, in der sie ihn stehenließ und auf einen Mann in einem hellen Leinenanzug zuging, der einige Schritte weiter auf sie wartete. Es war der Nachbar aus Playa d'Or, sie wohl seine Frau, deren unverständliche Worte oder Laute er aus dem Inneren des Hauses gehört hatte. Nachträglich erschreckten sie ihn, weil sie aus diesem verzerrten Mund gekommen waren.

Beide beachteten ihn nicht und gingen nebeneinander weiter. Die Frau hatte wohl nur die Auslage eines Verkaufsstandes auf der anderen Seite der Marktgasse anschauen wollen und war dabei fast mit Böhring zusammengestoßen. Vermutlich weil sie sich von ihm angestarrt fühlte, war sie mit einem ärgerlichen Ausdruck zu ihrem Mann zurückgegangen. Sie war wahrscheinlich empfindlich und reizbar. Die dunkle Sonnenbrille und das dunkle Kopftuch waren Schutzmaßnahmen gegen neugierige oder erschrockene Blicke. Andererseits mochte sie den Moment, in dem sie beinahe zusammengestoßen waren, schon vergessen haben und sich nicht daran erinnern, wenn sie sich beiläufig kennenlernten, was ja wohl unvermeidlich war.

Böhring schaute dem Paar nach, wie es sich im Gedränge zwischen den Verkaufsständen entfernte. Kurz danach sah er von dort Ina und Julia kommen, die ihn offenbar suchten. Für ihn kamen sie in diesem Moment aus der Vergangenheit, wie eine Erinnerung an eine Geschichte, die er irgendwann gelesen hatte, und seltsamerweise sahen sie ihn nicht, bis sie dicht vor ihm standen.

»Ach, da bist du ja«, sagte Ina, »wir haben nur etwas Obst eingekauft, da warst du verschwunden.«

Also gut, wenn er einverstanden sei, dann wollten sie jetzt in der Altstadt etwas essen und anschließend noch zum Castillo de San Juan hochsteigen und einmal über die Stadt blicken, bevor sie wieder nach Hause fuhren.

In den nächsten Tagen festigte sich ein neues Hoch über den Balearen und bescherte Ostspanien und Südfrankreich einen verspäteten Hochsommer. Sie gingen nun wieder jeden Vormittag zum Strand hinunter – Ina, um mehrmals zu schwimmen und zwischendurch im Schatten ihres Sonnenschirms zu lesen, während Julia, die inzwischen die Surfer kennengelernt hatte, ihre eigenen Wege ging. Böhring schwamm wie gewöhnlich einige Male in Strandnähe hin und her und kehrte wieder zum Haus zurück.

Aus irgendeinem Grund, der ihm selbst unklar war, hatte er bisher nichts von seiner seltsamen Begegnung auf dem Markt von Tortosa erzählt, und als Ina sich in den nächsten Tagen darüber wunderte, daß der Nachbar immer allein am Strand erschien, während man seine Frau nie zu sehen bekam, fand er es zu spät und beinahe wie ein nachgeholtes Geständnis, noch davon anzufangen. Aus demselben unklaren Grund wich er einmal dem Nachbarn aus, als er ihn von ferne die Bruchsteintreppe herunterkommen sah. Es war ihm eine unangenehme Vorstellung, dem Mann, der ihn sicher wiedererkannt hätte, auf der Treppe zu begegnen und sich mit ihm unterhalten zu müssen.

Im Weitergehen – er mußte nun im Umweg über den Parkplatz zum Haus zurückkehren – war ihm sein Ausweichen am Fuß der Treppe genauso merkwürdig und unangemessen erschienen wie seine Hemmung oder seine Unlust, Ina von seinem Zusammentreffen mit der Nachbarin zu erzählen. Es gab ja eigentlich nichts zu verbergen, nichts, was er sich vorzuwerfen hatte. Doch hatte beide Male, bevor er nachdenken konnte, ein rascher Impuls entschieden, niemanden an seinem Erlebnis zu beteiligen. Verstanden hatte er das nicht. Aber es hing zusammen mit seiner Erinnerung daran, daß er in dem Augenblick, als er im Menschengedränge des Marktes der Frau plötzlich gegenüberstand, mit ihr vollkommen allein gewesen war, wie in einem hellen Schlaglicht vor erloschenem Hintergrund. Sekundenlang verschmolzen Sehen und Gesehenwerden. Seine Gedanken stoben auseinander, und er hatte gefühlt, wie fern und wie nah sie war. Da hatte sie sich schon abgewandt und ihn wie betäubt zurückgelassen. Gleich danach war der Eindruck verwischt worden, weil Ina und Julia auf ihn zutraten und ihn sofort in ihr Gespräch zogen. An den vergangenen Augenblick hatte er erst wieder denken wollen, wenn er alleine war. Der Rest des Ausfluges und der Abend glitten als ein blasser Film an ihm vorbei.

Ohne Zweifel wäre auch der kurze schreckhafte Augenblick auf dem Markt von Tortosa schnell verblaßt, hätte er die Frau nicht dauernd in seiner Nähe gewußt und damit rechnen müssen, ihr wieder zu begegnen. Wenn er sich das vorstellte, weil er nebenan in der Veranda ihre Stimme oder ein Geräusch hörte, das er mit ihr in Verbindung brachte, traf ihn das wie ein dunkler Windstoß, und er ahnte darin ihre leibhaftige Anwesenheit.

Als er einmal mit umgehängtem Fotoapparat in seinem Vorgarten zwischen Steinen und Pflanzen nach dem Versteck der Gottesanbeterin suchte, die seit der Sturmnacht nicht mehr aufgetaucht war, hatte er plötzlich das Gefühl, er werde beobachtet. Es war eine eigenartige, fast körperhafte Empfindung, von einer fremden Aufmerksamkeit umgrenzt und festgehalten zu werden, während er scheinbar arglos und für sich einige Steine umwendete und Pflanzenbüschel auseinanderschob. Wenn ihn die Empfindung nicht trog, mußte sie es sein, die ihn beobachtete, denn der Nachbar war vor kurzem zum Strand hinuntergegangen. Ja, sie ist es, dachte er. Sie erkennt mich jetzt wieder. Falls sie mich nicht schon früher hier gesehen hat. Vielleicht fragt sie sich, was ich hier suche.

Um sie nicht zu verscheuchen, machte er sich noch einen Augenblick zwischen den Gewächsen zu schaffen, bevor er wie zufällig, doch bereit zu grüßen zu ihrer Veranda hinüberblickte. Er sah sie nicht. Die offenen Fensterbogen waren leer. Dann erkannte er, daß sie doch da war. Sie stand reglos in der Tiefe der Veranda. Ihr Gesicht, das zu sehen er gefürchtet und erhofft hatte, war verschattet, und er sah, bevor sie ins Haus verschwand, nicht mehr als den Umriß ihres Kopfes, umschlossen von löwenhaft dichten dunklen Haaren.

Am Abend desselben Tages sah er sie noch einmal. Er saß mit Ina und Julia unter Bäumen und bunten Glühbirnengirlanden im Innenhof eines Restaurants in der Nähe der Strandpromenade von Cambrils, in das sie auf Julias Wunsch zum zweiten Mal gegangen waren, weil dort drei junge Männer spanische Gitarrenmusik spielten. Im Augenblick hatten sich die Musiker zu einer Pause ins Haupthaus zurückgezogen, als er durch den schmalen Seiteneingang den Nachbarn zusammen mit seiner Frau hereinkommen sah. Sie blieb am Rand des Hofes stehen, während er nach einem freien Tisch Ausschau hielt und einen vorbeikommenden Kellner ansprach. Der Kellner, der ein volles Tablett trug, verwies auf einen Tisch in der Nähe, an dem noch Plätze frei waren, und eilte weiter. Der Nachbar, offenbar unzufrieden, kehrte zögernd zu seiner Frau zurück und sprach mit ihr. Sie trug wieder das Kopftuch und, obwohl es dunkel war, die Sonnenbrille. Und während der Mann auf sie einsprach, vielleicht um sie zu überreden, doch einen der angebotenen freien Plätze zu nehmen, rührte sie sich nicht. Schließlich schüttelte sie den Kopf und wandte sich zum Gehen.

Ina und Julia hatten den Vorgang nicht beobachtet, weil sie sich unterhielten, und wieder spürte Böhring den Impuls, ihnen nicht zu erzählen, was er gerade gesehen hatte. Er sagte nur: »Eben sind unsere Nachbarn hereingekommen. Aber sie haben keinen passenden Platz gefunden und sind wieder gegangen.«

»Das sind merkwürdige Leute«, sagte Ina, »anscheinend sind sie menschenscheu. Hier an unserem Tisch wäre ja noch Platz gewesen.«

»Ich möchte aber nicht mit merkwürdigen Leuten am Tisch sitzen«, sagte Julia in dem spitzen und dezidierten Ton, den sie manchmal ihrer Mutter gegenüber anschlug, und Ina ging wie gewöhnlich darüber hinweg und fragte ihn, wie die Frau ausgesehen habe.

»Kann ich nicht sagen«, antwortete er. »Ich habe sie nur von ferne gesehen.«

Am nächsten Tag kam Ina auf das Thema zurück. Sie war am Strand mit dem Nachbarn, der offenbar begierig war, sich einmal auszusprechen, in ein längeres Gespräch geraten. Dabei hatte sie erfahren, daß er Chemiker war, seine Frau Schauspielerin. Vor einem halben Jahr hatte sie eine Ohrenoperation gehabt, bei der wichtige Nervenbahnen zerstört worden waren. Seitdem hatte sie eine halbseitige Gesichtslähmung, begleitet von Artikulationsschwierigkeiten und Sensibilitätsausfällen, und scheute sich, unter Menschen zu gehen. Sie, die gewohnt war, immer im Rampenlicht zu stehen, habe sich nun völlig in sich selbst verkrochen. Auch er könne sie manchmal nicht mehr erreichen. Das einzige, was sie ein wenig ablenke, seien Autofahrten oder Spaziergänge in einsamen Gegenden oder Aufenthalte an Orten, wo niemand sie kenne. In Restaurants und Cafés setze sie sich immer an abgelegene Tische mit dem Blick zur Wand. Am liebsten würde sie nur noch bei Dunkelheit unter Menschen gehen. Schlimm sei hier auch die Mückenplage, denn seine Frau bleibe abends meist lange im Dunkeln in der Veranda sitzen und merke nicht, wenn sie in die gelähmte Gesichtshälfte gestochen werde. Die Wange sei inzwischen dauernd geschwollen und fiebrig rot.

Aber sie kümmere sich nicht darum, als sei ihr alles gleichgültig geworden. Ina hatte an dieser Stelle hinzugefügt, wahrscheinlich hasse sie ihr zerstörtes Gesicht und setze es bewußt weiterer Zerstörung aus. Der Nachbar hatte das bestätigt. Ja, sie sei dabei, sich selbst zu zerstören, und er wisse nicht, wie er es aufhalten solle. Die Artikulationsschwierigkeiten, hatte Ina gesagt und sich bei der Gelegenheit als Logopädin vorgestellt, ließen sich wahrscheinlich durch Übungen kompensieren. Ja, das denke er auch, hatte der Nachbar zugestimmt, aber seine Frau sei nicht darauf ansprechbar. Er kenne sie nun länger als zwanzig Jahre und stehe diesen Veränderungen ihres Wesens ratlos gegenüber. Eigentlich sei er ein optimistischer Mensch, habe er gesagt, doch manchmal sei er nahe daran, den Mut zu verlieren.

»Und ich«, so beendete Ina ihren Bericht, »wußte auch nicht, was ich ihm zum Trost sagen konnte.«

Zu seinem eigenen Befremden hatte Böhring Mühe, auf Inas lebhaften und ausführlichen Bericht über alles, was der Nachbar ihr anvertraute, angemessen und nicht bloß floskelhaft einzugehen. Das alles war nicht zu widerlegen. Aber noch während er sprach, hatte er begriffen, daß das überscharfe Bild, das sie vom Unglück der fremden Frau zeichnete, sich wie eine undurchdringliche Wand vor seine eigenen unbestimmten Gedanken schob, mit denen er die Frau seit Tagen umkreist hatte. Nichts war jetzt davon geblieben. Ihre erschreckende und geheimnisvolle Ausstrahlung, die verborgene Lockung, die Herausforderung, die noch in ihrer Abwehr lag, was war es anderes gewesen als ein Hirngespinst?

Ja, der Bericht hatte ihn zurechtgerückt und die normale Sicht der Dinge wiederhergestellt. Doch als habe er eine schwere, erschöpfende Anstrengung überstanden, hatte er sich den Rest des Tages lustlos und innerlich leer gefühlt und war am Abend früh schlafen gegangen. Als er wach wurde, gegen seinen Willen, denn er hatte sich auf dem Grund des Schlafes festgekrallt, war es stockdunkel. Ina lag neben ihm unter ihrem Laken, und er hörte ihre gleichmäßigen, entspannten Atemzüge. Er hatte sich sofort auf die andere Seite gedreht, um gleich wieder einzuschlafen, aber der Impuls, der ihn geweckt hatte, ließ das nicht zu und zwang ihn, sich, nun hellwach, wieder auf den Rücken zu legen und wehrlos den Gedanken zu denken, der sich als vage Angst in ihm ausgoß, während er in großer Klarheit vor ihm stand: Was geht es dich an, was sie denken, was geht es dich an?

Der zweite ihrer geplanten Ausflüge führte sie zu dem Kloster Poblet, zu dem die Grabkirche der Könige von Aragón gehörte. Doch der Ausflug begann mit einer Diskussion darüber, ob man nicht lieber nach Tarragona fahren solle, um ins archäologische Museum zu gehen und die Reste der römischen Stadt zu besichtigen. Es gab eigentlich keinen Grund, das eine dem anderen vorzuziehen, und so wäre es sinnvoll gewesen, beides miteinander zu verbinden, doch da sie zu spät aufbrachen, war nicht sicher, ob sie an einem Tag beides schaffen konnten, so daß es nötig wurde zu entscheiden, wohin sie zuerst fahren wollten. Nachdem er einige Sätze aus seinem blauen Spanienführer vorgelesen hatte, einigten sie sich schließlich auf Poblet, doch hing ihre Entscheidung vor allem damit zusammen, daß in Julias Augen ein archäologisches Museum noch langweiliger als ein Kloster war.

Böhring war erleichtert, als sie endlich im Auto saßen, nicht weil er sich darauf freute, das berühmte Kloster aus der Zeit der spanischen *renovatio* kennenzulernen, denn während ihrer Diskussion war ihm klargeworden, daß ihn weder die Wehranlage und die Sakralbauten von Poblet noch die römische Provinzarchitektur von Tarragona reizten, sondern beide Ausflugsziele nur Vorwände für ihn waren, um wegzukommen aus der Nähe der fremden Frau, die durch Inas Erzählung für seinen Verstand entzaubert war, aber sobald er allein im Haus blieb, einen die Wände durchdringenden Sog auf ihn ausübte, als richte ihre leibhaftige Anwesenheit eine Frage an ihn, die er beantworten mußte, eine lautlose und beständige Frage wie ein nie verstummendes inneres Flüstern, das er in sich vernahm, sobald er aufhörte, es mit irgendeiner Beschäftigung zu übertönen. »Willst du mich noch einmal sehen?« fragte sie. »Willst du es wagen? Kann ich hoffen, daß du furchtlos bist? Daß du niemandem außer dir selber glaubst? Also komm und zeig dich mir. Dann wirst du erfahren, wer du bist.« Er wußte, es waren Worte, Sätze, die er selbst formte. Doch sie schienen ihm von einem fremden Willen erfüllt, der es nicht erlaubte, sie zu unterbrechen oder zum Schweigen zu bringen, und manchmal erschien dahinter, undeutlicher noch, als er sie in der Veranda gesehen hatte, das Emblem ihres Kopfes mit den dunklen löwenhaften Haaren und verstärkte sein Gefühl, es sei wirklich ihre Stimme, die nicht nachließ, ihm einzuprägen, er befände sich längst wie in einem Tunnel auf einem unumkehrbaren Weg, an dessen Ende sie auf ihn warte. Auch jetzt, während sie sich ihrem Ziel näherten, hatte er das wieder denken müssen und es mit einem Schulterzucken vertrieben, so daß Ina, die neben ihm saß, fragte, was er habe. »Was soll ich schon haben?« hatte er geantwortet. Mehr hatte er nicht sagen müssen, denn vor ihnen waren auf einer Bergkuppe, zwischen Weinhängen und Pinien, die mächtigen Wehranlagen aufgetaucht, die die Bauten des inneren Klosterbezirks umschlossen.

Sie kamen am späten Nachmittag zurück, waren aber zu Inas Bedauern nicht mehr nach Tarragona gefahren, weil sie nach der Besichtigung der Königspforte, der Grabkirche und des Kreuzgangs, immer zwischen Reisegruppen eingeklemmt, lange Zeit im Klosterrestaurant auf ihr Essen gewartet hatten. Auf der Weiterfahrt hatten sie auf seinen Wunsch in der kleinen Provinzstadt Reus Station gemacht, weil es hier einen barocken Neptunbrunnen gab, von dem angeblich der berühmte spanische Architekt Gaudí, der hier geboren war, frühe und entscheidende Anregungen zu seinen weltbekannten Bauten bekommen hatte. Eine Ansichtskarte des Brunnens schickte er an Fritz Kramer. Julia hatte inzwischen Schaufenster betrachtet und sich in ein Paar rote Sandaletten verguckt, die sie unbedingt kaufen wollte. Das Geschäft hatte aber eine besonders lange Mittagspause und öffnete erst wieder um 16 Uhr, so daß sie über eine Stunde warten mußten. Es stellte sich dann heraus, daß die Sandaletten nicht in ihrer Größe vorhanden waren, worauf sie noch andere Schuhgeschäfte anschauen wollte, aber Ina und er hatten Einspruch erhoben, und sie waren in gereizter Stimmung nach Hause gefahren. Julia hatte die roten Sandaletten unbedingt haben wollen, weil sie am Abend mit zwei jungen Männern von der Surfschule nach Miami Playa in die Disco fahren wollte und plötzlich fand, daß sie nichts Hübsches anzuziehen habe. Doch nach dem Abendessen verschwand sie mit ihren beiden Begleitern in heiterer, aufgekratzter Laune, als ob der Tag erst jetzt für sie beginne.

Ina und er gingen noch zum Strand hinunter, wo die Sonne schon untergegangen war, aber noch einige letzte rosa angeleuchtete Federwolken im dunkelnden Blau schwebten. Sie machten denselben Rundgang wie er am Abend vor der Sturmnacht, und als sie auf dem Rückweg waren, stand über der Bergkette der Sierra de Balaguer die weißliche Scheibe des Vollmonds, und von allen Seiten umgab sie das schrillende Lärmen der Zikaden. Sie hatten sich eine Weile über Julias Launen unterhalten, und er hatte gedacht, daß er sie besser verstand als Inas Ausgeglichenheit, die ihm oft das Gefühl gab, er sei von ihrem inneren Leben ausgeschlossen. Vor allem wenn sie sich in Bücher versenkte, die er nicht gelesen hatte und auch nicht lesen würde, dachte er manchmal, sie sperre ihn aus ihrem Leben aus und es genüge ihr zu wissen, daß er da sei und am Rande ihres Lebens sein eigenes führe. Sie brauchte einen ruhigen, geordneten Raum um sich herum, und wenn sie von Unglücken und Konflikten erzählte, wie von der mißglückten Operation der Nachbarin, dann waren es Geschehnisse außerhalb dieses beruhigten, geordneten Raumes. Vielleicht verhielt sich das auch so mit den

Büchern, die sie las. Auch sie handelten von Geschehnissen, die sich außerhalb des eigenen Schutzraumes abspielten. Aber wenn es so war, warum las sie mit solcher anhaltenden Konzentration?

»Wovon handelt der Roman, den du liest?« fragte er.

Sie schien erstaunt über diese Frage zu sein.

»Die Recherche von Proust? Es ist ein Zeit- und Gesellschaftsbild. Und es handelt von der Bedeutung der Zeit für das menschliche Leben.«

»Und was bedeutet die Zeit?«

»Daß wir altern und sterben.«

»Ja, natürlich«, sagte er.

»Aber Marcel, die Hauptfigur, findet in einer Reihe unverhoffter Erinnerungen sein vergangenes Leben wieder und wird darüber zum Schriftsteller.«

»Hört sich interessant an«, sagte er.

»Ja, aber ich kann es dir nicht richtig erzählen. Es sind ja bloß meine eigenen Worte.«

Er nickte. Dann sagte er: »Hast du gesehen: Die Könige des Hauses Aragón liegen in ihren Sarkophagen alle mit den Füßen in Richtung des Altars, damit sie *ihn* als erstes erblicken, wenn die Auferstehung besinnt.«

»Natürlich habe ich es gesehen«, sagte sie. »Du hast uns doch selbst darauf hingewiesen.«

Ja, das hatte er getan. Und es war ihm auch beiläufig bewußt gewesen, daß er sich wiederholte und eigentlich auf etwas anderes hinauswollte. Er hatte eine Verbindung herstellen wollen zwischen dem Glauben der Könige an die Auferstehung und dem Thema des Romans. Aber es war ihm nicht gelungen, und vielleicht gehörte es auch gar nicht zusammen.

Nun schwiegen sie. So ging es manchmal mit ihren Gesprächen. Was er sagen wollte, nahm keine plausible Form an, oder es kam ihm banal und selbstverständlich vor. An den Sarkophagen der Könige hatte er gedacht, daß diese Menschen wirklich gelebt hatten, mit einem anderen Gefühl von Schwere und Festigkeit, obwohl sie umstellt von Zeremonien waren. Vielleicht war das kein Widerspruch, denn die Zeremonien bestätigten ihnen ihre Bedeutung und ihre Macht. Es war Brauch bei den Königen von Aragón, wenn sie mit ihrem Hofstaat das Kloster besuchten, an der Pforte des inneren Mauerrings, der Puerta Dorada, vom Pferd zu steigen, die vom Abt dargereichte Kreuzreliquie zu küssen und unter einem Baldachin in die Kirche zu schreiten. Dort lagen sie nun alle, abgebildet als steinerne gekrönte Figuren auf den Deckplatten ihrer monumentalen Sarkophage, neben sich die Sarkophage ihrer Frauen. Aus irgendeinem Grund hätte er gerne mit Ina darüber gesprochen. Aber es war nicht möglich gewesen.

Als sie sich dem Wohnpark näherten und an der Außenmauer entlang zur Einfahrt gingen, war es inzwischen dunkel, und das Mondlicht überzog die Büsche und Baumkronen mit einem blassen Glänzen und lag vor ihnen auf dem Weg wie ein dünner weißlicher Schaum. Die stille Ausbreitung des Lichtes schien immer mehr Zikaden in Erregung zu versetzen, lauter männliche Tiere, die mit ihren unermüdlichen Schwirrgeräuschen die Weibchen herbeiriefen, die jetzt überall, bereit zum Abflug, im Gras und in den Sträuchern saßen. Er hatte gelesen, daß es auch stumme männliche Zikaden gab, die in der Nähe eines Musikanten auf herbeifliegende Weibchen lauerten und sie überwältigten, während die andere Zikade mit ihren Schwirrgeräuschen fortfuhr, um die Schwirrgeräusche ringsum zu übertönen. Er wäre gerne stehengeblieben, um dem Lärm zu lauschen, aber sie waren umgeben von einer Wolke von Stechmücken, die an solchen windstillen Abenden in Riesenschwärmen aus dem Schilfgürtel aufstiegen. Sie beeilten sich, ins Haus zu kommen.

Im Nachbarbungalow brannte Licht. Der Bungalow der jungen Frau war dunkel. Sie war gestern abgereist, nachdem ihr klargeworden war, daß sie vergeblich auf den Mann gewartet hatte, der der Vater des Kindes war. Sie hatte Ina ihre Geschichte in den letzten Tagen erzählt. Alle Leute sprachen mit ihr, nur er hatte diese seltsamen Schwierigkeiten. Es mußte wohl an ihm liegen. Oder auch daran, daß es keine Geschichte zu erzählen gab.

In der Nacht konnte er nicht einschlafen, obwohl er drei Gläser von dem schweren spanischen Rotwein getrunken hatte. Er hörte Julia heimkehren, die sich bemühte, leise zu sein, nur kurz ins Badezimmer ging und dann in ihrem Zimmer verschwand. Noch einige leise, undeutliche Geräusche hinter der Wand, dann war es still. Morgen würde man erfahren, wie ihr der Abend gefallen hatte. Über ihm in der dunklen, stickigen Luft war das Sirren einer Mücke zu hören, dann auch noch eine zweite, weiter weg in der Nähe der Tür. Die in seiner Nähe setzte sich, aber nicht auf seine Haut. Er bewegte sich ein wenig, weil er sich nicht sicher war, und da hörte er sie wieder. Oder es war die andere, die er vorhin an der Tür gehört hatte. Jetzt schwebte sie hinter seinem Kopf und verstummte nahe bei seinem Ohr, und aus der Tiefe des Zimmers schwebte aufreizend langsam eine andere heran. Er machte eine schnelle Handbewegung, um sie zu verscheuchen, und Ina drehte sich neben ihm zur Seite, schien aber gleich weiterzuschlafen. Er mußte sich wohl wie sie das Laken über den Kopf ziehen, auch wenn er fürchtete, nicht genug Luft zu bekommen. Nach einer Weile stand er auf, rieb sich im Badezimmer erneut mit dem Insektenschutzmittel ein, das einen leichten Petroleumgeruch verbreitete, und legte sich wieder hin. Wie komme ich bloß durch die Nacht? dachte er. Was erwartet mich morgen? Was danach? Es waren keine richtigen Fragen, die er sich stellte, keine, die er zu beantworten versuchte, nur Wortreihen, die sein Gehirn produzierte, um seiner Unruhe einen Ausdruck zu geben, undeutliche Unruhe im Sumpf seiner Müdigkeit, jetzt waren es Bilder: König Pedro der Vierte als starre Liegefigur auf dem Sarkophagdeckel, mit der Faust den Schwertknauf umfassend. Die struppige einäugige Katze, die im Gartenrestaurant des Klosters unter dem Tisch an ihren Beinen entlanggestrichen war. Eine unsichtbare Hand schiebt die Bilder in den Projektor und nimmt sie wieder heraus, weil es die falschen sind. Jetzt sie. Oder nur die nie gesehene Geste, wie sie ihre dichten, sperrigen Haare nach hinten unter das Kopftuch stopft. Das Gesicht bleibt ausgespart, vergessenes Geheimnis unentschleierter Gedanken, Fläche, aus der es zu seinem Schrecken auftauchen kann. Nein, ich möchte es nicht wollen, dachte er und lauschte, wie in einem dichten dunklen Tuch verfangen, diesen verdrehten Worten nach, die keinen Sinn ergaben oder ihn hinter sich verbargen. Möchte es nicht wollen. Ich. Nicht. Es kann aber wieder beginnen, wieder auftauchen. Plötzlich hervortretend aus diesem geschmeidigen Gleiten unsicherer Bedeutungen. In diesem weichen Tumult der Bilder, dem Laufen und Stürzen auf den Ausgang zu, wo er endlich wieder atmen will. Wieder war er wach, im Inneren einer fremden Dunkelheit, die sich zögernd in den bekannten Raum verwandelte, sich einordnete in seine Richtungen: die nebeneinanderstehenden Doppelbetten, Fensterseite und Tür. Er hatte quälenden Durst, stand auf und tappte, ohne Licht zu machen, in die Küche, um ein Glas Mineralwasser zu trinken. Trotz der Veranda, die das Mondlicht abfing, fiel ein heller Lichtschein in den Wohnraum, und er konnte auf dem Zifferblatt seiner Uhr lesen, daß es kurz nach drei war.

Er ließ seinen Blick durch den Raum wandern, über die herumstehenden Möbel und im Halbdunkel verstreuten Dinge hinweg – eine Kette aus schwarzen Holzperlen mit einer braunroten Lederquaste, die in Augenhöhe über zwei dünnen Nägeln an der Wand hing, eine orangene Keramikschale auf dem Beistelltisch, in der zwei Schlüssel lagen, eine Kalebasse aus Ton auf dem Sideboard auf einem runden Untersatz aus Bast, daneben ein leerer Kerzenhalter aus Messing und einige aufgestapelte Bücher, sein heller Sommerpullover, der mit herunterhängendem Ärmel in einem der beiden Korbsessel lag und die Lichtzunge des Mondes auf dem dunkelglänzenden Terrazzoboden – Beliebigkeiten, umgeben von Leere, formelhaft Gefesseltes und Verstummtes, das um ihn herum hing und stand, nachdem es an den Punkt seines endgültigen

Stillstandes gelangt war. So sieht der Tod aus, dachte Böhring, eine sinnlose Hinterlassenschaft von Gerümpel, eingeschlossen in dunkle, schwer zu atmende Luft. Als müsse er diesem Anblick standhalten, rührte er sich eine Weile nicht vom Fleck.

Als er am Morgen wach wurde, war er allein im Haus, und auf dem Frühstückstisch lag ein Zettel mit Inas Schrift: »Wir sind zum Strand gegangen«. In Inas Sprache hieß das nicht, sie erwarte, daß er nachkomme, sondern es war nur die kurze Mitteilung, wo sie und Julia in den nächsten Stunden zu finden seien. Böhring schob den Zettel beiseite und beschloß im selben Augenblick, nach dem Frühstück ins Hinterland aufzubrechen und ein gutes Stück in Richtung Berge zu wandern. Das hatte er immer schon vorgehabt, war jedoch nie über die Bahnlinie hinausgedrungen, als sei das eine Grenze, an der nicht nur der schmale touristische Küstenstreifen endete, sondern unvermittelt unzugängliches Gebiet begann. Auf seiner Autokarte hatte er gesehen, daß es dort bis zu der steil aus der Ebene aufragenden Bergkette der Sierra de Balaguer keine menschliche Ansiedlung und auch keine Straßen und eingezeichneten Wege gab.

Es war kurz nach zehn, als er aufbrach. Die Sonne stand schon hoch am Himmel, weißlich glänzend wie erhitztes, flüssiges Fett, und goß eine gleißende Lichtflut über die ausgedörrte Erde aus, die wie ein aufgeheizter Backofen ihre Wärme zurückstrahlte. Schon während er das von wildwachsenden Pinien, Ginster- und Maulbeerbüschen überwucherte Brachland zwischen Landstraße und Bahndamm durchquerte, brach

Böhring der Schweiß aus, und er sagte sich, es wäre an diesem Tag vernünftiger gewesen, im Meer zu schwimmen und um die Mittagszeit in den Schatten des Hauses zurückzukehren. Es war aber nur ein pflichtmäßiger Einwand, den er sich machte, denn nicht einen Augenblick dachte er daran umzukehren, auch nicht, als auf der anderen Seite des Bahndamms sich der Weg in einige schmale Trampelpfade auflöste, die sich in verschiedenen Richtungen in der von der Sonne verbrannten Landschaft verloren. Die Gluthitze und das blendende Licht hatten ihn sofort wieder eingehüllt, als er aus dem Schatten der Unterführung herausgetreten war. Dort war er einen Augenblick stehengeblieben und hatte in dem überhellen, in der Ferne dunstigen Licht die ganze Szenerie wie mit einem einzigen langen Blick erfaßt: die leicht ansteigende, von lichten und gelichteten Olivenhainen bedeckte Ebene, durchzogen von langen Bruchsteinmauern, die sie in einzelne Areale teilten, und dahinter, kalkig ausgebleicht wie altes, blank gescheuertes Gebein, die schroff aufragende Bergkette, deren Flanken und Hänge ein waldiges Schurzfell trugen, vom Licht zu einem stumpfen Grau entfärbt.

Ohne nachzudenken, als überließe er sich einer unsichtbaren Strömung, ging Böhring weiter und folgte einem schmalen, manchmal kaum erkennbaren Pfad über eine steinige, staubtrockene Fläche hinweg, die dünn von weißlichem Gras und verdorrten Disteln bewachsen war. Um sich herum hörte er die Zikaden. Einzelne Tiere, nicht ein so weiträumiges, vielstimmiges Lärmen wie in der Dunkelheit, eher so, als seien hier und da, verstreut in dem dürren Gras, die Schwingungen des Lichtes zu hören, das rasende Sirren der Strahlen, unter denen sich die Disteln und Grasbüschel in knisternden toten Stoff verwandelten. Obwohl es völlig windstill war, fühlte sich Böhring von einer lohenden Wärme umwogt, während er, mit geringer Hoffnung auf Schatten, durch den hellen Gipsbrand der sterbenden Grasfläche auf eine Bruchsteinmauer zuging, hinter der die alten Olivenpflanzungen begannen. Er entdeckte einen Durchschlupf durch die Mauer und befand sich im Licht- und Schattengesprenkel der schütteren kleinblättrigen Laubkronen offenbar sehr alter, knorriger Bäume. Einige schienen fast tot, weil nur noch wenige Äste grünes Laub trugen. Die abgestorbenen Äste und Zweige hielten zäh ihr ledriges braunes Laub fest oder waren dicht am Stamm abgesägt worden, was den übriggebliebenen Ästen der verstümmelten Krone die ausgreifenden Gebärden von Schmerz und stummer Wut gab. Hier und da hatte man auch die Wurzelstöcke abgestorbener Bäume ausgegraben, vermutlich weil das Holz zur Feuerung von Kaminen und Ofen beliebt war. Aber weder hatte man junge Bäume nachgepflanzt noch die aufgerissenen Wurzellöcher wieder zugeschüttet. Das Holz der toten Äste, zersägten Stämme und der zerhackten Wurzeln lag flüchtig zusammengetragen auf unordentlichen Stapeln, die anscheinend niemand abtransportierte. Sie waren überzogen von verstaubten Spinnennetzen und Flechten und mit vergreisten grauen Moosen bedeckt. Im modrigen Inneren der Stapel lebten vermutlich Asseln und Käfer, und vielleicht hatten auch mäusejagende Schlangen dort ihren Unterschlupf.

Böhring ging von Areal zu Areal durch die immer an gleicher Stelle befindlichen Durchlässe der Bruchsteinmauern, und je weiter er vordrang, um so mehr häuften sich die Anzeichen von Verlassenheit und Verfall. Streckenweise waren auch die Bruchsteinmauern schon vor längerer Zeit zusammengebrochen und lagen, von Gras und Disteln durchwuchert, als auseinandergerutschte Steinhalden seitlich des alten Mauerverlaufs. Große und kleine Geckos in der erdbraunen Farbe der in der Sonne wie glasiert wirkenden Steine huschten überall herum und verschwanden in Ritzen und Spalten, sobald er sich näherte. Kurz danach schoben sich wieder ihre flachen, breiten Köpfe aus dem Versteck hervor. Ihr Hals pulsierte, während die gespreizten gummiartigen Füße sich flach an den Stein preßten und die schwarzen Augen starr die Umgebung musterten. Wenn Böhring über eine Halde hinwegstieg, klirrten die ungleichen Steine unter seinen Füßen, und er mußte achtgeben, nicht auszurutschen, wenn sie sich verschoben.

Er war jetzt seit einer Stunde unterwegs, ohne daß die Berge im Hintergrund wesentlich näher gerückt schienen. Auch die Autobahn, die dort entlangführte, konnte er nicht hören, so daß er annahm, nach allen Seiten gleich weit von Menschen entfernt zu sein. Seit langem war er ohne Weg von Geviert zu Geviert im Schattengesprenkel der alten Bäume weitergegangen, meistens in ebenem Gelände oder eine Zeitlang sanft ansteigend und nun in eine flache Senke hinab, von der er sich angezogen fühlte und bis zu deren von niedrigem Buschwerk überwachsener Sohle er noch gehen wollte, bevor er umkehrte. Vielleicht, daß es dort eine Quelle gab. Unten traf er auf dichtes Rankengestrüpp, das er umgehen mußte. Einen Platz suchend, wo er einen Augenblick rasten konnte, wanderte er am Rand des Buschwerks entlang, entschlossen, auf der anderen Seite den Hang wieder hochzusteigen, als er schräg vor sich, aufgestützt auf die nächste Bruchsteinmauer und, wie er sofort verstand, in einer hilflosen Pose, die Frau des Nachbarn sah. Im Näherkommen erkannte er, daß sie ihr Gewicht auf einen Fuß und den aufgestützten Arm verlagert hatte, um den anderen Fuß nicht zu belasten. Sie hatte sich anscheinend an der Mauer entlanggetastet, war aber angesichts der Senke, die sie durchqueren mußte, nicht mehr weitergekommen und schaute ihm entgegen, wie er das letzte Stück des flachen Hanges hochstieg. Den Ausdruck ihres Gesichtes verstand er nicht. Er sah nur die zur Seite gezerrten Lippen, die wie in Wut die Zähne entblößten, und die gelähmte, von Insektenstichen geschwollene Wange, deren lebloses Gewicht das untere Lid des linken Auges herunterzog und das leere Weiß des Augapfels zeigte. Doch schien ihm in diesem Augenblick die Fähigkeit, zu erschrecken und innerlich zurückzuweichen, verlorengegangen zu sein, und was er wirklich wahrnahm, war die Hilflosigkeit, in der sie sich auf die Bruchsteinmauer stützte und ihn unverwandt anschaute, weil er für sie der unverhoffte Retter in einer bedrohlichen Lage war. Später dachte er: Beide waren wir nicht einmal überrascht. Als hätten sie beide den Zufall, der sie aufeinander zugeführt hatte, als etwas von langer Hand Vorbereitetes empfunden, fanden sie sich gleich in der unerwarteten Situation zurecht.

»Was ist passiert?« fragte er, noch bevor er sie erreicht hatte.

Ohne die Mauer loszulassen, wies sie auf den Fuß des angewinkelten Beins, und ihre zur Hälfte gelähmten Lippen bewegten sich, um einige undeutliche Worte hervorzubringen, die sich gequollen und zerkaut anhörten, als habe sie einen Knebel im Mund: »Mein Fuß. Bin umgeknickt.«

»Lassen Sie mich sehen«, sagte er und kniete sich vor sie hin, um das Gelenk zu betasten. Es war dick geschwollen und fühlte sich heiß und schwammig an. Dabei dachte er: Es gibt sie. Sie steht vor mir. Ich halte ihren Fuß. Sie überläßt ihn mir. Wir sind allein in dieser Einöde. Es ist wirklich. Und es ist einfach. Ich habe es nicht geträumt.

Vorsichtig bewegte er den Fuß in verschiedene Richtungen, um zu prüfen, ob das Gelenk gebrochen war. Sie stöhnte leise, aber der Fuß gab der behutsamen Führung seiner Hände nach. Sie schwankte, und um Halt zu finden, stützte sie sich einen Augenblick auf seinen Kopf.

»Entschuldigung«, sagte sie.

Ihren Fuß in beiden Händen haltend, schaute er zu ihr hoch und sah über sich, vor der gleißenden Helligkeit der Mittagssonne, ihren wild zerzausten Schopf aus schwarzen geringelten Haaren wie eine brodelnde Wolke, aus der ihn ein Gesicht ansah. Gerne hätte er sich einen Augenblick länger dem befremdlichen Eindruck ergeben, der wie ein Schatten über ihn gefallen war, doch er hatte schon ihren Fuß losgelassen und war dabei aufzustehen. »Was tun wir?« fragte er. »Entweder ich gehe zurück und hole Hilfe – aber das kann lange dauern –, oder Sie stützen sich auf mich, und wir versuchen es zu zweit. Gebrochen ist der Fuß wohl nicht.«

Immer noch seitlich auf die Mauer gestützt, schaute sie ihn an, als wolle sie ihn und sich selbst prüfen oder als warte sie ab, daß die Entscheidung sich von selbst aus ihren wechselseitigen Blicken ergeben würde. Schließlich sagte sie, stieß es in einzelnen Worten hervor: »Nicht fortgehen. Bitte. Versuchen.«

Nichts anderes hatte er sich gewünscht.

Da sie fast so groß war wie er, konnte sie ihren Arm um seinen Nacken legen, so daß er mit beiden Schultern einen Teil ihres Gewichtes trug, während sie langsam, doch eng verklammert wie ein schwerfälliges dreibeiniges Wesen in kurzen Schritten und Schwüngen vorwärtskamen. Sie stiegen in die Senke hinunter, wobei er immer zuerst mit vorgeschobenem Fuß seinen Stand sicherte, ehe sie, gestützt und gehalten von ihm, nachfolgte, nachrutschte, manchmal auch, indem sie stöhnend den geschwollenen Fuß zu Hilfe nahm. Auf der anderen Seite kamen sie nicht wieder hoch, so daß er vorschlug, sie auf seinem Rücken hochzutragen. Sie jedoch wollte, daß er sie auf den Boden hinunterließ, und kroch auf Händen und Knien den Abhang hinauf, wo sie erst einmal liegenblieb. Er beugte sich zu ihr herunter, um sie aufzuheben, sagte, sie solle sich mit beiden Armen an seinem Hals festhalten, während er ihren Rücken umfaßte und sich dann ruhig, mit all seiner Kraft aufzurichten versuchte. Es war, als zöge er einen schweren Fang aus dem Wasser, einen kostbaren lebendigen Fund, den er an sich preßte, damit er ihm nicht entglitt, und der sich schwer und weich an seinen Hals klammerte. Sie gingen weiter, über Steinsplitter und Steinhalden hinweg, in dem schütteren Schatten-und-Licht-Gesprenkel der alten Baumkronen, mit dem langsamen, humpelnden Gang des dreibeinigen Wesens, zu dem sie geworden waren, ein Wesen aus zwei aneinandergefesselten Körpern, die sich ständig berührten und gegenseitig zu erkennen gaben und die manchmal vor Erschöpfung stehenblieben und sich gegeneinanderlehnten, eingehüllt in Betäubung, und dunkel miteinander verschmolzen. Nach Augenblicken der Schwäche kamen sie wieder in Gang, beide längst schweißnaß, mit verschmierten Gesichtern, heftig angegriffen von Bremsen, die der warme Dunst ihrer Körper von weit her angelockt hatte, fast unfähig, sich dagegen zu wehren, weil sie ihre Arme brauchten, um einander festzuhalten und zu stützen. Begleitet vom braunen Speckglanz einer anscheinend endlosen Bruchsteinmauer, schleppten sie sich von Geviert zu Geviert durch die Hitze und kreidige Helligkeit des Mittagslichtes, das sie wie eine riesige Glasglocke umschloß, aus der es keinen Ausgang gab. »Geht es noch?« fragte er und hörte ihre dunkle, rauhe Stimme, die nur mit einem kurzen zustimmenden Laut antwortete, so als wolle sie ihn schnell wissen lassen, daß er die wilde gemeinsame Anstrengung ihrer Körper nicht stören solle. Er hielt sie fester und spürte, daß sie dem Druck seiner Hände antwortete, und ein flackriger Mechanismus in seinem Kopf, auf den er keinen Einfluß hatte, begann ihr mühsames gemeinsames Vorwärtsschreiten in taumelnde Bilder von Umarmungen zu verwandeln, blasses und vages Echo des dichten

Gedränges ihrer Körper, dessen wahrer Ausdruck ihre Stummheit war. Plötzlich stolperten sie beide, und sie schrie vor Schmerz, weil sie schwer mit dem verletzten Fuß aufgetreten war. Im Stürzen – aber es war wohl eher ein Zusammensinken, als bräche unter ihr der Boden ein – fing er sie mit beiden Armen auf und zog sie an sich. Sie hielt sich an seinen Schultern fest und barg ihr erhitztes Gesicht in seiner Halsbeuge. So standen sie reglos da, wartend, daß der Schmerz in ihrem geschwollenen Gelenk nachließ. Unter seinen Augen war das schwarze Gewölle ihrer Haare, und ohne daß sie sich rührte, drückte er seine Lippen hinein. Er spürte, wie sich ihre Hand bestätigend auf seinen Nacken legte, und auf einmal verflogen alle seine Gedanken, und etwas schloß sich um sie zusammen und grenzte sie beide in einsamer, selbstgenügsamer Schwere gegen die Welt ab. Er sagte nichts, überließ es ihr, ihm ein Zeichen zu geben, daß sie gewillt war weiterzugehen. Nicht einmal das, so merkte er später, war ihm bewußt geworden, denn nun gingen sie längst wieder, völlig in Anspruch genommen von der gemeinsamen Anstrengung, nicht aus dem Rhythmus zu geraten und zu stolpern, während das grelle Mittagslicht, das senkrecht auf sie einstürzte und die Schatten der Baumstämme und ihre eigenen Körperschatten zu kleinen Flecken zusammenschmolz, alles um sie herum in glasiger, staubiger Unschärfe verschwimmen ließ. Sie waren gerade aus dem letzten Geviert der Olivenpflanzung heraus und gingen, umbrandet von dem Gezirp der Zikaden oder Grillen, über die hartgetrocknete Fläche mit dem weißlichen Gras und den verdorrten abgeblühten Disteln, als auf dem Bahndamm im Hintergrund fast lautlos und ohne Ankündigung der blaue Zug auftauchte und in Richtung Barcelona entschwand. Beide waren sie stehengeblieben und schauten dem Zug hinterher, als wäre ihnen etwas gezeigt worden, was sie bisher nicht gedacht hatten und nun gleich wieder vergessen mußten, denn sie waren fast beim Wohnpark angekommen, und dort, abgespeist mit Dankesworten ihres Mannes und überhäuft mit familiärer Anerkennung, mußte er sie für immer loslassen.

Mißmut und Unruhe wechselten einander ab in den folgenden Tagen. Sobald er sich von seinem Erlebnis abzuwenden versuchte, um wieder zu seinem gewohnten Urlaubsleben zurückzukehren, überkam ihn ein Gefühl von Lustlosigkeit und ließ ihn in ein leeres Dösen versinken, aus dem ihn manchmal Inas gereizte Stimme hochschreckte, die ihn schon zum zweiten Mal etwas fragte, das er wohl wie von ferne gehört, aber nicht verstanden und nicht auf sich bezogen hatte. »Entschuldige«, sagte er und beantwortete ihre Frage so flach und beiläufig, daß sich nichts Weiteres daraus ergab und er wieder den Halt verlor, den sie ihm geboten hatte. Sie saßen nebeneinander, jeder sich selbst überlassen. Sie las, und er verlor sich in sein unbestimmtes Träumen. Die Taubheit, die ihn einhüllte, war ein unbewegliches Nach-innen-gekehrt-Sein, wo nichts geschah außer geschmeidigen, nichtssagenden Schattenspielen, Bilder, die gleich wieder zerfielen, ein Rumpeln leerer Worte. »Wenn, dann, ich wollte, ich wäre, obwohl und bis wann und so weiter und dann kommt es darauf an –«, leierte es in seinem Kopf, während er zum Horizont blickte oder auf den glitzernden Sand starrte, den er durch seine Finger rieseln ließ, bis unversehens, mit einem Gefühl von Beängstigung und leerer Erregtheit, das Motiv seiner inneren Unruhe wieder zutage trat: Er dachte an sie, die er zu lange im Arm gehalten hatte, um sie einfach wieder loszulassen und einem anderen Mann zu übergeben, mit dem sein Gefühl sie nicht verbinden konnte, nicht die Frau, zu der er, oder ein blindes, unbelehrbares Suchen und Flehen in ihm, beständig hindrängte. Er wehrte sich gegen dieses Verlangen, für das es in seinem Leben keinen Platz und keine Hoffnung gab, und versuchte, sich abzulenken. Versuchsweise nahm er einen der dicken Romanbände in die Hand, in denen Ina mit nie nachlassendem Interesse las, doch die Zeilen, die er eine Weile beharrlich mit seinen Augen verfolgte, lösten sich in einem Lichtnebel auf, in dem sie auf ihn wartete und sich zu zeigen begann. Er sah ihren Fuß, den er in beiden Händen hielt, ihr verschattetes Gesicht, das sich über ihn beugte, seine Lippen, die ihr warmes Haar schmeckten, ihre Hand umfaßte seinen Nacken, und ihr sanfter Druck ging in die wachsende Schwere ihrer aneinandergedrängten Körper über. Doch wenn er versuchte, die Szene weiterzutreiben, löste sich alles auf, und er versank erneut in seine gedankenflüchtige Abwesenheit.

Obwohl sie nur wenige Schritte voneinander entfernt waren – denn er wußte, sie lag nebenan in der Veranda und kühlte ihr Fußgelenk –, schien sich allmählich eine Mauer zwischen ihnen aufzubauen. Dauernd irritierte ihn die Freundlichkeit, mit der der Nachbar ihn jetzt schon von fern grüßte und ihm bei jeder Gelegenheit seinen Respekt und seinen Dank bezeugte, denn ohne daß er sich dagegen wehren konnte, fühlte er sich davon mehr und mehr aus den Resten seines Traums verdrängt, in dem er mit ihr allein war. Am meisten haßte er es, wenn der andere, der ihm wie eine Marionette liebenswürdiger Konventionalität erschien, im Namen seiner Frau sprach. Auch Ina setzte ihm zu, indem sie immer wieder sagte, es sei ungehörig, daß er sich so gleichgültig zeige. Er müsse in Hospitalet einen Blumenstrauß oder irgendein kleines Geschenk kaufen und der Nachbarin einen Besuch machen.

»Ich versteh' dich nicht«, sagte sie. »Das kann doch nicht so ein großer Angang für dich sein. Es sind doch wirklich nur ein paar Schritte.«

Ja, es waren nur wenige Schritte. Es verschlug ihm den Atem, wenn er daran dachte, wie nahe und wie unerreichbar sie war. Aber er wollte nicht in einer Rolle zu ihr gehen, die andere für ihn bereithielten, sondern plötzlich und ohne Vorwand, so wie sie sich beim ersten und beim zweiten Mal begegnet waren, in diesen gedehnten Augenblicken eines tiefen Erschreckens. Was dann geschehen würde, wollte er nicht in Gedanken vorwegnehmen. Erst mußte er die auferlegte Prüfung bestehen, sie unverstört und unverwandt anzuschauen, an die das unausdenkliche Versprechen geknüpft war. Ja, das war es. So würde es sich erfüllen. Er dachte daran mit einer verschwiegenen Freude und glaubte zu spüren, daß auch sie ihn herbeirief mit ihrer ganzen Gedankenkraft. Er mußte nur noch auf den Augenblick warten, in dem alles wie von selbst geschah.

Ina und Julia fuhren am nächsten Morgen nach Hospitalet, um im Supermercado einzukaufen. Sie sagten es ihm beim Frühstück, und er hörte es mit einer ruhigen Sachlichkeit, die ihn wunderte. Es war, wie er dachte, nur der erste Teil der geisterhaften Vorbereitung, auf die er keinen Einfluß hatte und die er weder durch Ungeduld noch Geduld befördern konnte. Sie gingen, und er deckte den Frühstückstisch ab. Plötzlich fühlte er sich aufgestört, als hätte jemand »Paß doch auf!« gesagt, und sofort ging er in die Veranda, um nach draußen zu blicken. Erst sah er niemanden, und nur zufällig, kurz bevor er aus seinem Blickfeld verschwand, erkannte er hinten auf der Bruchsteintreppe den Nachbarn, der, beladen mit seinen Badesachen, zum Strand hinunterging. Auch jetzt erfaßte ihn keine Erregung, wie er es erwartet hatte. Eher war es eine schwindelerregende Leere in seinem Kopf, die es ihm schwermachte zu begreifen. »Warte«, sagte die Stimme, »laß noch etwas Zeit vergehen.« Während er in die Küche zurückging, um das Frühstücksgeschirr abzuwaschen und in den Schrank zu räumen, beschlich ihn die Furcht, er könne vergessen, was er vorhatte, wenn er nicht bald aus dieser Lähmung herausfand.

Schließlich ging er, undeutlich und unhörbar, wie man sich in einem Traum bewegt, in dem es keinen festen Boden und nur dunkel pulsende, unbestimmte Entfernungen gibt, die es nicht zulassen, jemals anzukommen, falls sie nicht plötzlich zusammenschrumpfen. Nur die Seiten hatten sich verkehrt, als er die sechs Stufen hochstieg, die ihn wie immer in die überdachte Terrasse führten, eine einfache Umkehrung, die alles veränderte.

Da war sie! Der Anblick, der sich ihm bot, bannte ihn auf der Schwelle fest. Sie war nackt und schlief halb sitzend, den Kopf gegen ein Kissen gelegt, in ihrem hochgeklappten Liegestuhl. Der bandagierte Fuß war hochgelagert, neben ihr auf dem Boden stand eine Schüssel mit Wasser, in dem einige fast geschmolzene Eiswürfel schwammen. So wie er sie sah, schien sie zugleich abwesend und anwesend zu sein, preisgegeben und zugleich machtvoll in der Entspannung ihrer ausgebreiteten, beinahe athletischen Glieder, deren selbstvergessene Kraft vom Dämmerlicht der Veranda gemildert und beruhigt wurde, obwohl sie nahe daran war zu erwachen.

Noch immer stand er festgewurzelt und nur zwei Schritte von ihr entfernt im Eingang der Veranda, während in ihm derselbe blinde Impuls, der ihn hierhergebracht hatte, unaufhörlich weiterdrängte, so daß er sich selbst wie einen vorauseilenden schattenhaften Bittsteller bei ihren Füßen oder neben ihrem Leib niederknien sah. Doch eine andere, gebieterische Kraft zwang ihn, den Kopf zu heben und ihr ins Gesicht zu blicken. Ja, sie war es, und sie schlief. Das Gesicht, umrahmt von den schwarzen geringelten Haaren, war mitsamt dem Mund ein wenig zur Seite gezogen, doch in seiner Erschlaffung weniger verzerrt, als er es in Erinnerung hatte. Nur das linke Auge klaffte auf und zeigte das feuchte, klebrige Weiß des im Schlaf nach hinten geklappten Augapfels, das ihn ohne eine Regung anstarrte und in unüberbrückbarem Abstand hielt. Das ist sie nicht, dachte er, nicht sie. Doch die starr aufgerissenen Augenlider zwangen ihn, die Antwort zu lesen, die ihm unerklärlich drohte: Wenn du dort stehenbleibst, wirst du versteinern, wenn du näher kommst, wirst du zersprengt werden. Leise und wie für immer besiegt, zog er sich zurück.

Zwei Tage später – sie saßen beim Frühstück – erschien der Nachbar in ihrer Veranda und sagte, daß er sich verabschieden wolle. Seine Frau sei wieder reisefähig und wolle zur weiteren Behandlung nach Hause.

»Ach, schade«, sagte Ina, »bitte nehmen Sie doch einen Augenblick Platz.«

»Ich muß leider danken«, sagte der Nachbar. »Wir haben heute eine weite Strecke vor uns, und meine Frau wartet. Das Gepäck ist schon im Auto.«

Er sagte es, als wolle er etwas verbergen oder beiseite schieben, indem er eine falsche Erklärung für seine Ungeduld gab.

»Ja, natürlich«, sagte Ina, »wir wünschen eine gute Reise und Ihrer Frau gute Besserung.«

Wieder brachte der Nachbar seine geläufigen Dankesformeln und Komplimente hervor, und mit einer abschließenden Geste, die sie alle drei zusammenfaßte, zog er sich zurück. Kurz darauf hörten sie ihn draußen mit seiner Frau vorbeigehen, und Böhring, der nicht hinsah, wußte, wie sie sich von ihm wegführen ließ: humpelnd, von seinem Arm umfaßt und gehalten und schwer auf seine Schultern gestützt. Der Abstand wuchs. Und die eigene Schwere, die ihn in den Sessel drückte. War das Frühstück zu Ende? Wollten sie noch sitzen bleiben?

»Ich glaube, du hast sie gekränkt«, sagte Ina, »sonst hätte sie sich wohl blicken lassen.«

»Merkwürdige Leute«, sagte Julia.